Praxis der Schulverwaltung

Schulische Integration in Sachsen

Handbuch zur Unterstützung von Integrationsprozessen

Herausgegeben von Ursula Mahnke

1. Auflage 2002

Carl Link Verlag
Kronach . München . Bonn . Potsdam

Abgeschlossen nach dem Rechtsstand vom September 2001

Die Deutsche Bibliothek – CIP-Einheitsaufnahme
Ein Titeldatensatz für diese Publikation ist bei Der Deutschen Bibliothek erhältlich.

Verlagsnummer **2060**.10 - (ISBN 3-556-00921-8)
Der Inhalt dieses Werkes, alle Vorschriften, Erläuterungen, Anregungen und weiterführenden Fachinformationen, ist mit größter Sorgfalt zusammengestellt.
Dies begründet jedoch nicht einen Beratungsvertrag und keine anderweitige Bindungswirkung gegenüber dem Verlag. Es kann schon wegen der nötigen Anpassung an die individuellen Gegebenheiten des Einzelfalls keine Gewähr für Verbindlichkeit, Vollständigkeit oder auch Fehlerfreiheit gegeben werden, obwohl wir alles tun, einen aktuellen und korrekten Stand zu erhalten. Alle Rechte vorbehalten. Das Werk einschließlich aller seiner Teile ist urheberrechtlich geschützt. Jede Verwertung außerhalb der engen Grenzen des Urheberrechtsgesetzes ist ohne Zustimmung des Verlages unzulässig und strafbar; dies gilt insbesondere für Kopien, Vervielfältigungen, Bearbeitungen, Übersetzungen, Verfilmungen oder die Speicherung in elektronischen Programmen und Systemen.
© Carl Link Verlag, Kronach · München · Bonn · Potsdam (2002)

Verlagsanschrift:
Carl Link Verlag, Kolpingstr. 10, 96317 Kronach
Internetadresse: www.carllink.de

Gesamtherstellung:
Druck & Media, Güterstraße 8 + 9, 96317 Kronach, www.druck-media.de

Printed in Germany – Imprimé en Allemagne

Inhaltsübersicht

		Seite
1.	**Einführung** *Ursula Mahnke*	7
2.	**Situationsbeschreibung**	12
2.1	Stand der Entwicklung *Ursula Mahnke*	12
2.2	Die rechtliche Situation *Ursula Mahnke*	17
2.2.1	Die Schulintegrationsverordnung (SchIVO)	27
2.3	Die Sächsische Schulintegrationsverordnung – viele Wege, ein Ziel *Dieter Schwägerl*	30
3.	**Erfahrungsberichte aus Elternsicht**	36
3.1	Die richtige Entscheidung treffen ist das Schwerste *Silke Kühlborn*	36
3.2	Mein Einsatz und meine Ausdauer haben sich gelohnt *Heidrun Düsterhöft*	39
3.3	Geschafft . . . 10 Jahre schulische Einzelintegration meiner hochgradig hörgeschädigten Tochter *Gudrun Adlung*	43
4.	**Verfahrensfragen**	51
4.1	Das Verfahren: Vom Integrationsantrag zur Entscheidung des Schulamtes *Ursula Mahnke*	51
4.2	Feststellung des sonderpädagogischen Förderbedarfs *Ursula Mahnke*	59
4.3	Zusammenarbeit von Institutionen und Eltern im Landkreis Kamenz *Jacqueline Klengel*	68

Inhaltsübersicht

Seite

5.	**Anforderungen an integrativen Unterricht**	**72**
5.1	Auf dem Weg zu einer Schule für alle Kinder und Jugendlichen *Norbert Störmer*	72
5.2	Unterricht an „integrative Erfordernisse" anpassen *Ursula Mahnke*	89
5.3	Zusammenarbeit braucht Gelegenheit – Kooperation der Lehrkräfte *Ursula Mahnke*	103
5.4	Integrativer Unterricht in der Sekundarstufe	111
5.4.1	Bausteine *Sven Jacobs*	111
5.4.2	Soziales Lernen in der Klasse *Elke Ebert*	116
5.4.3	Fächerübergreifender Unterricht *Barbara Beetz*	122
6.	**Konzepte gemeinsamen Unterrichts**	**129**
6.1	Konzepte	129
6.1.1	Integration an der Montessori-Schule Chemnitz *Kathrin Pelzl*	129
6.1.2	„Integration war ein Gewinn für uns alle" – Körperbehinderte Schüler in der Grundschule *Renate Morgenstern*	133
6.1.3	Integration (sprach)behinderter Kinder an der Regelschule – ein Erfahrungsbericht *Christa Finsterbusch/Jacqueline Plaul*	137
6.1.4	„Man sieht die Behinderung nach einiger Zeit gar nicht mehr." – Schüler mit Körperbehinderungen am Gymnasium *Brigitte Busse*	147

Inhaltsübersicht

Seite

6.1.5 Konzept des Förderschulzentrums „Oberes Erzgebirge" Dippoldiswalde
Gisela Mehnert/Jörg Jacobi/Kerstin Erler 151

6.2 Die Unterrichtspraxis 158

6.2.1 Individuelle Förderung durch Montessori–Pädagogik
Kathrin Pelzl 158

6.2.2 Differenzierung im integrativen Unterricht
Renate Morgenstern 161

6.2.3 Unterricht mit körperbehinderten Schülern am Gymnasium
Brigitte Busse/Carola Skibba 164

7. Pädagogische Einzelfallhilfe im integrativen Unterricht 171

7.1 Gewährung von Einzelfallhilfe
Ursula Mahnke 171

7.1.1 Förderrichtlinie 179

7.1.2 Urteile zur Kostenübernahme von Integrationshelfer(n)/innen 181

7.1.3 Merkblatt für den Einsatz von Zivildienstleistenden – ISB und ISB-K 184

7.2 Dienstleister einer integrativ orientierten Behindertenhilfe
Kerstin Keller 186

7.3 „Es war eine große Herausforderung für mich" – als Zivildienstleistender in der schulischen Integration
Sylvio Nenne 188

7.4 Einsatz von Heilerziehungspflegern/ Heilpädagogen in der schulischen Integration
Elke Stodolka 190

7.5 „Der Abstand zu Linda ist das Wichtigste" – Einzelfallhilfe im integrativen Unterricht
Kathleen Pahlke 194

7.6 Einzelfallhilfe bei der schulischen Integration aus Elternsicht
Bärbel Stein 197

Inhaltsübersicht

Seite

7.7 Als Integrationsassistentin an der Regelschule
Christina Rosenberger 200

8. **Unterstützung durch „integrative Netzwerke"** 206

8.1 „Gemeinsam Türen öffnen" –
Integration durch Kooperationspartner voranbringen
Ursula Mahnke 206

8.2 „Wir wollten für Anja den integrativen Weg" –
aber ohne Unterstützung geht es nicht
Andrea Risch 213

8.3 Wir haben eine Vision –
Eltern gegen Aussonderung in Sachsen
Heike Schölla 219

9. **„Die sollen von mir lernen." –**
Persönliche Erfahrungen mit schulischer Integration
Gesche Meeder/Kathrin Ajhar 226

Literaturempfehlungen 231

Weitere Informationsquellen 235

Autorenspiegel 239

1. Einführung

Ursula Mahnke

Die Einbeziehung von Kindern mit besonderen (Lern-)Bedürfnissen, für die unser Schulsystem normalerweise die Förderschule vorsieht, stellt eine gravierende Veränderung von Schule dar. Integrative schulische Förderung bedingt, dass eine Reihe von grundlegenden Merkmalen von Schule außer Kraft gesetzt oder zumindest überdacht werden müssen: etwa das Prinzip der Schulreife, die Konstruktion der Jahrgangsklasse, die Vorstellung von homogenen Lerngruppen, die Vorgabe einheitlicher Lernziele für alle und nicht zuletzt die Leistungsbewertung.

Die Integration von Kindern mit sonderpädagogischem Förderbedarf in die Regelschule ist weder eine rein organisatorische Aufgabe noch eine rein pädagogische, die etwa durch einen Maßnahmenkatalog oder durch besondere „Techniken" zu lösen wäre. Sondern: Integration beginnt in den Köpfen! Wird Integration als eine von außen „aufgedrückte" Aufgabe angesehen, der notgedrungen nachgegangen wird? Oder: Wird der Wunsch von Eltern behinderter Kinder nach Integration allein schon aus Gründen der Chancengleichheit und Humanität als berechtigt angesehen? Diese Grundhaltung kann als die Basis für sämtliche erforderlichen Veränderungen und Maßnahmen angesehen werden: Sehe ich nur Steine, die unüberwindbar auf dem Weg liegen? Oder: Sehe ich Türen, die aufgestoßen werden können?

In Sachsen sind in den letzten Jahren in Bezug auf schulische Integration eine ganze Reihe von Türen aufgestoßen worden – befördert seit 1999 durch eine Schulintegrationsverordnung, d. h. vielerorts gibt es Initiativen, engagierte Einzelkämpfer und nicht wenige im Schulleben fest verankerte Projekte, die Kindern und Jugendlichen mit besonderem Förderbedarf das Zusammensein sowie gemeinsames Lernen mit nichtbehinderten Mitschülern ermöglichen. Ein Anliegen dieses Handbuchs ist es, diese Initiativen – zumindest teilweise – öffentlich zu machen. Damit soll all denen Mut gemacht werden, die sich gemeinsamen Unterricht wünschen – Eltern für ihre

Einführung

Kinder, Lehrkräfte für ihre Schülerinnen und Schüler. Durch die zahlreichen positiven Beispiele soll aber auch allen Entscheidungsträgern (z. B. Schulreferenten, Schulleitungen) Mut gemacht werden, noch mehr als bisher auf die „Kraft des Handelns" zu setzen: „Häufig lähmt die Angst vor dem, was passieren kann, jegliches pädagogisches Handeln. Man verbleibt in der theoretischen Diskussion und begnügt sich dann damit, Lösungen anzubieten, ohne etwas wirklich geschehen zu lassen" (CUOMO 1989, 21).

Diese notwendige Veränderung des Denkens als Voraussetzung für eine Weiterentwicklung integrativer Förderung fällt (nicht nur) in Sachsen in eine Zeit, in der Schule insgesamt stark unter Druck steht und damit Veränderungen eher bremst als befördert. Als Beispiele seien hier genannt der gravierende Schülerrückgang, die starke Nachfrage nach Gymnasien, der Sparzwang der Landesregierung sowie die zunehmende bildungspolitische Diskussion um die Lernziele der Schule. Das sind durchweg von außen einwirkende Zwänge auf Schule insgesamt, die das Grundanliegen der Integration nicht gerade befördern: die Schließung wohnortnaher Grundschulen, die Zwangsteilzeit von Lehrern, der Zwang zur Kostenneutralität neuer Maßnahmen, die Leistungsorientierung bereits in unteren Klassenstufen u. v. m. Wer sich für integrative Förderung in der Schule einsetzt, hat sozusagen an zwei „Fronten" zu kämpfen. Da sind zum einen die sich verschlechternden materiellen Rahmenbedingungen – zum anderen wird verstärkt der Anspruch an Schule herangetragen, den (abschlussorientierten) Leistungsgedanken stärker im Unterricht zu verankern. Mit dieser Forderung ist zwangsläufig verbunden, eine stärkere leistungsorientierte Auslese vorzunehmen, die dem Grundgedanken einer Integration von Kindern mit besonderen Förderbedürfnissen entgegensteht!

Angesichts dieser allgemeinen schulpolitischen Situation scheint es umso notwendiger Lehrkräfte zu unterstützen, die sich der Aufgabe „Integration" stellen. Eine zentrale Rolle spielt dabei das Innen-Klima in der jeweiligen Schule, insbesondere die Unterstützung durch die Schulleitung. Neben schulorganisatorischen Maßnahmen – wie etwa die Zuweisung eines geeigneten Klassenraumes, die Gestaltung des Stundenplans für Möglichkeiten der Kooperation mit einem zweiten Lehrer – ist vor allem eine ideelle Unterstützung gerade in der An-

Einführung

fangsphase ungeheuer wichtig. Lehrkräfte, die sich eine neue Aufgabe zumuten, die anfangs mit Mehrarbeit aber auch mit Unsicherheit und Selbstzweifeln verbunden ist, brauchen vor allem Wohlwollen, Ermunterung und Wertschätzung.

Die Beiträge dieses Handbuches decken das gesamte ökosystemische Spektrum integrativer Erfordernisse ab – bezogen vornehmlich auf die sächsische Situation. Es werden sowohl formale Grundlagen als auch konzeptionelle Überlegungen vorgestellt. Zu den zentralen praktischen Fragen (Entscheidungsprozesse von Eltern, die Unterrichtspraxis, pädagogische Einzelfallhilfe) kommen Betroffene und Praktiker selbst zu Wort. Insofern reicht das Spektrum der Beiträge von der Theorie über praktische Fragen bis hin zu persönlichen Erfahrungen.

Insbesondere an **Eltern** gerichtet sind Informationen über die rechtliche Situation in Sachsen (Kapitel 2.2) sowie Hinweise zum Verfahren (Kapitel 4), ergänzt durch Erfahrungsberichte anderer Eltern: Beiträge in Kapitel 3 *(Silke Kühlborn, Heidrun Düsterhöft, Gudrun Adlung)*, in Kapitel 7 *(Bärbel Stein)* und Kapitel 8 *(Andrea Risch)*.

Für **Lehrkräfte** werden in Kapitel 5 Grundlagen integrativen Unterrichts dargestellt, die von theoretischen Begründungszusammenhängen *(Norbert Störmer)*, über Schritte zur Veränderung von Unterricht *(Ursula Mahnke)* zur Frage der Zusammenarbeit *(Ursula Mahnke)* als einer zentralen Anforderung an integrativen Unterricht reichen. Hinweise zum integrativen Unterricht in der Sekundarstufe geben in Kapitel 4.5 *Sven Jacobs, Elke Ebert und Barbara Beetz* anhand ihrer vielfältigen Praxiserfahrungen an einer Gesamtschule in Halle/S. Aufgrund der zurzeit noch relativ geringen Verbreitung integrativer Förderung an Schulen der Sekundarstufe in Sachsen schien es erforderlich, an dieser Stelle auf Erfahrungen aus einem anderen (neuen) Bundesland zurückzugreifen. Die eher theoriebezogenen Beiträge in Kapitel 5 werden in Kapitel 6 durch ein breites Spektrum von Erfahrungsberichten aus sächsischen Schulen ergänzt. Dabei wurden sowohl verschiedene Konzepte berücksichtigt (Montessoripädagogik bei *Kathrin Pelzl*, Förderschulzentrum bei *Gisela Mehnert, Jörg Jacobi und Kerstin Erler*) als auch Fragen der behinderungsspezifischen integrativen Förderung *(Renate Morgenstern, Christa Finsterbusch, Jacqueline Plaul)*. Beziehen sich die meisten Beiträge auf den Grundschulbe-

Einführung

reich, so sollen die Beiträge von *Brigitte Busse* und *Carola Skibba* stellvertretend stehen für Ansätze integrativer Förderung in der Sekundarstufe.

Der Problematik der **pädagogischen Einzelfallhilfe** im integrativen Unterricht, die in vielen Fällen neben der sonderpädagogischen Unterstützung eine zentrale Rolle spielt, ist mit Kapitel 7 ein gesonderter Schwerpunkt gewidmet. Auch hier reicht das Spektrum von formalen Hinweisen (Kapitel 7.1) über konzeptionelle Überlegungen *(Kerstin Keller, Elke Stodolka)* bis zu Erfahrungsberichten *(Sylvio Nenne, Kathleen Pahlke, Christina Rosenberger)*.

Ein besonderes Anliegen dieses Handbuches ist es herauszustellen, dass Integration nicht die Aufgabe von Einzelpersonen sein kann, sondern nur als eine gemeinsame Aufgabe gelingen wird. Der **Vernetzung** vielfältiger Aktivitäten und Erfahrungen im Land ist deshalb ein weiterer Schwerpunkt gewidmet. Die Beiträge in Kapitel 8 nehmen sich diesem Grundgedanken aus unterschiedlichen Blickwinkeln an: die „Außensicht" von *Ursula Mahnke*, die „Innen-Sicht" aus der Perspektive einer Mutter *(Andrea Risch)* sowie aus der Perspektive eines Elternverbandes *(Heike Schölla)* stehen als Beispiele für bereits beginnende Vernetzung in Sachsen.

Integration in einem Bundesland zu verankern ist eine äußerst komplexe Aufgabe, die sowohl pädagogisch-inhaltlich als auch organisatorisch-strukturell als Teil einer Veränderung des gesamten Schulsystems anzusehen ist im Sinne eines „sozialökologischen Mehr-Ebenen-Konzeptes" (PREUSS-LAUSITZ 1997, 16 ff.). Wir können hier von einem sich gegenseitig beeinflussenden, lernfähigen und sich stetig erneuernden Gesamtsystem ausgehen, in dem administrative Vorgaben (Verordnungen, Richtzahlen, finanzielle Ausstattung u. a.) eine zentrale Bedeutung haben. Diese Vorgaben bilden den „roten Faden" bei einer Reihe von Beiträgen, die sich mit rechtlichen Fragen, mit Verfahrensfragen, aber auch mit Erfahrungen in der Praxis befassen. Die Bedeutung der **administrativen Ebene** wird zusätzlich betont durch die Beiträge von *Dieter Schwägerl* zur Schulintegrationsverordnung sowie von *Gisela Mehnert u. a.* zum Konzept des Förderschulzentrums.

Einführung

Dieses Handbuch ist ein Gemeinschaftswerk nicht nur der namentlich genannten Autoren, sondern auch vieler anderer, die durch Informationen und konstruktive Rückmeldungen zum Gelingen beigetragen haben. Allen sei an dieser Stelle ein herzlicher Dank ausgesprochen.

Literatur:

CUOMO, Nicola: „Schwere Behinderungen" in der Schule. Unsere Fragen an die Erfahrung. Bad Heilbronn/Obb.: Klinkhardt 1989

PREUSS-LAUSITZ, Ulf: Integrationskonzept des Landes Brandenburg. In: HEYER, Peter u. a.: „Behinderte sind doch Kinder wie wir!" Gemeinsame Erziehung in einem neuen Bundesland. Berlin: Wissenschaft und Technik, 1997, S. 15–32

2. Situationsbeschreibung

2.1 Stand der Entwicklung

Ursula Mahnke

Im Gegensatz zum Kindergartenbereich, wo inzwischen etwa 2/3 der behinderten Kinder integrative Einrichtungen besuchen, steht die schulische Integration von Kindern mit Behinderungen in Sachsen noch in den Anfängen. Das mag u. a. auch daran liegen, dass es in Sachsen erst seit März 1999 eine Integrationsverordnung gibt und die bis dahin geltende Förderschulverordnung von 1996 die Integration Behinderter in die Regelschule mit erheblichen Einschränkungen versah *(siehe Kap. 2.2)*.

Sieht man sich die Zahlen für Sachsen aus den letzten Schuljahren an, so lässt sich ein stetiger Zuwachs von Integrationsschülern erkennen – vom Schuljahr 1996/97 (526 Schüler) zum Schuljahr 2000/2001 (1 037) um nahezu 100 % (STATIST. LANDESAMT DES FREISTAATES SACHSEN. Stand: 3/2001 – Quelle auch für alle weiteren Zahlen). Das bedeutet derzeit einen Anteil von 4 % aller Förderschüler, die in Sachsen integrativ beschult werden. Damit liegt Sachsen, bezogen auf den bundesdeutschen Durchschnitt von etwa 5 % (SANDER 1996, 179), nur knapp darunter. Ein Vergleich mit Bundesländern wie Schleswig-Holstein (22 %), Hamburg (20 %) oder Brandenburg (9 %) als einem neuen Bundesland (ROSENBERGER 1998) zeigt allerdings, dass Sachsen noch einen weiten Weg zu gehen hat.

Mehr als die Hälfte aller Integrationsschüler in Sachsen ist – wie in anderen Bundesländern auch – in der Grundschule zu finden, erklärbar damit, dass Integration zumeist mit der Einschulung begonnen wird und erst allmählich „hochwachsen" kann. Hinzu kommt, dass es im Unterricht der Grundschule noch am ehesten möglich erscheint, auf unterschiedliche Lernbedürfnisse der Schüler einzugehen – auch auf Schüler mit besonderen Förderbedürfnissen. In den höheren Klassen der Mittelschule oder gar im Gymnasium – wo der gesamte Unterricht abschlussorientiert ist – scheint die Bereitschaft geringer zu sein, sich auf besondere Lernbedürfnisse einzustellen. *(siehe Kap. 5.1 und 5.2)* Erfahrungen in anderen Bundesländern zeigen

Situationsbeschreibung

jedoch, dass Integration sehr wohl auch in der Sekundarstufe möglich ist *(siehe Kap. 5.4)*.

Allmählich scheinen sich in Sachsen auch Mittelschulen der Integration zu öffnen, erkennbar an der Schulform mit der höchsten Zunahme an Integrationsschülern (30 %). Integration im Gymnasium scheint zumindest quantitativ zu stagnieren bzw. leicht rückläufig zu sein.

In der sozialräumlichen Verteilung wird erkennbar, dass die Regionalschulämter (RSA) mit den größten Städten in Sachsen (Dresden und Leipzig) vorne liegen. Etwa 1/3 der gesamten Integrationsschüler sind im RSA Leipzig zu finden. Mit einem integrativen Anteil von 5,4 % aller Förderschüler liegt hier auch die Quote am höchsten, gefolgt von Dresden mit 4,4 % (283 Schüler). Die RSAer Chemnitz und Zwickau mit einem hohen Anteil an ländlichem Raum weisen anteilig die geringsten Integrationsschüler auf. Bei aller Vorsicht und unter Berücksichtigung weiterer sozialräumlicher Daten (z. B. Gesamtschülerzahlen) kann davon ausgegangen werden, dass in den großen Städten Dresden und Leipzig die Integrationsentwicklung – möglicherweise aufgrund von erleichtertem Zugang zu Informationen – schneller voranschreitet als im ländlichen Raum.

In Bezug auf die Behinderungsform beschränkte sich die Integration bisher weitgehend auf Schüler und Schülerinnen mit Körper-, Hör- und Sprachbehinderungen. Sie bildeten sowohl in der Grundschule, in der Mittelschule als auch am Gymnasium die größte Gruppe der Integrationsschüler. Allerdings ist in den letzten beiden Jahren eine Zunahme der integrativen Förderung von Schülern mit Lernbehinderungen in der Grundschule zu verzeichnen. Die zunehmende zieldifferente Integration in der Grundschule steht zunächst mit der veränderten Rechtslage (siehe oben) in Verbindung. Sie ist aber auch Anzeichen eines allmählichen Umdenkens in Bezug auf eine veränderte Pädagogik. Die Integration von insgesamt 12 Schülern mit geistiger Behinderung stagniert allerdings auf niedrigem Niveau (siehe dazu auch die Anmerkungen zu Problemfeldern am Ende des Beitrages).

Prognostisch wird aufgrund des hohen Anteils von integrativer Förderung Behinderter im vorschulischen Bereich von einer andauernden Zunahme von Integrationsanforderungen im Schulbereich

Situationsbeschreibung

auszugehen sein. So hat sich der Anteil integrativer Förderung in Kindertageseinrichtungen seit 1994 verdoppelt. Im Jahr 2000 besuchten etwa 2 300 Kinder mit Behinderungen im Alter von 4–6 Jahren Integrationskindergärten (SÄCHSISCHES STAATSMINISTERIUM FÜR SOZIALES, GESUNDHEIT, JUGEND UND FAMILIE. Stand 4/2000). Es ist davon auszugehen, dass ein großer Teil der Eltern dieser Kinder eine Fortsetzung der integrativen Förderung in der Schule zumindest prüfen wird.

Ist aufgrund der erfreulichen Entwicklung in quantitativer Hinsicht ein gewisser „innovativer Aufbruch" im Land erkennbar *(siehe dazu auch die Erfahrungsberichte in Kap. 6)*, so ist diese Entwicklung eingebettet in ein bildungspolitisches Klima in Sachsen, in dem Schule insgesamt von außen stark unter Druck steht, das Innovation eher bremst als befördert. Zu nennen seien hier nur der gravierende Schülerrückgang verbunden mit einer „Umschichtung" der Lehrkräfte, die starke Nachfrage nach Gymnasien, der Sparzwang der Landesregierung sowie eine zunehmende bildungspolitische Diskussion um die Lernziele der Schule in Sachsen (Stichwort: Kopfnoten für Betragen). Das alles sind durchweg von außen auferlegte Zwänge, die dem Grundanliegen der Integration entgegen stehen: Die Schließung wohnortnaher Grundschulen, behindertengerechter Schulgebäude, die Zwangsteilzeit der Grundschullehrkräfte, der Anspruch an Kostenneutralität neuer Maßnahmen, die Abschlussorientierung bereits in niedrigen Klassenstufen u. v. m. Pädagogen, die sich für Integration einsetzen, haben sozusagen an zwei „Fronten" zu kämpfen. Da sind zum einen die sich ständig verschlechternden materiellen Rahmenbedingungen von Schule, die besonders die Lehrkräfte betreffen, da ist zum anderen der von außen an die Schulen herangetragene Anspruch, den Unterricht stärker an abschlussorientierte Leistungsanforderungen zu orientieren.

Die Position der Förderschulen im Land zur Integration ist u. a. aufgrund der genannten Rahmenbedingungen eher verhalten. Wie alle anderen Schulformen auch, steht auch das gesamte Förderschulwesen unter den genannten Zwängen. Auch hier sind Schulschließungen zu verzeichnen, auch hier verschlechtern sich die materiellen Rahmenbedingungen und damit auch die Arbeitsbedingungen der Lehrkräfte. Insofern stellt der Fachverband für Behindertenpädago-

Situationsbeschreibung

gik (VDS) als Interessenvertretung der Sonderschullehrer in Sachsen in einem Grundsatzpapier fest, dass durch die rechtlichen Rahmenbedingungen zwar die Integration möglich sei, „doch die daran geknüpften sächlichen und personellen Bedingungen lassen den gemeinsamen Unterricht eher unwahrscheinlich erscheinen ... die Förderschule muss in der gegenwärtigen Situation immer noch als Alternative zur Einlösung der spezifischen Förderbedürfnisse in Betracht gezogen werden. Beide Formen der Beschulung müssen gleichberechtigt nebeneinander bestand haben." (VDS 2001)

Wie bereits an der oben erwähnten geringen Anzahl der Integration von Kindern mit geistiger Behinderung deutlich wird, gibt es in diesem Bereich derzeit die größten Probleme. Bei der Einbeziehung von Kindern mit geistiger Behinderung wird ganz besonders offensichtlich, dass sie einer zieldifferenten Förderung bedürfen, deren Akzeptanz vielen Lehrkräften noch besondere Schwierigkeiten bereitet. (HEIMLICH 2000, 158) Es gibt einige Anzeichen, dass für die Integration dieser Kinder der Form der „kooperativen Integration" der Vorzug gegeben wird, d. h. der integrativen Förderung durch die Kooperation einer Förderschule mit einer benachbarten Grundschule *(siehe dazu auch Kap. 2.2)*. Dem Elternwunsch nach Teilnahme im vollen Umfang am Unterricht der Regelschule wird damit in vielen Fällen nicht entsprochen.

Als weiterer Problembereich kann angesehen werden, dass in vielen Fällen die Bewilligung einer Integration vom Umfang des sonderpädagogischen Förderbedarfs abhängig gemacht wird – festgestellt durch das förderpädagogische Gutachten. Dazu ist festzuhalten, dass in Sachsen die Feststellung des besonderen Förderbedarfs zunächst unabhängig davon erfolgt, ob Eltern für ihr Kind integrative Beschulung wünschen oder den Besuch der Förderschule *(siehe Kap. 4.2)*. Bei der Prüfung des Elternwunsches nach Integration wird dann davon ausgegangen, dass der Förderbedarf auch in der Regelschule ausschließlich durch förderpädagogische Unterstützung erfolgen muss. Die in der Integrationsverordnung festgeschriebenen Obergrenzen für zusätzliche Lehrerstunden reichen dann in vielen Fällen nicht aus. Hier scheint noch ein Umdenken in Bezug auf Lernmöglichkeiten von Schülern mit Behinderungen im integrativen Unterricht erforderlich: Es ist ja gerade der große Vorteil der Integration, dass Kinder mit

Situationsbeschreibung

Beeinträchtigungen Lernanregungen nicht nur durch die Erwachsenen erhalten, sondern auch durch die Modelle der Nichtbehinderten. Die integrative Unterrichtssituation kann zwar in den meisten Fällen den Förderpädagogen nicht gänzlich ersetzen, aber die besondere Unterstützung ist eben auch nicht ausschließlich auf diesen beschränkt. Integrative Förderung ist eben mehr, als die sonderpädagogische Förderung in die Regelschulklasse zu verlagern.

Literatur:

HEIMLICH, Ulrich: 10 Jahre Integrationsentwicklung in Ostdeutschland – Ein Rückblick nach vorn. In: Gemeinsam leben 8 (2000) 4, S. 156–159

ROSENBERGER, Manfred (Hrsg.): Schule ohne Aussonderung – Idee, Konzepte, Zukunftschancen. Neuwied; Kriftel; Berlin 1998

SANDER, Alfred: Neue Formen der sonderpädagogischen Förderung in deutschen Schulen. In: Recht der Jugend und des Bildungswesens 44 (1996) 2, S. 174–187

VERBAND DEUTSCHER SONDERSCHULEN – SACHSEN: Grundsatzpositionen zur Gestaltung der sonderpädagogischen Förderung in unserem Bundesland. Gemeinsamer Unterricht von behinderten und nicht behinderten Kindern in Sachsen. http://www.vds-sachsen.de/pos.htm (März 2001)

Zur Vertiefung:

BOENISCH, Jens und MERZ-ATALIK, Kerstin: Zum Entwicklungsstand der schulischen Integration in den neuen Bundesländern. In: Pädagogik und Schulalltag 52 (1997) 3. S. 384–403

HEIMLICH, Ulrich: Sachsen. Zum Stand der Verwirklichung in den Bundesländern der Bundesrepublik Deutschland. In: Rosenberger, Manfred (Hrsg.): Schule ohne Aussonderung – Idee – Konzepte, Zukunftschancen. Neuwied; Berlin: Luchterhand 1998, S. 307–317

Situationsbeschreibung

2.2 Die Rechtliche Situation[Fn.1]

Ursula Mahnke

Die schulische Integration wird in Sachsen seit März 1999 durch die Schulintegrationsverordnung (SchIVO) geregelt. Im Sächsischen Schulgesetz von 1994 wird in § 13 lediglich auf die Möglichkeit der Beschulung Behinderter an allgemeinen Schulen mittels „besonderer Hilfen" verwiesen, weitere Regelungen sind nicht enthalten. Damit ist Sachsen gemeinsam mit Rheinland-Pfalz das einzige Bundesland in der Bundesrepublik, in dem die schulische Integration nur durch Verordnungen geregelt ist. Grundsätzlich neu ist, dass seit 1999 auch eine zieldifferente Integration in Sachsen möglich wird, d. h. die Einbeziehung von Schülern mit Lernbehinderung und mit geistiger Behinderung in integrative Maßnahmen.

Die Grundaussage zur Integration wird in § 2 Abs. 1 der SchIVO gemacht:

(1) „Schüler, bei denen besonderer Förderbedarf im Rahmen des Aufnahmeverfahrens ... festgestellt wurde, <u>können</u> nach Maßgabe der nachstehenden Vorschriften zusammen mit nichtbehinderten Schülern in einer öffentlichen Schule ... unterrichtet werden, wenn und solange gewährleistet ist, dass sie <u>in dieser Schule die erforderliche pädagogische Förderung erhalten</u> und deshalb einer besonderen pädagogischen Förderung für längere Zeit in einer Förderschule nicht oder nicht mehr bedürfen.

(2) Die Entscheidung trifft das zuständige Regionalschulamt nach Anhörung der Erziehungsberechtigten."

(Unterstreichungen U. M.)

Aus dieser KANN-Vorschrift ist für Eltern kein Rechtsanspruch auf Integration abzuleiten. Die Eltern müssen lediglich angehört werden, bevor eine Entscheidung getroffen wird.

---

1. Überarbeiteter und erweiterter Beitrag aus: Mahnke, Ursula/Landesarbeitsgemeinschaft Gemeinsam leben – Gemeinsam lernen (Hrsg.): Ratgeber zur schulischen Integration in Sachsen, Chemnitz 1999, S. 28–34.

Situationsbeschreibung

Zieldifferente Integration

Zieldifferente Integration ist in § 5 Abs. 1 SchIVO geregelt:

„Behinderte Schüler werden in der <u>Grundschule</u> aufgrund Entscheidung des Regionalschulamtes <u>entsprechend ihrer Leistungsfähigkeit</u> entweder in allen Fächern nach dem Lehrplan der Grundschule oder in einzelnen Fächern <u>nach dem Lehrplan der Förderschule</u> unterrichtet. In allen anderen öffentlichen Schulen ... wird <u>ausschließlich</u> nach den <u>Lehrplänen der jeweiligen Schulart</u> unterrichtet."

(Unterstreichungen U. M.)

Die Integration von Schülern mit Lernbehinderung oder mit geistiger Behinderung gilt demnach nur für die Grundschule – dies, trotz langjähriger Erfahrungen und positiver Forschungsergebnisse zu zieldifferenter Integration in der Sekundarstufe aus anderen Bundesländern (SCHLEY u. a. 1989; PREUSS-LAUSITZ/MAIKOWSKI 1998; KÖBBERLING/SCHLEY 2000).

Bewertung von Integrationsschülern

Die Einschränkung zielgleicher Integration auf die Grundschule wird in § 6 Abs. 2 der SchIVO über die Bewertung noch genauer ausgeführt:

„Für Schüler, die gemäß § 5 Abs. 1 in der <u>Grundschule</u> integrativ unterrichtet werden, richten sich Ermittlung, Beurteilung und Bewertung ihrer Leistungen <u>in den Fächern, die nach dem Lehrplan der Förderschule unterrichtet werden, nach den Vorschriften der Förderschule</u>. In den übrigen Fächern ... nach den Vorschriften der Grundschule. Im <u>Zeugnis ist zu vermerken</u>, dass der Schüler an der Grundschule integriert ist und in welchen Fächern er nach dem Lehrplan der Förderschule unterrichtet wurde. Für die <u>Versetzung</u> an der Grundschule gilt § 25 Abs. 5 der ... Schulordnung Grundschulen ... mit der Maßgabe, dass die <u>Integration wichtiger Grund</u> ist; ..."

(Unterstreichungen U. M.)

Demnach werden Schüler, die den Lehrplan der allgemeinen Schule nicht erreichen (können), nach den Lehrplänen der Förderschule für Lernbehinderte oder geistig Behinderte unterrichtet und entsprechend bewertet. Das kann auch für einzelne Fächer gelten (evtl. für Schüler mit Lernbehinderung wichtig). In Mittelschulen

Situationsbeschreibung

und Gymnasien ist eine solche Abweichung vom Lehrplan nicht zugelassen.

Die Entscheidung, ob und in welchen Fächern nach einem abweichenden Lehrplan unterrichtet wird, kann nicht die einzelne Schule entscheiden, sondern wird entsprechend dem sonderpädagogischem Förderbedarf vom Regionalschulamt entschieden und durch den Schulfeststellungsbescheid festgelegt.

Da Integrationsschüler ein Zeugnis der jeweiligen Grundschule erhalten (wenn sie der allgemeinen Schule angehören – siehe Form 1 und 2 der Integration im nächsten Abschnitt), ist die abweichende Bewertung bei zieldifferenter Integration zu vermerken. Die üblichen Versetzungsregelungen gelten für diese Schüler nicht – was nicht heißt, dass es aus pädagogischen Gründen für einzelne Integrationsschüler sinnvoll erscheinen kann, eine Klassenstufe zu wiederholen. Für integrierte Schüler mit Körper- und Sinnesbehinderungen sind Grundlage der Bewertung die jeweiligen Lehrpläne der allgemeinen Schule – entsprechend gelten auch die Versetzungsregelungen.

Ein Nachteilsausgleich für Schüler mit Körper- und Sinnesbehinderungen ist in den jeweiligen Förderschulverordnungen in Bezug auf Abschlussprüfungen geregelt. Diese Regelungen finden auch für behinderte Schüler in der Regelschule Anwendung: mehr Zeit bei schriftlichen Arbeiten, mündliche Aufgaben können schriftlich beantwortet werden, Übertragung der Aufgaben in Blindenschrift u. a. Entsprechende Regelungen für Klassenarbeiten gibt es nicht, doch ist nach Auskunft des Sächsischen Kultusministeriums der Schulleiter jeweils gehalten, im Sinne der Verordnungen zu Abschlussprüfungen einzelfallbezogen zu entscheiden (KULTUSMINISTERIUM 2000).

Formen integrativer Unterrichtung

In § 3 Abs. 1 der SchIVO sind vier Formen genannt, die für Integrationsmaßnahmen in Sachsen vorgesehen sind:
1. „die behinderten Schüler nehmen *in vollem Umfang* am Unterricht einer Klasse der öffentlichen Schule ... teil und *gehören auch dieser Schule an;* die Lehrer der Klasse *beraten sich regelmäßig* mit einem Lehrer des jeweiligen Förderschultyps;
2. [wie Punkt 1] ... ein *zusätzlicher Lehrer fördert die Schüler* in einem der Art und Schwere der Behinderung angemessenen Umfang *im Klassenunterricht oder in gesondertem Förderunterricht;*

Situationsbeschreibung

3. *die öffentliche Schule . . . ermöglicht behinderten Schülern <u>einer benachbarten Förderschule in einzelnen Unterrichtsfächern den Besuch</u>; diese bleiben Schüler der Förderschule;*
4. *eine öffentliche Schule . . . <u>kooperiert mit einer benachbarten Förderschule</u>, indem eine oder mehrere Klassen der Förderschule <u>im Schulgebäude dieser Schule unterrichtet werden</u>; die Schüler dieser Klassen bleiben Schüler der Förderschule."*

(Unterstreichungen U. M.)

Diese vier Formen unterscheiden sich grundsätzlich darin, ob ein Schüler mit Behinderungen regulär zu einer Integrationsklasse gehört oder nicht. In den ersten beiden Formen nimmt ein Integrationsschüler *„. . . in vollem Umfang . . ."* am Klassenunterricht der Regelschule teil und die sonderpädagogische Förderung wird durch Beratung der Lehrkräfte der Regelschule (Form 1) bzw. durch die direkte Förderung des Schülers durch eine zusätzliche Lehrkraft (Form 2) abgedeckt. Die Höhe der Stundenzuweisung wird vom Regionalschulamt festgelegt und richtet sich in der Regel nach den Obergrenzen je nach Behinderung (siehe unten).

Die Festlegung der zusätzlichen Förderung *„. . . im Klassenraum oder in gesondertem Förderunterricht . . ."* in Form 2 der SchIVO macht es möglich, dass im Extremfall das Kind mit Behinderungen für diese Förderung jeweils aus dem Klassenunterricht herausgenommen wird. Um die negativen Auswirkungen einer solchen „Separierung" möglichst gering zu halten, sollte die gesonderte Förderung dann allerdings auf bestimmte Inhalte beschränkt bleiben oder in Kleingruppen stattfinden, in die auch (wechselnd) andere Schüler einbezogen werden *(siehe auch Kap. 5.3)*.

Die zusätzliche Förderung muss nicht unbedingt ein Förderschullehrer übernehmen, sondern auch Regelschullehrer können dafür eingesetzt werden. Daraus ergeben sich sowohl Vor- als auch Nachteile: Der Vorteil besteht darin, dass die Vergabe zusätzlicher Förderstunden flexibler gehandhabt werden kann, d. h. wenn kein Förderschullehrer als Person zur Verfügung steht, kann auch ein anderer geeigneter Lehrer eingesetzt werden. Die Gefahr besteht allerdings, dass bei der Vergabe von zusätzlichen Stunden weniger die Eignung und Qualifikation von Lehrkräften im Vordergrund stehen als vielmehr deren Verfügbarkeit.

Situationsbeschreibung

In den in der SchIVO genannten *Formen 3 und 4* bleibt der Schüler mit Behinderungen weiterhin Schüler der Förderschule. Die integrative Unterrichtung eines Schülers mit Behinderungen ist nach diesen Formen auch dann schon gegeben, wenn dieser nur stundenweise am Unterricht der Regelklasse teilnimmt – oder eine andere Variante – wenn die Förderschulklasse im gleichen Gebäude wie die Regelschule untergebracht ist. Umfang und Organisationsformen der in den Formen 3 und 4 genannten Kooperation sind nicht genau ausgeführt und bleiben vor allem für die Form 4 unklar. Diese „kooperative Integration" wird vor allem an Förderschulen für geistig Behinderte praktiziert und wurde im Rahmen eines BLK-Modellversuchs wissenschaftlich begleitet (KLEIN 1996; 1996a; SCHWÄGERL 1996).

Die Gemeinsamkeit des Lernens von Behinderten und Nichtbehinderten ist in diesen Formen auf wenige Situationen beschränkt. Die wichtigsten Effekte der Integration hingegen, die sich erst durch gemeinsame Lern*erfahrungen* sowie vielfältige Anregungen gleichaltriger Mitschüler durch Lern*modelle* im alltäglichen Schulleben ergeben, können in kooperativen Formen kaum entstehen. Allerdings zeigen Beispiele im Land, dass die „kooperative Integration" sehr unterschiedlich ausgestaltet werden kann *(siehe Kap. 6.1.3)*. Insofern kann die in Form 3 und 4 festgeschriebene Kooperation zwischen Regel- und Förderschule ein erster Schritt in Richtung einer integrativen Förderung „... *im vollen Umfang* ..." sein.

Ebenso wie die Beschränkung der zieldifferenten Integration auf die Grundschule bedeutet die Festschreibung der „kooperativen Integration", dass das Land Sachsen durch die SchIVO von 1999 die schulische Integration nur halbherzig auf den Weg gebracht hat. Erfahrungen mit Integrationsanträgen von Schülern mit geistiger Behinderung bestätigen, dass in vielen Fällen auf Kooperationsschulen verwiesen wird *(siehe auch Kap. 2.1)*.

Personelle, räumliche und sächliche Voraussetzungen

Eines der größten Hindernisse bei der Umsetzung der Integration (nicht nur) in Sachsen ist die Bereitstellung der erforderlichen zusätzlichen Lehrerstunden, da sämtliche Regelungen – wie in anderen Bundesländern auch – unter dem Haushaltsvorbehalt stehen. Nach § 4 der SchIVO müssen folgende Voraussetzungen erfüllt sein, bevor eine Einzelintegration bewilligt wird:

Situationsbeschreibung

(1) „Integrative Unterrichtung darf nur genehmigt werden, wenn folgende Voraussetzungen in der öffentlichen Schule . . . bereits gegeben sind:
1. *es müssen die erforderlichen Lehrkräfte und, wenn aufgrund der Behinderung des Schülers während der Unterrichtszeit auch Betreuung und/oder Pflege notwendig sind, die entsprechenden qualifizierten Betreuungs- und/oder Pflegekräfte bereitstehen;*
2. *es müssen eine behindertengerechte sächliche Ausstattung einschließlich der erforderlichen Lehr- und Hilfsmittel sowie behindertengerechte bauliche und räumliche Bedingungen gegeben sein."*

(2) „. . . Die Zuweisung der Lehrerwochenstunden erfolgt im Rahmen der zur Verfügung stehenden Haushaltsmittel . . ."

(Unterstreichungen U. M.)

Bisher ist unklar, wie viele Lehrerstellen landesweit für die Realisierung der neuen SchIVO überhaupt zur Verfügung stehen. Bisher werden die Lehrerstunden für Integrationsmaßnahmen aus den Stundenzuweisungen für Förderschulen entnommen.

Ein besonderes Problem stellt die Verknüpfung der Zusagen von Kostenträgern (für zusätzliche Betreuung bzw. Pflege) mit der Bewilligung der Integration durch die Regionalschulämter dar: Das Schulamt bewilligt die Integration erst dann, wenn eine Zusage der Kostenträger gegeben ist – die Kostenträger hingegen nehmen in der Regel erst Anträge entgegen bzw. geben Zusagen erst dann, wenn die Integration bereits bewilligt ist. Erste Erfahrungen zeigen, dass aufgrund der unklaren Zuständigkeiten Integrationsanträge nicht selten scheitern *(siehe Kap. 7.1).*

Obergrenzen für individuelle Förderung

Für die sonderpädagogische Förderung von Integrationsschülern ist in § 4 Abs. 2 der SchIVO je nach Behinderungsart ein bestimmter Umfang von Lehrerwochenstunden festgelegt:

„. . . Als Obergrenzen gelten für die Unterrichtung von
1. Blinden und Sehschwachen vier Lehrerwochenstunden.
2. Gehörlosen und Schwerhörigen vier Lehrerwochenstunden.
3. Körperbehinderten vier Lehrerwochenstunden.
4. geistig Behinderten fünf Lehrerwochenstunden.
5. Schülern mit Verhaltensauffälligkeiten vier Lehrerwochenstunden.

Situationsbeschreibung

*6. Sprachbehinderten drei Lehrerwochenstunden.
je integriertem Schüler..."*

(Unterstreichungen U. M.)

Diese Stunden werden vom Regionalschulamt festgelegt und müssen im Schulfeststellungsbescheid aufgeführt werden. Die Stunden können im Einzelnen auch niedriger sein, sie dürfen jedoch die in der Verordnung festgelegten Obergrenzen nicht überschreiten. Da die Bewilligung zusätzlicher Stunden grundsätzlich von den vorhandenen Haushaltsmitteln abhängt, gibt es für Eltern keinerlei Garantie, dass diese Stunden auch tatsächlich zur Verfügung gestellt werden.

Bundesweite Regelungen

Der rechtliche Rahmen für Integrationsmaßnahmen ist in Sachsen die Schulintegrationsverordnung (SchIVO). An dieser Stelle sollen der Blick auf bundesweite Regelungen bzw. Empfehlungen erweitert werden, die auch für Sachsen gelten und auf die Eltern in Konfliktfällen evtl. verweisen können: Das Benachteiligungsverbot im Grundgesetz, das Urteil des Bundesverfassungsgerichts von 1997 und die Empfehlung der Kultusministerkonferenz zur sonderpädagogischen Förderung von 1994.

1994 wurde ein Benachteiligungsverbot von Behinderten in das Grundgesetz der Bundesrepublik Deutschland aufgenommen: *„Niemand darf wegen seiner Behinderung benachteiligt werden"* (Art. 3 Abs. 3 Satz 2 GG). Mit diesem Zusatz war zunächst vor allem für Eltern die Hoffnung verbunden, ein Recht auf Integration abzuleiten:

„Wenn Kinder wegen ihrer Behinderung nicht zu Regelschulen zugelassen, sondern auf Sondereinrichtungen verwiesen werden, so liegt hierin eine Benachteiligung stets dann, wenn diese Ungleichbehandlung nicht dem Willen der Betroffenen (oder ihrer Erziehungsberechtigten) entspricht. Die Rechtfertigung durch das Wohl des Kindes (etwa im Hinblick auf spezielle Fördermöglichkeiten) schließt in diesen Fällen nicht das Vorliegen einer Benachteiligung im Sinne von Art. 3 Abs. 2 Satz 2 GG aus, sondern ist erst im Zusammenhang mit der Begründung für die Ungleichbehandlung von Interesse. Ob ein zwingender Grund für die Benachteiligung in diesem Sinne vorliegt, ist auch im Lichte des Sozialstaatsprinzips zu beurteilen. Dabei kommt es auch darauf an, ob der Besuch von Regeleinrichtungen durch flankierende Maßnahmen ermöglicht werden kann, die sich noch im

Situationsbeschreibung

Rahmen des für die öffentliche Hand Zumutbaren halten. Vermittelt durch die objektive Wertentscheidung in Art. 3 Abs. 3 Satz 2 GG prägt das Anliegen der Integration Behinderter auch den staatlichen Erziehungsauftrag" (REGENSPURGER 1995, S. 39).

Das Bundesverfassungsgericht hat allerdings in einem Grundsatzurteil von 1997 (Az. 1 BuR 9/97) dem Elternrecht auf Integration auf der Grundlage des Benachteiligungsverbots eine deutliche Absage erteilt, indem es feststellt, das Benachteiligungsverbot bedeute nicht, „... dass eine Überweisung eines behinderten Schülers an eine Sonderschule schon für sich eine verbotene Benachteiligung darstellt. Das gilt auch dann, wenn die Entscheidung der Schulbehörde gegen den Willen des Behinderten oder seiner Erziehungsberechtigten ergeht" (S. 27). Aus der Urteilsbegründung kann jedoch abgeleitet werden, dass den Eltern bei der Entscheidungsfindung der Schulbehörden ein angemessenes Gewicht beizumessen ist:

„Entscheiden sich die Eltern im ... Interesse ihres Kindes für eine Beschulung gemeinsam mit nicht behinderten Schülern, darf sich die Schulbehörde darüber nicht einfach etwa mit der nicht näher fundierten Begründung hinwegsetzen, die Überweisung an eine Sonderschule und die Unterrichtung seien in Wahrheit besser geeignet, dem wohlverstandenen Interesse des Kindes zu dienen. Erforderlich sind vielmehr eine eingehende Prüfung des Elternwunsches ..." (S. 30).

Diese erhöhte Begründungspflicht der Schulbehörden wird noch konkretisiert:

„Anzugeben sind ... je nach Lage des Falles Art und Schwere der Behinderung und die Gründe, die die Behörde gegebenenfalls zu der Einschätzung gelangen lassen, dass Erziehung und Unterrichtung des Behinderten am besten in einer Sonderschule gewährleistet erscheinen. Gegebenenfalls sind auch organisatorische, personelle oder sächliche Schwierigkeiten sowie die Gründe darzulegen, warum diese Schwierigkeiten im konkreten Fall nicht überwunden werden können. Im einen wie im anderen Fall setzt eine ausreichende Begründung der Entscheidung zugunsten einer Sonder- oder Förderschulunterrichtung schließlich ein Eingehen auf entgegengesetzte Erziehungswünsche des Behinderten und seiner Erziehungsberechtigten voraus. Sie sind in Beziehung zu setzen zu den Erwägungen der Schulbehörde und mit deren Vorstellungen in einer Weise abzuwägen, die die staatliche Maß-

Situationsbeschreibung

nahme nachvollziehbar und damit auch gerichtlich überprüfbar macht" (S. 32 f.).

1994 hat die Kultusministerkonferenz der Länder eine Empfehlung zur sonderpädagogischen Förderung abgegeben, der auch der Freistaat Sachsen zugestimmt hat. Es geht hier im Grundsatz darum, dass sonderpädagogische Förderung nicht unbedingt an die Förderschule gebunden ist, sondern auch an jeder allgemeinen Schule erfolgen kann:

„Die wachsende Vielfalt der Organisationsformen und der Vorgehensweisen in der pädagogischen Förderung, die Erfahrungen mit gemeinsamem Unterricht behinderter und nicht behinderter Kinder, erziehungswissenschaftlicher Denkanstöße und schulpolitische Schwerpunktsetzungen in den einzelnen Ländern lassen heute vielfältige Übereinstimmungen erkennen; sie sind Zeichen für eine eher personenbezogene, individualisierende und nicht mehr vorrangig institutionenbezogene Sichtweise sonderpädagogischer Förderung. In diesem Prozess ist neben dem Begriff der Sonderschulbedürftigkeit in zunehmendem Maße des Sonderpädagogischen Förderbedarfs getreten. Die Erfüllung Sonderpädagogischen Förderbedarfs ist nicht an Sonderschulen gebunden, ihm kann auch in allgemeinen Schulen, zu denen auch berufliche Schulen zählen, vermehrt entsprochen werden. Die Bildung behinderter junger Menschen ist verstärkt als gemeinsame Aufgabe für grundsätzlich alle Schulen anzustreben" (KMK 1994, S. 2 f.).

Die Empfehlungen enthalten neben grundlegenden Aussagen zur integrativen sonderpädagogischen Förderung auch Grundsätze zur Realisierung und können zur Legitimierung der Integration – etwa bei der Feststellung des sonderpädagogischen Förderbedarfs – herangezogen werden.

Literatur:

KLEIN, **Gerhard**: Ziele und Konzepte des Modellversuchs. In: Die neue Sonderschule 41 (1996) 2, S. 96–100

KLEIN, **Gerhard**: Ergebnisse des Modellversuchs. In: Die neue Sonderschule 41 (1996a) 2, S. 105–109

Situationsbeschreibung

(KMK 1994) SEKRETARIAT DER STÄNDIGEN KONFERENZ DER KULTUSMINISTER DER LÄNDER IN DER BUNDESREPUBLIK DEUTSCHLAND: Empfehlung zur sonderpädagogischen Förderung in den Schulen in der Bundesrepublik Deutschland. Bonn, 1994

KÖBBERLING, Almut/SCHLEY, Wilfried: Sozialisation und Entwicklung in Integrationsklassen. Untersuchungen zur Evaluation eines Schulversuchs in der Sekundarstufe. Weinheim; München: Juventa 2000

(KULTUSMINISTERIUM 2000) SÄCHSISCHES STAATSMINISTERIUM FÜR KULTUS: Kleine Anfrage des Abgeordneten Gunther Hatzsch, Fraktion der SPD, zum Thema „Nachteilsausgleich für Schüler mit Körper- und Sinnesbehinderungen" (Sächsischer Landtag 4.7.2000)

PREUSS-LAUSITZ, Ulf/MAIKOWSKI, Rainer (Hrsg.): Integrationspädagogik in der Sekundarstufe. Weinheim; Basel: Beltz 1998

REGENSPURGER, Otto: Der neue Diskriminierungsschutz für Behinderte im Grundgesetz. Der Beauftragte der Bundesregierung für die Belange Behinderter informiert, Bonn 1995

SCHLEY, Wilfried u. a.: Integrationsklassen in Hamburger Gesamtschulen. Hamburg: Curio 1989

SCHWÄGERL, Dieter: Verlauf und Ergebnisse des Modellversuchs in Sachsen. In: Die neue Sonderschule 41 (1996) 2, S. 110–114

Situationsbeschreibung

2.2.1 Die Schulintegrationsverordnung (SchIVO)

Verordnung des Sächsischen Staatsministeriums für Kultus über die gemeinsame Unterrichtung von behinderten und nicht behinderten Schülern in öffentlichen Schulen im Freistaat Sachsen (Schulintegrationsverordnung – SchIVO)

vom 3. März 1999

Aufgrund von § 62 Abs. 1 des Schulgesetzes für den Freistaat Sachsen (SchulG) vom 3. Juli 1991 (SächsGVBl. S. 213), zuletzt geändert durch Gesetz vom 29. Juni 1998 (SächsGVBl. S. 271), wird verordnet:

§ 1 Geltungsbereich

Diese Verordnung gilt für alle öffentlichen Schulen im Freistaat Sachsen.

§ 2 Voraussetzungen integrativer Unterrichtung

(1) Schüler, bei denen besonderer Förderbedarf im Rahmen des Aufnahmeverfahrens gemäß § 12 Abs. 2 der Verordnung des Sächsischen Staatsministeriums für Kultus über Förderschulen im Freistaat Sachsen (Schulordnung Förderschulen – SOFS) vom 27. März 1996 (SächsGVBl. S. 167) festgestellt wurde, können nach Maßgabe der nachstehenden Vorschriften zusammen mit nichtbehinderten Schülern in einer öffentlichen Schule gemäß § 4 Abs. 1 Nr. 1 und 2 SchulG unterrichtet werden, wenn und solange gewährleistet ist, dass sie in dieser Schule die erforderliche pädagogische Förderung erhalten und deshalb einer besonderen pädagogischen Förderung für längere Zeit in der Förderschule nicht oder nicht mehr bedürfen.

(2) Die Entscheidung trifft das zuständige Regionalschulamt nach Anhörung der Erziehungsberechtigten.

§ 3 Formen integrativer Unterrichtung, Klassenstärke

(1) Integrative Unterrichtung kann in folgenden Formen erfolgen:
1. die behinderten Schüler nehmen in vollem Umfang am Unterricht einer Klasse der öffentlichen Schule gemäß § 4 Abs. 1 Nr. 1 und 2 SchulG teil und gehören auch dieser Schule an; die Lehrer der Klasse beraten sich regelmäßig mit einem Lehrer des jeweiligen Förderschultyps;
2. die behinderten Schüler nehmen in vollem Umfang am Unterricht einer Klasse der öffentlichen Schule gemäß § 4 Abs. 1 Nr. 1 und 2 SchulG teil und gehören auch dieser Schule an; ein zusätzlicher Lehrer fördert die Schüler in einem der Art und Schwere der Behinderung angemessenen Umfang im Klassenunterricht oder in gesondertem Förderunterricht;
3. die öffentliche Schule gemäß § 4 Abs. 1 Nr. 1 und 2 SchulG ermöglicht behinderten Schülern einer benachbarten Förderschule in einzelnen Unterrichtsfächern den Besuch; diese bleiben Schüler der Förderschule;

Situationsbeschreibung

4. eine öffentliche Schule gemäß § 4 Abs. 1 Nr. 1 und 2 SchulG kooperiert mit einer benachbarten Förderschule, indem eine oder mehrere Klassen der Förderschule im Schulgebäude dieser Schule unterrichtet werden; die Schüler dieser Klassen bleiben Schüler der Förderschule.

(2) Bei integrativer Unterrichtung gemäß Absatz 1 Nr. 1 bis 3 soll in der jeweiligen Klasse der öffentlichen Schule gemäß § 4 Abs. 1 Nr. 1 und 2 SchulG eine Klassenstärke von 25 Schülern nicht überschritten werden.

§ 4 Personelle, räumliche und sächliche Voraussetzungen integrativer Unterrichtung, Obergrenzen

(1) Integrative Unterrichtung darf nur genehmigt werden, wenn folgende Voraussetzungen in der öffentlichen Schule gemäß § 4 Abs. 1 Nr. 1 und 2 SchulG bereits gegeben sind:
1. es müssen die erforderlichen Lehrkräfte und, wenn aufgrund der Behinderung des Schülers während der Unterrichtszeit auch Betreuung und/oder Pflege notwendig sind, die entsprechenden qualifizierten Betreuungs- und/oder Pflegekräfte bereitstehen;
2. es müssen eine behindertengerechte sächliche Ausstattung einschließlich der erforderlichen Lehr- und Hilfsmittel sowie behindertengerechte bauliche und räumliche Bedingungen gegeben sein.

(2) Die vorgenannten Voraussetzungen gelten auch dann als gegeben, wenn schriftliche und unwiderrufliche Zusagen der Kostenträger dahin gehend vorliegen, dass spätestens zu Beginn der integrativen Unterrichtung die Voraussetzungen erfüllt sein werden.

(3) Das Regionalschulamt hat bei seiner Entscheidung über die integrative Unterrichtung im Einzelnen genau festzulegen, in welchem zusätzlichen zeitlichen Umfang die für die integrative Unterrichtung benötigten Lehrkräfte und gegebenenfalls sonstigen Kräfte eingesetzt werden. Als Obergrenzen gelten für die Unterrichtung von
1. Blinden und Sehschwachen vier Lehrerwochenstunden,
2. Gehörlosen und Schwerhörigen vier Lehrerwochenstunden,
3. Körperbehinderten vier Lehrerwochenstunden,
4. geistig Behinderten fünf Lehrerwochenstunden,
5. Lernbehinderten drei Lehrerwochenstunden,
6. Schüler mit Verhaltensauffälligkeiten vier Lehrerwochenstunden
7. Sprachbehinderten drei Lehrerwochenstunden

je integriertem Schüler. Die Zuweisung der Lehrerwochenstunden erfolgt im Rahmen der zur Verfügung stehenden Haushaltsmittel unter Berücksichtigung der Schüler-Lehrer-Relation.

§ 5 Inhalt der integrativen Unterrichtung

(1) Behinderte Schüler werden in der Grundschule aufgrund Entscheidung des Regionalschulamts entsprechend ihrer Leistungsfähigkeit entweder in allen Fächern nach dem Lehrplan der Grundschule oder in einzelnen Fächern nach dem Lehrplan der Förderschule unterrichtet. In allen anderen öffentlichen Schulen gemäß § 4 Abs. 1 Nr. 1 und 2 SchulG wird ausschließlich nach den Lehrplänen der jeweiligen Schulart unterrichtet.

Situationsbeschreibung

(2) Bei integrativer Unterrichtung ist von der öffentlichen Schule gemäß § 4 Abs. 1 Nr. 1 und 2 SchulG halbjährlich im Voraus ein individueller Förderplan für den behinderten Schüler zu erstellen, aus dem ab Klassenstufe 7 auch hervorgehen muss, auf welchen Abschluss der Schüler vorbereitet wird.

§ 6 Ermittlung, Beurteilung und Bewertung von Leistungen, Versetzung, Zeugnisse

(1) Für Schüler, die gemäß § 5 Abs. 1 Satz 2 lernzielgleich integrativ unterrichtet werden, richten sich Ermittlung, Beurteilung und Bewertung von Leistungen, Verhalten und Mitarbeit, Versetzung, Wiederholung und Zeugnisse nach den Vorschriften der jeweiligen Schulart.

(2) Für Schüler, die gemäß § 5 Abs. 1 Satz 1 in der Grundschule integrativ unterrichtet werden, richten sich Ermittlung, Beurteilung und Bewertung ihrer Leistungen in den Fächern, die nach dem Lehrplan der Förderschule unterrichtet werden, nach den Vorschriften der Förderschule.

In den übrigen Fächern richten sich Ermittlung, Beurteilung und Bewertung ihrer Leistungen nach den Vorschriften der Grundschule. Im Zeugnis ist zu vermerken, dass der Schüler an der Grundschule integriert ist und in welchen Fächern er nach dem Lehrplan der Förderschule unterrichtet wurde. Für die Versetzung an der Grundschule gilt § 25 Abs. 5 der Verordnung des Sächsischen Staatsministeriums für Kultus über Grundschulen im Freistaat Sachsen (Schulordnung Grundschulen – SOGS) vom 2. Mai 1994 (SächsGVBl S. 1117), geändert durch Verordnung vom 22. Juni 1998 (SächsGVBl S. 284), mit der Maßgabe, dass die Integration wichtiger Grund ist; im Zuge der Versetzungsentscheidung am Ende der Klassenstufe 3 ist zu prüfen, ob der Schüler voraussichtlich eine Bildungsempfehlung für die Mittelschule oder das Gymnasium in der Klassenstufe 4 erhalten kann, und gegebenenfalls unverzüglich das Verfahren nach § 6 SOGS einzuleiten

§ 7 Schulbezirk

Integrative Unterrichtung eines behinderten Schülers in der Grund- oder Berufsschule ist wichtiger Grund im Sinne des § 25 Abs. 3 Satz 3 SchulG.

§ 8 Folgeänderungen anderer Verordnungen

...

§ 9 In-Kraft-Treten

Diese Verordnung tritt am Tage nach ihrer Verkündung in Kraft. Die Veröffentlichung im Sächsischen Gesetz- und Verordnungsblatt 6/99 vom 16. April 1999 ist rechtlich maßgebend.

Dresden, den 3. März 1999

Der Staatsminister für Kultus
Dr. Matthias Rößler

Situationsbeschreibung

2.3 Die Sächsische Schulintegrationsverordnung – Viele Wege, ein Ziel[1]

Dieter Schwägerl

Getragen durch einen BLK-Modellversuch, der in Gemeinsamkeit der Länder Baden-Württemberg und Sachsen von 1992 bis 1995 durchgeführt wurde, konnten im Freistaat Sachsen unterschiedliche Formen der Integration von Schülerinnen und Schülern mit sonderpädagogischem Förderbedarf durchgeführt werden. Dabei wurden vielfältige Erfahrungen zu notwendigen Rahmenbedingungen gesammelt, die später in die Schulintegrationsverordnung einflossen. Die Integrationsmaßnahmen wurden in allen Schularten des differenzierten sächsischen Schulsystems realisiert.

Neben der seit dem 3. März 1999 im Sächsischen Gesetz- und Verordnungsblatt veröffentlichten Schulintegrationsverordnung (SchIVO) gibt es bereits seit dem 6. Juli 1995 eine Förderrichtlinie des Sächsischen Staatsministeriums für Kultus über die Gewährung einer Zuwendung für besondere Maßnahmen zur Integration von behinderten und von Behinderung bedrohten Kindern und Jugendlichen in allgemein bildenden und berufsbildenden Schulen im Freistaat Sachsen, die am 23. Mai 1997 erneut in Kraft gesetzt wurde.

Grundgedanken und gesellschaftlicher Anspruch

Schon im § 13 Abs. 1 des Schulgesetzes des Freistaates Sachsen wird implizit Integration im Zusammenhang mit der Demokratisierung und der Akzeptanz größerer Pluralität angeboten. Es dürfte außer Frage stehen, dass die Leitvorstellung der Integration – die gemeinsame Unterrichtung behinderter und nicht behinderter Schülerinnen und Schüler in der allgemeinen Schule – die bildungspolitische Entwicklung der pädagogischen Förderung Behinderter in den nächsten Jahren bestimmen wird.

Es ist darum wichtig, die Wirkfaktoren dieser Fortentwicklung realistisch einzuschätzen, um sie beeinflussen zu können. Es muss das Bewusstsein wachsen, dass Gleichheit nur dann durchgesetzt werden

---

1. Übernommen aus: SchulVerwaltung MO Nr. 6/2000 S. 231–232.

Situationsbeschreibung

kann, wenn sie mit der Akzeptanz der Verschiedenheit des Menschen einhergeht. Die Vielfalt kindlicher Lebensäußerungen, auch das Anderssein, das Eigenwillige nicht als Bedrohung zu erleben, sondern als Bereicherung, ist eine Erfahrung, die besonders Eltern behinderter Kinder gemacht haben. Sie sind es auch, die sich im besonderen Maße für die gemeinsame Erziehung behinderter und nicht behinderter Kinder engagieren. Uns sollte aber auch bewusst sein, dass die Integration die Kinder zu leisten haben und nicht die Eltern.

Auf dem sehr schwierigen Weg der Gestaltung und Realisierung unterschiedlichster Integrationsmaßnahmen waren die dazu geführten Debatten und Auseinandersetzungen oft subjektiv bestimmt und ideologisch nicht wertfrei. Die Verantwortung gebietet, das Kind mit seinen unterschiedlichen Bedürfnissen in das Zentrum der Entscheidungen zu stellen und nicht die Ideologie.

Schon 1992 haben wir mit einer schnellen und klaren Entscheidung zur Teilnahme an einem Modellversuch, finanziert über die Bund-Länder-Kommission und die beteiligten Bundesländer Sachsen und Baden-Württemberg zum Thema „Gemeinsam Handeln – Einander Erleben" die Chance genutzt, erste Erfahrungen im gemeinsamen Miteinander zu sammeln. Am Ende des Modellversuchs 1995 waren alle Beteiligten – Kinder, Eltern, Lehrkräfte, Erzieher/innen, Schulträger, Verbände und Vereine – um viele Erkenntnisse reicher. Reicher auch in der Erkenntnis, dass Integration umfassend, gut und verantwortungsvoll gestaltet werden muss, wenn sie erfolgreich sein soll. Bewusst wurde uns auch, dass Integration nicht nur ein Auftrag der Kindergärten und Schulen sein kann, sondern dass Integration ein gesamtgesellschaftliches Anliegen sein muss, das alle Lebensbereiche durchdringt. Hier ist die Verantwortung aller gefragt.

Grundschulen und Anforderungen an die Lehrkräfte

In diesem Zusammenhang stellt sich auch die Frage, wo steht die Grundschule mit ihrem integrativen Anspruch? Die Grundschule definiert sich als eine Schule für alle Kinder, in der die aktuellen Lernbedürfnisse der Kinder als Grundlage dienen und die Lernangebote individualisiert werden sollen. Die Grundschule muss eine fördernde Lernumwelt bieten und neue Unterrichtsmethoden, wie innere Differenzierung, entdeckendes Lernen oder Projektunterricht entwickeln.

Situationsbeschreibung

Eine solche Veränderung hat auch Auswirkungen auf die Aus- beziehungsweise Fortbildung der Lehrerinnen und Lehrer. Deshalb sollte eine grundschulbezogene Förderpädagogik als Pflichtfach für alle Grundschullehrerinnen und Grundschullehrer eingeführt werden und Förderschullehrkräfte müssen verstärkt im Grundschulbereich mitarbeiten. Gemeinsamer Unterricht behinderter und nicht behinderter Schüler/innen bewirkt auch weitere Veränderungen in den bisherigen Berufsbildern der Lehrkräfte. Im kooperativen Unterricht müssen sie lernen, mit Kolleginnen und Kollegen zusammenzuarbeiten und einen Teil ihrer Entscheidungskompetenz abzugeben. Die häufig auftretenden Schwierigkeiten zeigen, dass das Rollenverständnis und Berufsbild sich für diese neuen Anforderungen verändern muss. Wie bereits erwähnt, muss die Ausbildung der Lehrerinnen und Lehrer diese Veränderungen, die die Integration bringt, berücksichtigen.

Rahmenbedingungen, Inhalte, Leistungsbewertung

Die jetzt vorliegende Schulintegrationsverordnung gibt den Schülerinnen und Schülern mit Behinderungen und ihren Erziehungsberechtigten ein subjektives öffentliches Recht auf ermessensfehlerfreie Entscheidung der Schulverwaltung über das Ob und Wie der Integration.

Auszugsweise seien einige Formen integrativer Unterrichtung genannt:

1. Die behinderten Schüler/innen nehmen in vollem Umfang am Unterricht einer Klasse der öffentlichen Schule gemäß § 4 Abs. 1 Nrn. 1 und 2 SchulG teil und gehören auch dieser Schule an; die Lehrer/innen der Klasse beraten sich regelmäßig mit einer Lehrkraft des jeweiligen Förderschultyps.
2. Die behinderten Schüler/innen nehmen in vollem Umfang am Unterricht einer Klasse der öffentlichen Schule gemäß § 4 Abs. 1 Nrn. 1 und 2 SchulG teil und gehören auch dieser Schule an; eine zusätzliche Lehrkraft fördert die Schüler/innen in einem der Art und Schwere der Behinderung angemessenen Umfang im Klassenunterricht oder in gesondertem Förderunterricht.
3. Die öffentliche Schule gemäß § 4 Abs. 1 Nrn. 1 und 2 SchulG ermöglicht behinderten Schüler(n)/innen einer benachbarten Förderschule in einzelnen Unterrichtsfächern den Besuch; diese bleiben Schüler/innen der Förderschule.

Situationsbeschreibung

4. Eine öffentliche Schule gemäß § 4 Abs. 1 Nrn. 1 und 2 SchulG kooperiert mit einer benachbarten Förderschule, indem eine oder mehrere Klassen der Förderschule im Schulgebäude dieser Schule unterrichtet werden; die Schüler/innen dieser Klasse bleiben Schüler/innen der Förderschule.

Im Interesse einer verantwortungsvollen Entscheidung kann integrative Unterrichtung nur genehmigt werden, wenn folgende Voraussetzungen in der öffentlichen Schule bereits gegeben sind:
– Es müssen die erforderlichen Lehrkräfte und, wenn aufgrund der Behinderung des Schülers/der Schülerin während der Unterrichtszeit auch Betreuung und/oder Pflege notwendig sind, die entsprechenden qualifizierten Betreuungs- und/oder Pflegekräfte bereitstehen.
– Es müssen eine behindertengerechte sächliche Ausstattung einschließlich der erforderlichen Lehr- und Hilfsmittel sowie behindertengerechte bauliche und räumliche Bedingungen gegeben sein.

Die vorgenannten Voraussetzungen gelten auch dann als gegeben, wenn schriftliche und unwiderrufliche Zusagen der Kostenträger dahingehend vorliegen, dass spätestens zu Beginn der integrativen Unterrichtung die Voraussetzungen erfüllt sein werden.

Das Regionalschulamt hat bei seiner Entscheidung über die integrative Unterrichtung im Einzelnen genau festzulegen, in welchem zusätzlichen zeitlichen Umfang die für die integrative Unterrichtung benötigten Lehrkräfte und gegebenenfalls sonstigen Kräfte eingesetzt werden. Als Obergrenzen gelten für die Unterrichtung von
1. Blinden und Sehschwachen vier Lehrerwochenstunden,
2. Gehörlosen und Schwerhörigen vier Lehrerwochenstunden,
3. Körperbehinderten vier Lehrerwochenstunden,
4. geistig Behinderten fünf Lehrerwochenstunden,
5. Lernbehinderten drei Lehrerwochenstunden,
6. Schülern mit Verhaltensauffälligkeiten vier Lehrerwochenstunden,
7. Sprachbehinderten drei Lehrerwochenstunden
je integriertem Schüler. Die Zuweisung der Lehrerwochenstunden erfolgt im Rahmen der zur Verfügung stehenden Haushaltsmittel unter Berücksichtigung der Schüler-Lehrer-Relation.

Situationsbeschreibung

Inhalt der integrativen Unterrichtung

Behinderte Schüler/innen werden in der Grundschule aufgrund Entscheidung des Regionalschulamtes entsprechend ihrer Leistungsfähigkeit entweder in allen Fächern nach dem Lehrplan der Grundschule oder in einzelnen Fächern nach dem Lehrplan der Förderschule unterrichtet. In allen anderen öffentlichen Schulen gemäß § 4 Abs. 1 Nrn. 1 und 2 SchulG wird ausschließlich nach den Lehrplänen der jeweiligen Schulart unterrichtet. Bei integrativer Unterrichtung ist von der öffentlichen Schule gemäß § 4 Abs. 1 Nrn. 1 und 2 SchulG halbjährlich im Voraus ein individueller Förderplan für den/die behinderte(n) Schüler/in zu erstellen, aus dem ab Klassenstufe 7 auch hervorgehen muss, auf welchen Abschluss der/die Schüler/in vorbereitet wird.

Abschließend möchte ich noch auf einige fachlich-inhaltliche Ansprüche verweisen, die den hohen Anforderungsgrad an integrativen Unterricht skizzieren:

- Als eine elementare Anforderung an methodische und didaktische Zielsetzung ist die innere Differenzierung die wichtigste Veränderung für den Unterricht, denn die Ziele und Inhalte sowie der Komplexitätsgrad der Aufgaben müssen den Fähigkeiten der einzelnen Schülerinnen und Schüler angepasst werden.
- Die Leistungsbewertung in Integrationsklassen sollte individuell dargestellt werden. Die schulischen Lernangebote müssen vielfältig sein und die subjektive Bedeutung, die sie für die Schülerinnen und Schüler haben, berücksichtigen.
- Soziale Leistungen sollten ebenso wie die kognitiven Fähigkeiten berücksichtigt und auch bewertet werden.
- Leistungsvermögen und -anspruch müssen zueinander passen, um die Leistungsmotivation der Schülerinnen und Schüler zu erhalten, daher sollten die gestellten Aufgaben möglichst einen mittleren Schwierigkeitsgrad haben.
- Die Lernziele sollten für jede Schülerin und jeden Schüler individuell festgelegt werden, die Lernfortschritte könnten dann beispielsweise in kontinuierlichen Lernentwicklungsberichten dokumentiert werden. Auf normierte Klassenarbeiten und Tests sollte weitgehend verzichtet werden.

Situationsbeschreibung

Ausblick

Die Schulintegrationsverordnung ist als ein wichtiger Schritt zu einer veränderten Schule und zu einer offenen und annehmenden Gesellschaft zu sehen. Jetzt gilt es, mithilfe aller dazu notwendigen Partner die Verordnung mit den derzeitigen Möglichkeiten so umzusetzen, dass sie unter den gegebenen Voraussetzungen Maximales im Ergebnis bringt.

3. Erfahrungsberichte aus Elternsicht

3.1 Die richtige Entscheidung treffen ist das Schwerste[Fn.1]

Silke Kühlborn

Im Schuljahr 2000/2001 ist unsere Tochter Grit 9 Jahre alt und besucht die 4. Klasse der 39. Grundschule in Leipzig. Grit ist von Geburt an körperbehindert. Sie kann nicht frei laufen oder stehen, sondern braucht zwei Unterarmstützen und für längere Wege einen Rollstuhl oder ein Dreirad.

Sollte das Grund dafür sein, keine normale Schule besuchen zu dürfen?

Bereits ein Jahr vor dem Einschulungstermin hatte ich angefangen, mir darüber Gedanken zu machen. Grit besuchte zu dieser Zeit einen Integrationskindergarten in Leipzig. Sie machte dort jeden Tag die Erfahrung, nicht so laufen zu können, wie die anderen – mit allen sich daraus ergebenden Schwierigkeiten! Doch sie war und ist ein lebensfrohes, kontaktfreudiges und auch ehrgeiziges Mädchen, dem spätestens gegen Ende der Kindergartenzeit ihre Behinderung bewusst geworden war, das aber auch jeden Tag lernte, damit zu leben. Vor allem wollte sie immer dabei sein und mitmachen. Im Kindergarten fand sich immer eine Möglichkeit, Grit auch bei Wettspielen, Theaterstücken o. Ä. mitmachen zu lassen.

Da hätte es doch eigentlich klar sein müssen, dass wir auch eine integrative Schule wollten.

Trotzdem habe ich ein halbes Jahr lang hin und her überlegt – denn Schule ist doch etwas anderes! Da wird nicht nur gespielt! Eine Schulklasse ist auch keine Gruppe von maximal 15 Kindern mit zwei Pä-

---

1. Leicht überarbeiteter Beitrag aus: Mahnke, Ursula/Landesarbeitsgemeinschaft Gemeinsam Leben – Gemeinsam Lernen (Hrsg.): Ratgeber zur schulischen Integration in Sachsen, Chemnitz 1999, S. 42–44.

Erfahrungsberichte aus Elternsicht

dagogen wie im Kindergarten. Natürlich war bei mir auch Angst, dass Grit in der Schule vielleicht gehänselt und ausgegrenzt werden würde. Hieß es nicht, Kinder könnten grausam sein?

Derart hin- und hergerissen erkundigte ich mich zunächst nach den Möglichkeiten. Erste Ansprechpartnerin war unsere Ärztin im Sozialpädiatrischen Zentrum Leipzig, denn andere Eltern, die schon Erfahrungen mit behinderten schulpflichtigen Kindern hatten sammeln können, kannte ich damals noch nicht. Von der Ärztin bekam ich sowohl die Körperbehindertenschule in Leipzig als auch zwei Grundschulen genannt, die behinderte Kinder integrieren würden. Ich setzte mich mit allen in Verbindung. Ich besichtigte die Körperbehindertenschule und sah mir den Unterrichtsalltag an. Dort waren die besten therapeutischen Fördermöglichkeiten – sogar ein Schwimmbad. War das aber entscheidend? Durch Zufall stieß ich in einer Verbandszeitschrift auf eine Kontaktadresse in Dresden und sprach wenig später mit einer betroffenen Mutter, mit der ich erstmals Erfahrungen austauschen konnte. Sie versorgte mich auch mit Literaturtipps. Nachdem ich das Buch von Jutta Schöler „Integrative Schule – integrativer Unterricht" *(siehe Literaturempfehlungen)* gelesen hatte, war ich dann sicher, was ich für Grit wollte: Die Einschulung in eine Regelschule – vorausgesetzt ich würde eine solche Schule finden, die der Integration positiv gegenüber stehen würde. Gewünscht hätte ich mir eine Einschulung in einer Schule im Wohngebiet. Doch die von mir angesprochenen Schulen lehnten alle ab mit der Begründung, dass die ersten Klassen immer in den oberen Stockwerken unterrichtet würden. Also suchte ich weiter. Letztlich hatte ich vom Ev. Schulzentrum und von der 39. Grundschule ein Angebot, Grit aufzunehmen. Beide Schulen sagten mir persönlich zu und praktizierten die Integration körperbehinderter Kinder schon seit einigen Jahren. Am Ende entschieden wir uns für die 39. Grundschule, obwohl dies einen Schulweg von ca. 30 min. Autofahrt bedeuten würde.

Noch während ich auf der Suche nach einer Schule war, hatte ich bereits begonnen, die vom Schulamt geforderte pädagogisch-psychologisch-medizinische Begutachtung für Grit erstellen zu lassen. Im März des Einschulungsjahres wurden alle Gutachten dem Schulamt vorgelegt. Alle Gutachten befürworteten die Integration.

Erfahrungsberichte aus Elternsicht

Dann begann eine Zeit des Bangens und Hoffens. Während ich anfangs selbst so unsicher gewesen war, welche Schule für Grit die beste sein würde, war jetzt die Vorstellung, Grit müsste die Körperbehindertenschule besuchen, für mich wie ein Alptraum. Wie sollte ich ihr erklären, dass sie in eine andere Schule gehen würde, als ihr zwei Jahre jüngerer Bruder, der gemeinsam mit ihr den Kindergarten besuchte? Wie sollte ich ihr erklären, dass sie diese Schule allein aufgrund ihrer Körperbehinderung besuchen müsste, dass sie wegen ihrer Körperbehinderung ausgegrenzt sein würde? Diese Erfahrung war ihr doch bis dahin zum Glück erspart geblieben. Obwohl wir Grit gegenüber nie ausführlich über die verschiedenen Schulmöglichkeiten gesprochen hatten, konnte sie natürlich allein schon durch die Begutachtungen mitbekommen, dass es mit ihrer Einschulung etwas Besonderes auf sich hatte. Nie werde ich vergessen, wie sie einmal zu mir sagte: „Aber Mama, ich will in so eine Schule gehen, in die auch meine Freundinnen gehen!"

Kurz vor den Sommerferien kam dann zu unserer großen Freude der Bescheid zur Einschulung in die 39. Grundschule! Diese Entscheidung haben wir zu keinem Zeitpunkt bereut. Die Grundschule setzte das fort, was Grit bis dahin nicht anders kannte – sie grenzt nicht aus. In jeder Jahrgangsstufe ist mindestens ein körperbehindertes Kind eingeschult und sie nehmen alle selbstverständlich am täglichen Schulgeschehen teil. Unterstützt werden Lehrer und Erzieher durch zwei Zivildienstleistende. Eine Physiotherapeutin kommt zweimal wöchentlich am Nachmittag in die Schule *(siehe auch Kap. 6.1.2 und 6.2.2)*.

Und statt der befürchteten Hänselei habe ich erlebt, wie immer ein Mitschüler zur Stelle ist, wenn es um tägliche Hilfestellungen geht, z. B. den Ranzen tragen. Auch während einer fünfwöchigen Rehabilitationskur wurde Grit rührend durch die Klasse unterstützt. Alle freuen sich mit über Grits Lauffortschritte.

Anfangs war noch der Sportunterricht ein Problem, an dem Grit wegen beengter räumlicher Verhältnisse zunächst nicht teilnehmen konnte – was ihr sehr missfiel. Ich sprach die Sportlehrerin dann gezielt darauf an und bat sie, Grit doch am Sportunterricht teilnehmen zu lassen. Inzwischen gehört auch Sport zu den Stunden, die Grit gerne hat. Für sie werden viele Übungen abgewandelt, z. B. läuft sie beim Staffellauf außer Konkurrenz. Doch das stört sie offensicht-

Erfahrungsberichte aus Elternsicht

lich nicht. Hauptsache sie ist dabei, sie muss sich genauso wie die anderen anstrengen, kann mit ihrer Mannschaft bei Wettspielen mitzittern, kann beim Zweifelder-Ballspiel versuchen, nicht getroffen zu werden und sich dann über ein Lob freuen.

Rückblickend muss ich sagen, dass bei der ganzen Einschulungsproblematik die eigene Entscheidungsfindung das Schwerste war. Erst nachdem ich mir ganz sicher war, dass auch in der Schule Integration möglich ist, konnte ich eine engagierte Schule finden. Geholfen hat mir auch, dass es durch die Behörden keine Widerstände gab.

Inzwischen geht auch Grits Bruder in die 39. Grundschule. Wieder ein Stück Normalität!

3.2 Mein Einsatz und meine Ausdauer haben sich gelohnt[Fn.1]

Heidrun Düsterhöft

Georg leidet unter schweren frühkindlichen emotionalen Störungen, die für mich als Mutter im Alter zwischen 2 und 3 Jahren erkennbar wurden. Sie äußerten sich in der erst spät einsetzenden Sprachentwicklung, im Desinteresse an fast jeder Art der Nahrungsaufnahme und in großer Passivität in alltäglichen Lebensabläufen.

Im Kindergarten sonderte sich Georg ab und machte nur negativ auf sich aufmerksam. Auf gemeinsame Anforderungen an alle Kinder reagierte Georg mit Blockaden (d. h. mit extrem hyperkinetischem Verhalten). Ebenso blockierte er nach Phasen konzentrierten Spiels. Regelmäßige Abläufe und eine vertraute Umgebung gaben Georg Sicherheit. Diese Entwicklung ließen wenig positive Erfahrungen in Georgs Leben zu. Ich reagierte auf allen Ebenen persönlich verunsichert.

---

1. Leicht überarbeiteter Beitrag aus: Mahnke, Ursula/Landesarbeitsgemeinschaft Gemeinsam Leben – Gemeinsam Lernen (Hrsg.): Ratgeber zur schulischen Integration in Sachsen, Chemnitz 1999, S. 49–52.

Erfahrungsberichte aus Elternsicht

Ich suchte nach Hilfe und Unterstützung, zunächst am Sozialpädiatrischen Zentrum in Altötting in der Nähe von München (wir zogen erst 1995 nach Sachsen). Dort wurde ich auch das erste Mal damit konfrontiert, dass Georg unter autistischen Symptomen leidet. Doch außer einigen hart formulierten Diagnosen erfuhren wir wenig Hilfe. Die Familie als Ganzes wurde nicht berücksichtigt. Ich suchte verzweifelt nach Antworten auf meine Schuldgefühle, die inzwischen massiv in mir ausgelöst worden waren.

Auf der Suche nach Lösungswegen sprach ich mit allen mir vertrauten Menschen darüber und erhielt so den Hinweis auf die Festhaltetherapie nach Jirina Prekop. Ich las darüber, stellte Kontakt zu ihr her und die ganze Familie besuchte einen Workshop. Hier wurde unsere Familie das erste Mal als Einheit behandelt – „wir hielten uns alle fest" – und wir gingen unheimlich gestärkt aus dieser Veranstaltung hervor. Der erste positive Schritt war der selbst gewählte!

Georgs Stimme wurde belebter, seine Lenkbarkeit stieg enorm. Ich bekam Sicherheit im Umgang mit Georg und konnte sein Verhalten besser verstehen. Alle weiteren Schritte, die Georgs Entwicklung fördernd beeinflussen sollten, versuchte ich unter folgenden Gesichtspunkten anzugehen:
– es werden Georgs Stärken GEFÖRDERT,
– Georgs Schwächen werden AUFGEFANGEN
– unsere Problematik wird von anderen VERSTANDEN
– wir bekommen HILFE

Nach dem Umzug von Bayern nach Sachsen – Georg war bereits 5 Jahre alt – fanden wir hier einen integrativen Kindergarten, der Georg aufnahm. Nach längerem Anlauf am Sozialpädiatrischen Zentrum Leipzig (SPZ) lernten wir die Therapeutin Frau Preuss kennen, die uns entscheidend weiterhalf. Ihre intensive Kindertherapie mit Georg führte zu einer deutlichen Angstreduzierung und Minderung seines zwanghaften Verhaltens. Sie suchte den Kontakt zur integrativen Kindertagesstätte und knüpfte enge Kontakte zu uns als Eltern. Diesen Weg wollte ich für Georg unbedingt fortsetzen.

Ich suchte nun nach einer integrativen Beschulung, die Georgs Stärken (sehr gutes Gedächtnis, schnelle Auffassungsgabe, hohe Kreativität) fördern und Georgs Schwächen abfangen konnte. Die Suche nach einer geeigneten Schule nahm ich allein auf. Ich führte Gespräche mit

Erfahrungsberichte aus Elternsicht

der Schulleiterin der Grundschule am Wohnort und mit Förderschulen (Schule für Erziehungshilfe, Förderschule für Lernbehinderte, Förderschule für geistig behinderte Kinder).

Ich erkannte, dass Georgs Persönlichkeit in einer dreißigköpfigen Grundschulklasse untergehen würde, seine Stärken nicht sichtbar werden konnten und er nur an seinen Schwächen gemessen werden würde. Ich erkannte aber auch, dass Georg in einer Förderschule nicht angemessen gefördert werden könnte, dass zu seinen Schwächen noch die Schwächen der anderen Kinder hinzukommen würden und er nicht von gesunden Kindern würde lernen können. Ich suchte also nach einer Schule mit kleinen Klassen und nach der Möglichkeit einer unterrichtsbegleitenden Hilfe (z. B. Integrationslehrer).

Ein Informationsabend des Montessori-Schulzentrums Leipzig schien mir die Lösung zu bieten. Die Grundsätze und Anwendung der Montessori-Pädagogik begeisterten mich. Meine Entscheidung war nach diesem Abend gefallen und ich versuchte, diesen Weg zu gehen. Es war sehr schwer!

Die folgenden Schritte waren:
- Schriftlicher Antrag auf Aufnahme an der Montessori-Schule, Darlegung von Georgs Problematik und meiner Entscheidung.
- Vorstellung von Georg an der Montessori-Schule.
- Zusage seiner Aufnahme unter dem Vorbehalt, dass die notwendige Eingliederungshilfe bewilligt wird.
- Beantragung des Sonderpädagogischen Förderbedarfs beim Schulamt.
- Zusammenstellung einer Dokumentenmappe mit dem psychologischen Gutachten einer „amtlichen" Psychologin (die Georg nicht kannte!), Einschätzung des Kindergartens, Gutachten der zuständigen Förderschule u. a.
- Suche nach Wegen und Fördertöpfen, die die Einstellung eines Integrationshelfers an der Montessori-Schule ermöglichen könnten.
- Über die Frühförder- und Frühberatungsstelle für behinderte und entwicklungsgefährdete Kinder erhielt ich die notwendigen Informationen über die Rechtssituation der Integration in sächsischen Schulen.
- Ich informierte die Montessori-Schule und versuchte, gemeinsam mit ihr den Weg zu beschreiten.

Erfahrungsberichte aus Elternsicht

Nach den vielen Terminen, die ich mit Georg wahrnehmen musste, stellte er mir einmal die Frage: „Wo muss ich denn noch überall hin, damit ich auch zur Schule gehen darf? Ich war doch schon an so vielen Stellen und habe mir überall Mühe gegeben!" Trotz ungelöster Integrationsproblematik erhielt ich durch den engagierten Einsatz einer Lehrerin und der Schulleiterin endlich einen Schulvertrag. Mein Einsatz und meine Ausdauer hatten sich gelohnt!

Während dieser Zeit blieb ich mit der betreuenden Psychologin und der Leitenden Ärztin des SPZ Leipzig in Verbindung, denn ich hatte Sorge und Bedenken wegen Georgs seelischem Zustand während dieser belastenden Zeit. Bei einer vor der Einschulung dringend von mir erbetenen Beratung wurden von beiden große Zweifel zu meiner Schulwahl geäußert. Mir wurde die Städtische Klinik für Kinder- und Jugendpsychiatrie empfohlen und ich wurde gebeten, meinen Entschluss hinsichtlich möglicher Rückschläge zu bedenken. Obwohl ein Besuch auf einer Station dieser psychiatrischen Einrichtung starke Beklemmungen und Unwohlsein bei mir auslösten und mein Sohn mich ganz verunsichert bat, ihn nicht dorthin zu bringen, spielte ich schon fast mit dem Gedanken, mein ursprüngliches Konzept umzuwerfen und den starken Zweifeln Platz zu machen – ich hätte Georg damit aus meinen Händen gegeben und ihn damit auch aus der Familie ausgeschlossen!

An dieser Stelle möchte ich allen Eltern raten, sich für jede Entscheidung Ruhe und Zeit zu nehmen, sich von ihrer inneren Stimme und Zuversicht leiten und sich nicht so schnell von außen entmutigen zu lassen. Jeder neue Weg ist schwer und kann mit Rückschlägen verbunden sein, er kann aber auch ein Gewinn sein, den man ohne den notwendigen Mut nie erfahren würde.

Georg hat sich erstaunlich gut entwickelt. Meine Vorstellungen wurden bei weitem übertroffen. Er fügte sich aufgrund seiner sehr engagierten Klassenlehrerin und einer unterrichtsbegleitenden Heilerzieherin überraschend gut in die Klasse ein. Er fand Anerkennung, Zuwendung, die notwendige Kritik und Förderung seiner Fähigkeiten. Georg lernte schnell, mit seinen immer noch vorhandenen Schwächen umzugehen. Ebenso schnell lernten es seine Mitschüler und Lehrer. Anerkennung und positive Erfahrungen ließen sein Selbstwertgefühl steigen. Georg entwickelte sich zu einem fröhlichen

Erfahrungsberichte aus Elternsicht

Schüler, der gerne in die Schule geht. Seine Leistungen in allen Fächern sind gut und liegen im oberen Klassendurchschnitt.

Blickt man auf seine monotone Stimmlage und sein Desinteresse an Artikulation in den ersten Lebensjahren zurück, so ist es eine große Freude, Georg mit lebendigem Ausdruck Gedichte rezitieren zu hören oder Lieder vorsingen zu erleben. Mit Erfolg lernt Georg in seiner Freizeit Violine spielen.

Ich bin froh, den Weg der integrativen Beschulung eingeschlagen zu haben!

3.3 Geschafft ... 10 Jahre schulische Einzelintegration meiner hochgradig hörgeschädigten Tochter

Gudrun Adlung

Wie es begann ...

Antje kam als mittleres von drei dicht aufeinander folgenden Kindern nach einer unauffälligen Schwangerschaft und komplikationslosen Geburt 1983 als Wunschkind auf die Welt.

Schon kurz nach der Geburt schien es, als ob mein Säugling mir erfahrenen Mutter den Verstand rauben würde. Das Kind schrie sehr viel, tags und nachts, nahm kaum Nahrung zu sich, obwohl ich ihm Muttermilch anbot, und bewegte sich relativ wenig. Den Verdacht, dass etwas mit dem Hören nicht stimmen könnte, hatte ich als medizinisch ungebildete Mutter schon bald. Doch mein Verdacht wurde von den Fachleuten negiert, obwohl ich sie zur Genüge aufsuchte.

Als mein Kind drei Monate alt war, kam ich mit ihm unter die Fittiche einer ausgezeichneten Physiotherapeutin, die mir alle motorischen Auffälligkeiten des Säuglings aufzählte und dann zusammenfasste: „Sie müssen mit Ihrem Kind täglich einige Stunden turnen. Ich kann Ihnen dabei nur helfen, machen müssen Sie es selber. Was bis zum Ende des 1. Lebensjahres nicht aufgeholt wird, fällt danach dop-

Erfahrungsberichte aus Elternsicht

pelt schwer!" Endlich hatte ich Hilfe! Das intensive Turnen schien meiner Tochter gut zu tun. Sie wurde ein klein wenig ruhiger.

Ein halbes Jahr später resümierte die Physiotherapeutin: „Nun habe ich keine Bedenken mehr. Ihre Tochter hat viel aufgeholt. Sie wird zwar später mal keine Note Eins im Sportunterricht erhalten, aber sich annähernd normal körperlich weiter entwickeln."

Ein Jahr später – das 3. Kind war inzwischen geboren – zog die Familie nach Dresden um. Weil Antje so ganz anders reagierte als die beiden Söhne, ließ ich nicht locker. Das Ergebnis der Vorstellung des Kindes bei einem mir empfohlenen HNO-Arzt in Dresden schockte mich dennoch: „Ihr Kind ist beidseitig taub".

Wenige Monate später hatte ich den ersten von vielen folgenden Terminen in der Audiologischen Abteilung der Uni-Klinik in Dresden erstritten. Ein Taschenhörgerät wurde angepasst und weitere Untersuchungen vorgenommen. Ich höre noch heute die Worte eines Pädagogen, der damals in der Audiologischen Abteilung arbeitete: „Für Ihre 2-jährige Tochter stehen noch alle drei Wege offen: die Gehörlosenschule, die Schwerhörigenschule und die Regelschule. Das entscheidende ist nicht der Hörverlust, sondern das Sprachvermögen Ihrer Tochter. Es liegt an Ihnen!" Von da an arbeitete die Zeit gegen mich. Sie saß mir im Hinblick auf Antjes sprachlichen Rückstand förmlich im Nacken.

1986 zogen wir innerhalb Dresdens wieder um, weil wir Eltern auf keinen Fall unsere mittlerweile 3 ½-jährige Tochter in der Woche ins Internat und damit in fremde Hände geben wollten. Stattdessen konnte Antje ab September 1986 als einziges Tageskind ihrer Altersstufe den Schwerhörigen-Vorschulteil besuchen. Soweit reichten inzwischen ihre lautsprachlichen Ansätze!

Die Zeit dort schien Antje jedoch nicht gut zu bekommen: Sie weinte schon bald viel, nässte wieder ein und verweigerte am Nachmittag zu Hause den Sozialkontakt mit den Nachbarskindern. Wir Eltern suchten nach Alternativen, machten uns die Entscheidung nicht leicht und meldeten sie letztendlich doch wieder vom Vorschulteil ab. Statt dessen arbeitete ich zu Hause am Vormittag – während die Brüder den Kindergarten besuchten – intensiv mit ihr auf lustbetonter, alltagsorientierter Weise am Hören und Sprechen. Hilfen waren mir dabei Gespräche mit anderen, sich um lautsprachliche Erziehung

Erfahrungsberichte aus Elternsicht

ihrer hörgeschädigten Kinder mühende Eltern, und Bücher von der anderen Seite des Eisernen Vorhangs:
- VAN UDEN: Das gehörlose Kind – Fragen seiner Entwicklung und Förderung
- SCHMID-GIOVANNINI: Sprich mit mir
- SCHMID-GIOVANNINI: Das Tage- oder Erlebnisbuch für Kinder von 2–14 Jahre.

Als Antje 5 Jahre alt war, nutzte ich die DDR-rechtliche Situation ganz bewusst für mein Ziel ihrer Nichtaussonderung. Damals garantierte der Staat für jedes Kind im letzten Jahr vor Schulbeginn einen Kindergartenplatz. Außerdem hatten Mütter mit 3 oder mehr Kindern ein Recht auf einen wohnortnahen Kindergartenplatz. Demgegenüber gab es aber keine offiziellen Regelungen zur Nichtaussonderung, sondern die Bestrebung, Kinder mit Behinderungen in die dafür „zuständigen" Sondereinrichtungen einzuweisen.

Ab September 1988 besuchte Antje also den regulären Kindergarten am Wohnort, stundenweise am Vormittag. Sehr gern unterschrieb ich im Gegenzug, dass ich die Verantwortung für ihre sprachliche Entwicklung selber tragen werde. Der sprachliche Rückstand meiner Tochter zu normalhörenden Kindern war zu diesem Zeitpunkt noch enorm. Jedoch ihr unkompliziertes Sozialverhalten gegenüber Kindern machte die Nichtaussonderung in der Kindergruppe möglich.

Ihr Besuch des Regelkindergartens war für mich als Mutter aber auch mit Schmerz verbunden: Jeden Tag, wenn ich meine Tochter hinbrachte oder abholte, wurde mir bewusst, wie groß ihr kommunikativer Entwicklungsabstand zu den Altersgefährten war. Andererseits regte mich diese Tatsache auch an, immer wieder nach Möglichkeiten zu suchen, um ihr sprachliches Vermögen am Nachmittag zu Hause mit den Brüdern zu fördern.

Einmal pro Woche besuchte ich mit Antje gemeinsam einen ambulant tätigen Hörgeschädigtenpädagogen, den mir andere Eltern empfohlen hatten.

Klar war für mich schon bald, dass Antje noch ein Jahr Rückstellung von der Schulpflicht benötigte und dann vielleicht ein Regelschulbesuch versucht werden könnte. Mit taktischen Schachzügen meinerseits wurde die Zurückstellung zugunsten eines angestrebten Regelschulbesuches dann auch offiziell von der Schulleiterin der

Erfahrungsberichte aus Elternsicht

künftigen Regelschule genehmigt. Zwischenzeitlich hatte ich mir durch Hospitationen in verschiedenen Klassen der Schwerhörigenschule und der wohnortnahen Regelschule einen Überblick über den im Allgemeinen großen sprachlichen Niveau-Unterschied der Schüler erarbeitet.

Wie froh war ich, dieses eine Jahr für Antje gewonnen zu haben! Täglich wurde intensiv mittels Tage- und Erlebnisbuch an der Lautsprache gearbeitet. Das soziale Verhaltenstraining mit Kindern und Erwachsenen lief nebenbei: in der Familie, mit den Nachbarn und im Kindergarten. Täglich wurde gesungen. Kinderlieder von Pittiplatsch und seinen Freunden tönten im Kinderzimmer aus dem Recorder. Und ich erlebte, wie meine als taub diagnostizierte Tochter auf der Toilette saß und voller Freude sang! Zwar stimmen Melodie und Rhythmus nicht ganz, aber was machte das schon?

Einzelintegration in der Regelschule

Antje wurde 1990 gemeinsam mit einigen Kameraden aus dem Kindergarten und ihrer Freundin aus dem Nachbarhaus offiziell als Schülerin mit Behinderungen trotz fehlender Rechtsbestimmungen in die wohnortnahe Polytechnische Oberschule in Dresden aufgenommen. Manches war anders in dieser Klasse:
– die Sitzordnung,
– die drahtlose Mikrofonanlage,
– das disziplinierte Unterrichtsgespräch,
– der enge Kontakt zu den anderen Eltern
– die regelmäßigen Gespräche zwischen den Lehrern der Schule und einer engagierten Lehrerin der Schwerhörigenschule in Dresden.

Gemeinsam mit ihren Mitschülern meisterte Antje den Klassenlehrerwechsel nach Klasse 2 und den Umzug in die Nachbarschule nach Klasse 3. Manche Begriffe des Unterrichts wurden zu Hause vertieft. Und immer wieder war es die Aufgabe von uns Eltern, mit Antje über „Gott und die Welt" zu sprechen und ihr das selbstständige Lesen von vielfältigen Zeitungen und Büchern schmackhaft zu machen. Nur auf diesem Wege kann ein hörgeschädigtes Kind seine Sprach- und Sprechkompetenz verbessern.

Antje schloss ihre Grundschulzeit mit der Bildungsempfehlung „Gymnasium mit zusätzlichen Hilfen für die Fremdsprache und für Deutsch" ab.

Erfahrungsberichte aus Elternsicht

Einzelintegration im Gymnasium

1994, mit Schuljahresbeginn der Klasse 5, wechselte Antje zum Gymnasium in Brand-Erbisdorf. Für ¼ Jahr wohnte sie gemeinsam mit ihren Brüdern wochentags bei den Großeltern, denn einen Schulwechsel mitten im Schuljahr wollten wir den Kindern nicht zumuten. Wegen den vielfältigen Schwierigkeiten im Zusammenhang mit unserer künftigen Wohnung in Freiberg und dem Umzug konnte ich in dieser Zeit kaum Antjes schulische Situation reflektieren.

Böses Erwachen erfolgte zum Jahreswechsel: Obwohl ich als Mutter im Vorfeld eine Vielzahl von Gesprächen mit Schulbehörden, Lehrern u. a. geführt hatte, erahnte ich erst jetzt, was es heißt, in einer fremden Umgebung – ohne wenigstens einen vertrauten Mitschüler – als hörgeschädigte Schülerin zurechtkommen zu müssen. Antje versuchte zwar, sich wacker zu behaupten, doch es war unübersehbar, dass sie große Schwierigkeiten hatte.

Durch viele Gespräche und durch eigene Beobachtungen wurde mir nun klar: Die Probleme eines Hörgeschädigten innerhalb einer Klasse waren nicht so offensichtlich wie die eines Rollstuhlfahrers oder eines Sehgeschädigten und wurden deshalb gern übersehen. Hinzu kam noch die Pubertät der Schüler, die Unerfahrenheit der mehr als 10 in der Klasse unterrichtenden Lehrkräfte und des Schulleiters zur Problematik Einzelintegration. Das Fass zum Überlaufen brachten dann noch die fehlende Fachkompetenz der zuständigen Schwerhörigenschule Chemnitz in Sachen wohnortnahe Einzelintegration eines lautsprachkompetenten, hochgradig hörgeschädigten Regelschülers.

Antje kämpfte sich dennoch mit elterlicher Unterstützung und Ermutigung ihrer Brüder drei Schuljahre durch. Dann entschied sie sich klar: „Ich will auf keinen Fall wegen der 2. Fremdsprache die 7. Klasse freiwillig wiederholen. Dann lerne ich lieber an der Mittelschule mit nur einer Fremdsprache."

Einzelintegration in der Mittelschule

Inzwischen wusste ich:
- die Vorbereitung des Schulwechsels ist entscheidend
- kompetente Hilfe von der zuständigen Schwerhörigenschule in Chemnitz zu erwarten, ist unrealistisch

Erfahrungsberichte aus Elternsicht

Jutta Schöler schreibt:

„*Über das Gelingen oder Misslingen eines Integrationsprojektes in der Sekundarstufe wird im Wesentlichen entschieden, bevor er überhaupt praktisch beginnt: bei der Gestaltung des Stundenplans und bei der Entscheidung der Schulleitung und des Kollegiums, wie viele und welche Lehrkräfte in der Integrationsklasse zusammenarbeiten. . . . Die Eltern sollten als die besten Experten ihres Kindes sehr ernst genommen werden*" (SCHÖLER 1993, S. 307).

Nach etlichen Gesprächen mit dem Kultusministerium wurde der Schulwechsel für Antje mit oberschulamtsübergreifender Hilfe gestattet. Die aus der Grundschulzeit vertraute Lehrerin der Schwerhörigenschule in Dresden durfte Antje ausnahmsweise in der Mittelschule an unserem Wohnort Freiberg begleiten. Sie informierte die Lehrer über einige methodisch-didaktische Besonderheiten, pflegte Kontakt mit ihnen, mit uns Eltern und mit Antje selber.

Die letzte Auswahl zwischen zwei infrage kommenden Mittelschulen mit jeweils einer separaten Realschulklasse von „nur" 25–26 Schülern traf Antje. Sie entschied sich für das Schulgebäude, in dem es weniger hallte und an der keine Hauptverkehrsstraße vorbei führte. Löwe (1996) weist auf die Problematik des Nachhalls und Störschalls in Regelschulen hin.

Ein großer Gewinn war für Antje die Bereitschaft der Klassenleiterin und der Großteil der Pädagogen der Mittelschule, sich bei entsprechender Hilfe mit der Problematik „Einzelintegration bei Hör-Sprech-Behinderung" konstruktiv auseinander setzen zu wollen.

Nach vielen Gesprächen meinerseits mit Stadtvätern, Politikern und Schulbehörden wurde das Klassenzimmer später schalldämmend ausgestattet und die Fachkabinette erhielten neue Stühle, die nicht mehr so laut auf dem Fußboden kratzten. Die Englisch- und die Deutschlehrerin bekamen je eine wöchentliche Stützstunde für die Einzelarbeit mit Antje von den Schulbehörden zugewiesen.

Auch der Mittelschulbesuch war kein Zuckerschlecken für Antje, denn immer wieder tauchten Situationen auf, in denen sie eben nicht alles hörte und deshalb manches nicht oder falsch verstand. Doch damit wird sie ihr Leben lang zurechtkommen müssen. Die Aufgabe von uns als Eltern war und ist es, Antje immer wieder zu ermutigen

Erfahrungsberichte aus Elternsicht

und ihr den Rücken zu stärken, damit sie in angemessener Weise um Verständnis und Hilfe bei Normalhörenden wirbt. Nur dann hat sie eine Chance, ihren Lebensweg selbstbestimmt und mit innerer Befriedigung weitergehen zu können.

MÜLLER (1994) setzt sich ausführlich mit der Situation hörgeschädigter Mädchen und Jungen in Regelschulen auseinander.

Antje schloss 2000 ihre Schulzeit mit dem Realschulabschluss in Freiberg ab.

Der Weg in den Beruf

Meine Tochter ist seit dem 1.9.2000 Auszubildende. Sie hat ihre Duale Ausbildung in ihrem Wunschberuf gemeinsam mit Normalhörenden angetreten. Die erforderlichen Vorbereitungen – vor allem mit sächsischen Schulbehörden – füllen einen dicken Ordner und kosteten mich wieder einmal sehr viel Kraft. Durch mein Engagement entstand jedoch ein Netzwerk aus Verbündeten:
- Vertreter des Arbeitsamtes
- der Arbeitgeber
- Ausbilder
- Berufsschullehrer
- der Träger der Berufsschule
- und wir Eltern.

Ob dieses Netz alle Belastungen und Freuden aushalten wird, die die Einzelintegration einer Jugendlichen mit sich bringt, deren Weg in den ersten Lebensjahren in Richtung „taubstumm" tendierte?

Konsequenzen

Erschütternd für mich ist es zu erleben, wie viel Unkenntnis es selbst unter so genannten Fachleuten noch immer über die gravierenden Auswirkungen von nicht erkannten Hörschädigungen bei Kleinkindern gibt.

Bereits 1980 stellte VAN UDEN fest:

„Sogar ein normal hörendes Kind wird sprachlos aufwachsen, sprachstumm und sprachtaub, wenn es nicht mit der Sprache der anderen in Berührung kommt. Dies wurde deutlich gezeigt durch die Untersuchung einiger außergewöhnlicher Fälle, der so genannten ‚Wolfskinder' (vergleiche Lane 1976). Selbstverständlich sind gehörlose Kinder besonders dieser Gefahr ausgesetzt. Das Hauptziel einer

Erfahrungsberichte aus Elternsicht

Hausspracherziehung von Jugend an ist denn auch das Behüten vor ‚Verstummung' und ‚Vertaubung'." (1980, S. 13)

Die Hauptaufgabe bei der Hör-Sprech-Erziehung eines hörgeschädigten Kindes fällt dabei den Eltern zu, leider mit wenig Zurüstung, kaum Anerkennung und keiner finanziellen Absicherung. Mein Rentenkonto, dass ich vor wenigen Tagen auf entsprechenden Antrag hin vom Rentenversicherungsträger aufgestellt bekam, zeigt diese Tatsache mit aller Deutlichkeit und Härte.

Dennoch bin ich sehr froh, diesen schwierigen Weg mit Antje bis heute gemeistert zu haben. Durch ihre Hör-Sprech-Kompetenz trotz eingeschränkter auditiven Wahrnehmungsfähigkeit besitzt sie ein Fundament für ihr Leben mitten in unserer hörenden und sprechenden Welt. Deshalb kann ich begründete Hoffnung haben, dass sie ihr Leben wirtschaftlich und sozial selbstständig meistern wird.

Nun ist die Zeit endlich reif geworden für meine eigene, berufliche Weiterentwicklung.

Literatur:

LÖWE, A.: Pädagogische Hilfen für hörgeschädigte Kinder in Regelschulen. 4. erw. Aufl. Heidelberg: Winter, Ed. Schindele 1996

MÜLLER, R. J.: . . . ich höre – nicht alles! Hörgeschädigte Mädchen und Jungen in Regelschulen: Heidelberg: Ed. Schindele 1994

SCHMID-GIOVANNINI, S.: Sprich mit mir. Eine ganzheitliche Lautsprachmethode für Kleinkinder von 0–7 Jahren für Eltern und Erzieher hörgeschädigter Kleinkinder. Berlin: Marhold 1984

SCHMID-GIOVANNINI, S.: Das Tage- und Erlebnisbuch für Kinder von 2–14 Jahre. Ratschläge und Anleitungen für Eltern und Erzieher hörgeschädigter Kinder. Hrsg: Internat. Beratungszentrum für Eltern hörgeschädigt. Kinder Zollikon/Schweiz 1986

SCHÖLER, J.: Integrative Schule – Integrativer Unterricht. Ratgeber für Eltern und Lehrer. Reinbeck: Rowohlt 1993

UDEN, A. VAN: Das gehörlose Kind – Fragen seiner Entwicklung und Förderung, Heidelberg: Groos 1980

4. Verfahrensfragen

4.1 Das Verfahren: vom Integrationsantrag zur Entscheidung des Schulamtes[Fn.1]

Ursula Mahnke

Vor einem Antrag auf Integration steht zunächst die Entscheidung der Eltern: Welche Form der Beschulung halten Sie für Ihr Kind mit Behinderungen für die beste? Soll Ihr Kind die Förderschule besuchen oder wollen Sie den zumeist sehr mühsamen Weg gehen, sich für eine integrative Beschulung ihres Kindes einzusetzen? Eltern, die sich für ein gemeinsames Leben und Lernen mit nicht behinderten Kindern entscheiden, haben meist schon frühzeitig günstige Entwicklungsbedingungen für ihre Tochter/ihren Sohn mit Behinderungen feststellen können: im Zusammensein mit (nicht behinderten) Kindern in der Familie, in der Nachbarschaft – oder auch in einem integrativen Kindergarten *(siehe Kap. 3)*. Um sich in ihrer Entscheidung sicherer zu werden, sollten sich Eltern fragen:

Braucht Ihr Kind den Schonraum der kleinen Gruppe in der Förderschule?	Hat Ihr Kind keine Angst vor größeren Gruppen „normaler" Kinder?
Hat Ihr Kind Angst vor anderen Kindern? Versteckt es sich, wenn Kinder oder Erwachsene wegen seiner Behinderung gucken oder Fragen stellen?	Geht Ihr Kind selbstverständlich mit ihnen einkaufen oder auf den Spielplatz und hat seine Form gefunden, die Blicke und Fragen zu beantworten?

---

1. Überarbeiteter und erweiterter Beitrag aus: Mahnke, Ursula/Landesarbeitsgemeinschaft Gemeinsam Leben – Gemeinsam Lernen (Hrsg.): Ratgeber zur schulischen Integration in Sachsen, Chemnitz 1999, S. 65–69.

Verfahrensfragen

Braucht Ihr Kind Krankengymnastik, Sprach- und Ergotherapie?

Zweifeln Sie an, ob Ihr Kind die angebotenen Therapien wirklich braucht?

Beruhigt es Sie, wenn Sie wissen, dass Ihr Kind in der Förderschule die notwendigen Therapien erhält? Und können Sie nachmittags die Termine nicht wahrnehmen?

Haben Sie den Eindruck, dass die Förderschule nicht die Therapien anbietet, die speziell Ihrem Kind gut tun?

Ist es Ihnen wichtig, dass Ihr Kind ganztags von Förderpädagogen betreut wird und weitgehend mit Kindern zusammen ist, die die gleiche Behinderung haben?

Ist es Ihnen wichtiger, dass Ihr Kind Freunde hat, die im Wohngebiet leben?

Fragt Ihr Kind Sie öfter, wann es in dieselbe Schule geht, wie alle anderen Kinder? Fragt Ihr Kind Sie, warum es nicht in dieselbe Schule geht, wie die Geschwister und die Nachbarskinder?

(sinngemäß entnommen aus: BOBAN 2000, S. 239; SCHÖLER 1987, S. 7)

Die Entscheidungsfindung ist bei allen Eltern ein längerer und schwieriger Prozess, der in der Regel von zahlreichen Unsicherheiten und Zweifeln begleitet wird. Hilfreich ist es deshalb im Vorfeld, sich nicht nur über Verfahrensabläufe und rechtliche Bedingungen sachkundig zu machen, sondern sich vor allem mit persönlichen Beweggründen und Zweifeln auseinandersetzen zu können – im Gespräch mit anderen Eltern *(siehe auch Kap. 8.3)* oder auch über schriftliche Berichte anderer Eltern, die diesen Weg bereits hinter sich haben *(siehe Hinweise zum Weiterlesen am Ende dieses Kapitels)*. Sinnvoll kann auch sein, sich ein konkretes Bild von den Alternativen zu machen – etwa durch den Besuch einer Förderschule oder einer Integrationsklasse. Erst wenn Eltern die innere Sicherheit haben, dass für ihr Kind

Verfahrensfragen

mit Behinderungen eine integrative Beschulung die bessere Alternative ist, sollten sie den Antrag auf Integration stellen.

Der Antrag

Eltern, die eine integrative Beschulung ihrer Tochter oder ihres Sohnes wünschen, müssen dies beim zuständigen Regionalschulamt beantragen. Es ist sinnvoll, dies bereits zum Zeitpunkt der allgemeinen Schulanmeldungen (etwa Dezember bis Januar) zu tun – auf jeden Fall aber spätestens zwischen den Winter- und Osterferien *(siehe auch Kap. 4.3).*

Von Vorteil ist, wenn bereits vor dem Antrag eine Schule gefunden werden konnte, die Bereitschaft zeigt, ein Kind mit Behinderungen aufzunehmen. Solange in Sachsen Integration noch relativ wenig verbreitet ist hilft hier nur, Schulen im Wohngebiet aufzusuchen, mit den Schulleitern zu reden und sie zu überzeugen versuchen. Eine ganze Reihe von Schulen haben bereits mit der Integration begonnen. Es ist davon auszugehen, dass diese Schulen am ehesten für weitere Integrationsvorhaben aufgeschlossen sein dürften, zumal sie bereits über praktische Erfahrungen verfügen.

Der Antrag wird formlos gestellt, d. h. die Eltern legen in einem individuellen Brief an das Regionalschulamt ihren Wunsch nach Integration dar. Dieser Brief sollte enthalten:
– Zeitpunkt des gewünschten Beginns der integrativen Beschulung (in der Regel das kommende Schuljahr),
– Begründungen, warum die Eltern gemeinsames Lernen ihres Kindes mit Nichtbehinderten für wichtig halten (Verweis auf bisherige Entwicklung, bisherige Erfahrungen mit Nichtbehinderten, gleiche Schule wie Geschwisterkind, Entfernung zur nächsten Förderschule u. a.),
– Evtl. schon der Vorschlag einer bestimmten Schule, die bereit wäre, ein Kind mit Behinderungen aufzunehmen.

Überprüfung des sonderpädagogischen Förderbedarfs

Als nächster Schritt wird vom Regionalschulamt eine Überprüfung auf sonderpädagogischen Förderbedarf eingeleitet (§ 12 Schulordnung Förderschulen – SOFS) *(siehe Kap. 4.2).* Die Feststellung des sonderpädagogischen Förderbedarfs ist entscheidende Grundlage der späteren Entscheidung des Regionalschulamtes und muss für Kinder

Verfahrensfragen

mit Behinderungen in jedem Fall erfolgen, unabhängig davon, ob von den Eltern eine integrative Beschulung gewünscht wird oder der Besuch einer Förderschule. Eltern müssen vorher schriftlich ihre Zustimmung geben, damit ihr Kind überprüft werden kann. Sie können eine Untersuchung ihres Kindes nicht verweigern, denn die Bestätigung über den Förderbedarf ist Voraussetzung dafür, um überhaupt Integration beantragen zu können.

Diese Überprüfung sollte spätestens nach den Osterferien stattfinden.

Anhörung der Eltern

Aufgrund des Antrags auf Integration werden die Eltern in jedem Fall zu einer Anhörung in das Regionalschulamt geladen (§ 2 Abs. 2 Schulintegrationsverordnung – SchIVO). In der Regel findet diese Anhörung nach dem Überprüfungsverfahren statt. Hier kann es vorkommen, dass Eltern ihren Integrationswunsch noch einmal mündlich begründen müssen – und dass es mitunter auch Versuche gibt, die Eltern zur Rücknahme ihres Antrages zu bewegen. Der Druck in diesem Gespräch kann sehr groß sein! Es ist also günstig, sich eine Person des Vertrauens zu einem solchen Gespräch mitzunehmen. Ein Beistand ist nach § 14 des Verwaltungsverfahrensgesetzes (VwVfG)[Fn.1] zulässig und kann vom Schulamt nicht verweigert werden.

Für die Begründung des Integrationswunsches hier einige Beispiele für Argumentationen:
– Von bisherigen positiven Erfahrungen mit dem eigenen Kind im Kontakt mit Nichtbehinderten berichten (im Kindergarten, mit Geschwisterkindern, mit Nachbarskindern u. a.) – am besten mit konkreten Beispielen.
– Vorstellungen äußern, welche Erwartungen an eine integrative Unterrichtung mit Nichtbehinderten verbunden sind. (Was braucht das Kind? Wo könnte es Schwierigkeiten geben? Wie könnten sie überwunden werden? Wo könnten Eltern unterstützen?)

---

1. Das VwVfG des Bundes wurde im Vorläufigen Verwaltungsverfahrensgesetz für den Freistaat Sachsen (SächsVwVfG v. 21.1.1993) übernommen.

Verfahrensfragen

- Die eigene Grundhaltung klar und wiederholt vertreten (deshalb ist es so wichtig, sich bereits <u>vor</u> dem Integrationsantrag innerlich sicher zu machen – siehe oben).
- Das Gespräch auf sachliche Einwände lenken und konkret nachfragen, z. B.: Welche konkreten Gründe sprechen gegen eine bestimmte Allgemeine Schule? Welche konkreten Vorteile hätte eine Beschulung an der Förderschule? Welche rechtlichen Regelungen sprechen gegen eine Integration?

Je gründlicher Eltern sich bis zu diesem Zeitpunkt mit Einwänden für und gegen die Integration ihres Kindes auseinandergesetzt haben, desto besser lassen sich in dieser Anhörung Argumente entkräften. Dazu gehört auch, die Situation in der Förderschule durch eigenen Augenschein einschätzen zu können (siehe oben).

Die Anhörung sollte spätestens zwei Monate vor Ablauf des laufenden Schuljahres stattfinden, damit sowohl dem Regionalschulamt als auch den Eltern bis zum Beginn des Schuljahres noch ausreichend Zeit für weitere Klärungen bleiben. Dies ist umso wichtiger, wenn dem Elternwunsch nach Integration vom Schulamt nicht entsprochen wird.

Weitere Stellungnahmen

Wenn die Eltern ihren Integrationsantrag aufrechterhalten, kann nun die Schulbehörde weitere Stellungnahmen einholen:
- von der zuständigen <u>Förderschule</u> z. B.:

Welcher individuellen sonderpädagogischen Förderung bedarf das Kind speziell? Sind pflegerische Hilfen, medizinische oder therapeutische Maßnahmen notwendig? Wenn ja, welche?

Welche spezifischen Hilfsmittel sind zur Unterstützung oder Versorgung des Kindes notwendig? (Rollstuhl, Mikroportanlage, Lupe etc.)

Könnte der sonderpädagogische Förderbedarf an der allgemeinen Schule gedeckt werden? Wenn ja, wie viele Stunden/Woche sollte das Kind durch einen Förderschullehrer unterrichtet werden?

Verfahrensfragen

– von der Regelschule[Fn.1] (z. B. Grundschule), an der das Kind integriert werden soll z. B.:
  Werden individuelle Abweichungen von den Anforderungen des Lehrplanes der allgemeinen Schule für erforderlich gehalten? Wenn ja, welche?
  Welche zusätzlichen Fördermaßnahmen benötigt das Kind? Wenn ja, durch wen und in welchem Umfang?
  Sind räumliche und sächliche Voraussetzungen für die Förderung an der Schule zu schaffen? Wenn ja, welche?
  Über welche spezifischen Kenntnisse im Umgang mit der Behinderung verfügt die Lehrkraft der Klasse bereits?

Zusätzlich können Stellungnahmen vom Schulträger, von Ärzten und auch vom Schulpsychologen eingeholt werden. Alle diese Informationen bilden dann die Grundlage für eine Entscheidung des Regionalschulamtes.

Dieser Ablauf ist nicht die Regel, doch wird er in einigen Regionalschulämtern so praktiziert. Dazu ist festzuhalten, dass es zunächst einmal sinnvoll ist, genauere Informationen sowohl aus förderpädagogischer Sicht als auch von Seiten der Regelschule zusammenzutragen, um die genauen Bedingungen einer Integration auszuloten. In Sachsen werden diese zusätzlichen Informationen in vielen Fällen aber erst nach der Feststellung des sonderpädagogischen Förderbedarfs des Kindes eingeholt. Nach förderdiagnostischem Verständnis wäre aber für die Festlegung des Förderbedarfs von ganz entscheidender Bedeutung, welcher Förderort für das Kind vorgesehen ist: Wie groß ist die jeweilige Klasse? Wie ist sie zusammengesetzt? Welche Fähigkeiten bringen die jeweiligen Lehrer mit? Wie sehen die räumlichen Bedingungen aus? In Sachsen werden diese Fragen in vielen Fällen erst hinterher geklärt.

Sinnvoller wäre es, wenn in einem sog. Förderausschuss alle Beteiligten (Lehrer der Regelschule, Förderschullehrer, Eltern, Schulamt u. a.) gemeinsam über die Bedingungen der integrativen Unterrich-

---

1. In Sachsen werden Grundschule, Mittelschule und Gymnasium unter dem Begriff „Allgemeine Schule" zusammengefasst. Zum besseren Verständnis und zur Abgrenzung zur „Förderschule" wird hier und im Folgenden der umgangssprachliche Begriff „Regelschule" verwendet.

Verfahrensfragen

tung beraten würden – wie es übrigens in einer Reihe anderer Bundesländer die Regel ist (siehe dazu ein Beispiel bei SCHÖLER 1999, S. 100 ff.).

Zusätzliche Unterstützung in der Regelschule

Für die Bereitschaft von Regelschulen, Kinder mit Behinderungen aufzunehmen, ist es oftmals von entscheidender Bedeutung, in welchem Umfang zusätzliche Unterstützung für die Einzelintegration bereitgestellt wird. Der Umfang der Lehrerstunden für sonderpädagogische Förderung, der durch die Schulintegrationsverordnung festgelegt ist *(siehe Kap. 2.2)*, wird oftmals als nicht ausreichend angesehen. In diesen Fällen müssen weitere Möglichkeiten bzw. Kostenträger für zusätzliche Unterstützung gefunden werden, was sich bisher in Sachsen noch schwierig gestaltet *(siehe Kap. 7.1)*.

Der Wunsch von Regelschullehrern nach einer möglichst weitgehenden Unterstützung für die integrative Unterrichtung eines Schülers mit Behinderungen ist zunächst einmal verständlich, besonders wenn an der betreffenden Schule noch keine Erfahrungen mit Integration vorliegen. Zusätzliche Integrationshelfer entlasten die Lehrkräfte, insbesondere in den Unterrichtsphasen, in denen Lehrkräfte gleiche Anforderungen an alle Schüler zur selben Zeit stellen. Gleichzeitig muss jedoch immer auch bedacht werden, dass durch die ständige oder zeitweise Anwesenheit eines weiteren Erwachsenen für den Integrationsschüler eine Sondersituation geschaffen wird, die sowohl für die Selbstständigkeitsentwicklung als auch für die soziale Integration nicht unbedingt förderlich ist *(siehe Beiträge in Kap. 7 von Nenne, Rosenberger, Pahlke)*.

Die Entscheidung

Die Entscheidung trifft am Ende das Regionalschulamt (§ 2 Abs. 2 SchIVO) mit dem Schulfeststellungsbescheid. In ihm muss festgehalten sein:
– der Schulort (Regelschule oder Förderschule)
– der Umfang der sonderpädagogischen Förderung
– (evtl.) Abweichungen vom Lehrplan (bei Schülern mit Lernbehinderung und geistiger Behinderung)
– (evtl.) der Umfang individueller Einzelfallhilfe (Integrationshelfer)
– die Geltungsdauer (evtl. Befristung des Bescheides)

Verfahrensfragen

Wird in diesem Bescheid dem Elternwunsch nach Integration nicht entsprochen, so muss die Entscheidung fundiert begründet werden. Die erhöhte Begründungspflicht der Schulbehörden ergibt sich aus dem Grundsatzurteil des Bundesverfassungsgerichts von 1997 *(siehe Kap. 2.2)*. Die Eltern können Widerspruch gegen die Entscheidung einlegen. Über den Widerspruch wird allerdings von der gleichen Behörde entschieden, die den Bescheid erlassen hat. Als weiteres Rechtsmittel kann der Klageweg beschritten werden, der jedoch keine aufschiebende Wirkung hat.

Literatur:

BOBAN, Ines: It's noct Inclusion . . . – Der Traum von einer Schule für alle Kinder. In: Hans, Maren/Ginnold, Antje (Hrsg.): Integration von Menschen mit Behinderungen – Entwicklungen in Europa. Neuwied; Kriftel; Berlin: Luchterhand 2000, S. 238–247

SCHÖLER, Jutta: Sonderschule? – Nein Danke! Meine Tochter soll trotz ihrer Behinderung zu einem normalen Kindergeburtstag eingeladen werden! In: Zeitschrift Frauen und Schule, Heft 3 1987, S. 6–11

SCHÖLER, Jutta: Integrative Schule – Integrativer Unterricht. Neuwied; Kriftel; Berlin: Luchterhand 1999

Zum Weiterlesen:

DRAVE, Wolfgang (Hrsg.): 1. Klasse Regelschule, Blind. Eltern und Lehrer blinder Kinder an Regelgrundschulen berichten. Würzburg: Ed. Bentheim 1989

LILL, Gerlinde (Hrsg.): Alle zusammen ist noch lange nicht gemeinsam. Berlin: FIPP-Verlag 1996

ROEBKE, Christa u. a.: Leben ohne Aussonderung. Eltern kämpfen für Kinder mit Beeinträchtigungen. Neuwied; Kriftel; Berlin: Luchterhand *(Teil III: Familiengeschichten)*

SPANIER, Hans-Peter: Gegen den Strom oder: Ein Gesetz wird ernst genommen. Fallenstein: Schaudelah 2000

4.2 Feststellung des sonderpädagogischen Förderbedarfs

Ursula Mahnke

Die Feststellung des sonderpädagogischen Förderbedarfs ist sowohl Voraussetzung für die Aufnahme von Schülern an eine Förderschule als auch für eine integrative Förderung an der Regelschule. In Sachsen wird dieses Verfahren formal durch den § 12 der Schulordnung Förderschulen (SOFS) geregelt sowie durch Verwaltungsvorschriften über die zu verwendenden Formblätter. Eltern sollten ihren Wunsch nach integrativer Beschulung dem Schulamt möglichst noch vor Beginn der Überprüfung mitteilen *(siehe Kap. 4.1)*.

Im Verfahren zur Feststellung des sonderpädagogischen Förderbedarf ist zu unterscheiden, ob
– ein Kind bisher noch nicht die Schule besucht und es um die Entscheidung über den Besuch einer Grundschule, einer Förderschule oder um eine integrative Beschulung geht,
– ein Kind bereits die (Regel-)Schule besucht und die Frage zu klären ist, ob es an eine Förderschule überwiesen werden soll.

Im zweiten Fall sind formal zwei Gutachten vorgesehen: ein pädagogisches Gutachten der abgebenden Institution (= Regelschule) und ein förderpädagogisches Gutachten der Förderschule. Da sich beide weitgehend auf die gleichen Lernbereiche beziehen, besteht hier Abstimmungsbedarf. Dieser besteht auch im ersten Fall, in der Mitwirkung der abgebenden Einrichtung Kindergarten *(siehe Kap. 4.3)*.

Eine Erweiterung bzw. Modifizierung des formalen Verfahrens zur Feststellung des sonderpädagogischen Förderbedarfs mit dem Ziel einer integrativen Förderung an der Regelschule wird derzeit in Sachsen von den Regionalschulämtern in unterschiedlicher Form praktiziert *(siehe Kap. 4.1)*. Eine einheitliche Regelung würde hier zu mehr Verfahrenssicherheit führen – sowohl bei Eltern als auch bei allen anderen Beteiligten.

Verfahrensfragen

Rechtliche Grundlage

Das Verfahren zur Feststellung des sonderpädagogischen Förderbedarfs wird im § 12 der SOFS geregelt:

§ 12 Aufnahmeverfahren

(1) In die Förderschule dürfen nur Schüler aufgenommen werden, bei denen die Schulaufsichtsbehörde nach Anhörung der Erziehungsberechtigten die Feststellung getroffen hat, dass sie zum Besuch der Förderschule verpflichtet sind und die betreffende Förderschule für sie geeignet ist (§ 30 Abs. 2 SchulG).

(2) Die Feststellung wird durch ein Aufnahmeverfahren vorbereitet, an dem die Schulaufsichtsbehörde

1. *den bisherigen Klassenlehrer, sofern der Schüler bereits eine Schule besucht;*
2. *den Leiter der bisher besuchten Schule, sofern der Schüler bereits eine Schule besucht;*
3. *den Leiter der voraussichtlich in Betracht kommenden Förderschule;*
4. *Förderschullehrer der in Betracht kommenden Förderschulen;*
5. *den Schul- oder Amtsarzt*

beteiligen muss. Zusätzlich können mit Zustimmung der Erziehungsberechtigten bereits vorhandene Gutachten von Logopäden, Fachärzten, Psychologen und Sozialpädagogen einbezogen werden. Die Erziehungsberechtigten sind über alle diagnostischen Maßnahmen vorab zu unterrichten. Mit Zustimmung der Erziehungsberechtigten ist eine probeweise Unterrichtung in der Förderschule im Rahmen eines diagnostischen Verfahrens zulässig; sie darf jedoch zwölf Wochen nicht überschreiten.

(3) Das Aufnahmeverfahren nach § 30 Abs. 2. SchulG wird von der Schulaufsichtsbehörde eingeleitet, sofern diese gemäß § 6 der ... Schulordnung Grundschulen – SOGS vom 20.Mai 1994, § 6 der ... Schulordnung Mittelschulen – SOMI vom 10. September 1993, § 8 der ... Schulordnung Gymnasien – SOGY vom 15. Dezember 1993 oder auf anderem Wege Kenntnis von Tatsachen erlangt, die einen besonderen Förderbedarf eines Schülers vermuten lassen.

(4) Bei der Einleitung und Durchführung des Aufnahmeverfahrens sind die Datenschutzbestimmungen zu beachten.

(5) Im Rahmen des Aufnahmeverfahrens beauftragt die Schulaufsichtsbehörde die voraussichtlich in Betracht kommende Förderschule mit der Erstel-

Verfahrensfragen

lung eines förderpädagogischen Gutachtens, das auf der Grundlage der Ergebnisse einer pädagogisch-psychologischen Prüfung, der schul- oder amtsärztlichen Untersuchung und der Auswertung der verfügbaren Unterlagen die zu veranlassenden Fördermaßnahmen benennt und angibt, ob der Schüler noch in der allgemeinen Schule ausreichend gefördert werden kann oder ob er der Förderung in einer Förderschule bedarf. In letzterem Fall ist anzugeben, welcher Förderschultyp geeignet erscheint. Im Fall der Mehrfachbehinderung entscheidet die Schulaufsichtsbehörde, welche Förderschule dem Schüler am besten dient.

(6) Bevor die Schulaufsichtsbehörde ihre Entscheidung nach § 40 Abs. 2 SchulG trifft, hört sie die Erziehungsberechtigten an. Die Entscheidung der Schulaufsichtsbehörde ist mit einer Begründung und einer Rechtshilfebelehrung zu versehen und den Erziehungsberechtigten in geeigneter Weise bekannt zu geben. Die beteiligten Schulen sind von der Entscheidung zu unterrichten; sofern entschieden wird, dass bei einem Kind zum gegenwärtigen Zeitpunkt keine Veranlassung zum Besuch einer Förderschule besteht, erhält die meldende Schule eine Mehrfertigung des förderpädagogischen Gutachtens.

(7) Absatz 1 gilt für die Klinik- und Krankenhausschule mit der Maßgabe, dass der behandelnde Arzt zustimmt, Absatz 2 mit der Maßgabe, dass der Schul- oder Amtsarzt nicht beteiligt werden muss. Absatz 5 findet keine Anwendung.

(8) Für das Aufnahmeverfahren sind Vordrucke zu verwenden, die den vom Staatsministerium für Kultus veröffentlichten Mustern entsprechen.

Hinweise auf die Durchführung ergeben sich durch die Verwaltungsvorschrift des Sächsischen Staatsministeriums für Kultus über die im Rahmen des Aufnahmeverfahrens an Förderschulen gemäß § 12 Abs. 8 der SOFS zu verwendenden Formblätter vom 26. August 1997. (Nachfolgende Hinweise auf Formblätter sind in Kapitälchen gesetzt und beziehen sich auf diese Verwaltungsvorschrift.)

Ablauf des Verfahrens

<u>1. Antrag der abgebenden Einrichtung (Schule, Kindertagesstätte)</u>

Das Verfahren wird eingeleitet mit dem Antrag der Einrichtung, die das Kind zum Zeitpunkt der Überprüfung besucht (MITTEILUNG GEM. § 12 Abs. 3 SOFS), das ist meistens die Regelschule. Geht das Kind noch nicht in die Schule, so kann der Antrag von der besuchten Kin-

Verfahrensfragen

dertagesstätte, vom Amtsarzt oder von anderen Stellen erfolgen (Mitunter gibt es mit dem Regionalschulamt die Absprache, dass für Kindergarten-Kinder der Antrag auf Überprüfung durch die Grundschule des Wohnortes gestellt wird. Dann stellt diese Schule den Antrag, holt das Einverständnis der Eltern ein, stellt die Dokumentation zusammen u. a.).

Diesem Antrag wird beigefügt:
– eine kurze Begründung (ANLAGE ZUR MITTEILUNG GEM. § 12 ABS. 3 SOFS – BEGRÜNDUNG)
– ein Formblatt über die Unterrichtung der Eltern über die geplanten Maßnahmen der Überprüfung (UNTERRICHTUNG DER ERZIEHUNGSBERECHTIGTEN ÜBER BEABSICHTIGTE DIAGNOSTISCHE MAßNAHMEN NACH § 12 ABS. 2 SOFS) mit dem Einverständnis über die Diagnostikwoche (kann entsprechend angekreuzt werden), dieses Formblatt enthält auch eine Erklärung der Eltern über die Entbindung der Schweigepflicht.

Eine sonderpädagogische Überprüfung des Kindes im Rahmen einer sog. „Diagnosewoche" (probeweise Unterrichtung in der Förderschule – § 12 Abs. 2 SOFS) darf nur mit Zustimmung der Eltern stattfinden. Diese Diagnosewoche ist in der Verordnung zwar vorgesehen, aber nicht zwingend vorgeschrieben. Eltern können diese Diagnosewoche auch ablehnen und sollten dann darauf bestehen, dass ihr Kind in den Situationen überprüft wird, in denen es auch bisher gelernt hat, z. B. im Kindergarten oder auch zu Hause.

Vor- und Nachteile der Diagnosewoche

Die „probeweise Unterrichtung an der Förderschule" bedeutet, dass das zu überprüfende Kind für etwa eine Woche (in Ausnahmefällen auch länger) am Unterricht einer Förderschulklasse teilnimmt und beobachtet wird. Während dieser Zeit werden auch weitere Untersuchungen (Testverfahren u. a.) mit dem Kind durchgeführt.

Dieses Vorgehen hat für die diagnostizierenden Lehrkräfte den Vorteil, dass sie im Rahmen ihres Unterrichts die Überprüfung vornehmen können und nicht den Zeitaufwand für einen Besuch anderer Einrichtungen aufwenden müssen (verbunden mit evtl. Unterrichtsausfall an der Förderschule).

Verfahrensfragen

Für den zu überprüfenden Schüler hat dieses Vorgehen allerdings den Nachteil, dass ihm in einer fremden Umgebung (ungewohnte Räume, fremde Mitschüler u. a.) ohne Eingewöhnungszeit Leistungen abverlangt werden, die über seinen weiteren schulischen Weg entscheiden. Vor allem die sozialen Momente des Lernens (Modelle), die gerade für Kinder mit Behinderungen so wichtig sind, werden nicht berücksichtigt. Dies gilt umso mehr, wenn Kinder bisher integrative Kindergärten besucht haben. Vor allem Stärken und Interessen des Kindes werden in einer isolierten Überprüfungssituation vernachlässigt.

2. Auftrag des Regionalschulamtes

Nach der Einleitung des Verfahrens fordert das Schulamt nun die vom Schüler bisher besuchte Einrichtung (Schule) auf, ein pädagogisches Gutachten über den zur Überprüfung gemeldeten Schüler anzufertigen (BETEILIGUNG DES BISHERIGEN KLASSENLEHRERS UND DES BISHERIGEN SCHULLEITERS GEMÄß § 12 ABS. 2 NR. 1 UND 2 SOFS). Besucht das Kind den Kindergarten, werden die folgenden Angaben von dieser Einrichtung gemacht (mit Ausnahme der schulischen Anforderungen). Die Form ist nicht festgelegt, doch enthält das pädagogische Gutachten in der Regel Angaben zu folgenden Bereichen:

– Auffälligkeiten, Besonderheiten, Zeitpunkt des Auftretens, angenommene Ursachen, bisherige Entwicklung
– Wahrnehmung, Erkenntnisprozesse, Merkfähigkeit, Gedächtnis
– Sprache, Sprechentwicklung
– Konzentration, Belastbarkeit, Tempo
– Motorik
– Emotionalität und Sozialverhalten
– Grad der Selbstständigkeit (Hilfsmittel, Umfang der Hilfen durch andere u. a.)
– Wille, Antrieb, Motivation
– Lebens- und Erziehungssituation (häusliches Umfeld)
– Bewältigung der schulischen Anforderungen (Deutsch und Mathematik)
– altersuntypische Auffälligkeiten
– Bisherige Fördermaßnahmen (Art, Umfang, Ergebnisse)
– Schulische Entwicklung (Schulrückstellung, Vorbereitungsklasse, Versetzungsgefährdung)

Verfahrensfragen

Gleichzeitig wird die der (möglichen) Behinderung entsprechende Förderschule mit der Erstellung eines förderpädagogischen Gutachtens beauftragt (AUFTRAG ZUR ERSTELLUNG DES FÖRDERPÄDAGOGISCHEN GUTACHTENS NACH § 12 ABS. 5 SATZ 1 UND 2 SOFS). Eine formale Form über dieses Gutachten gibt es nicht (mehr). Es muss sich auf Ergebnisse einer pädagogisch-psychologischen Prüfung stützen, die sich weitgehend auf die gleichen Lernbereiche bezieht, wie die des Gutachtens der abgebenden Schule (s. o.). Das förderpädagogische Gutachten muss eine Empfehlung über den zukünftigen Förderort (Förderschule oder Regelschule) sowie Vorschläge für Fördermaßnahmen enthalten.

Zur Überprüfung sind in Sachsen standardisierte Testverfahren per Dienstanweisung vorgeschrieben (z. B. Intelligenz-Test-Verfahren).

Das förderpädagogische Gutachten wird ergänzt durch ein jugendärztliches Gutachten, das Angaben enthält zu: Anamnese/Diagnose, Art der Behinderung, Grad der Behinderung, medizinisch erkennbare Zusammenhänge zwischen der Behinderung und den Schulschwierigkeiten, Beschulungs-/Betreuungsvorschlag. In einigen Fällen wird zusätzlich ein psychologisches Gutachten eingeholt mit Angaben zu: Niveau der intellektuellen Leistungsfähigkeit, Lernvoraussetzungen, Auffälligkeiten, Ursachen der Lernschwierigkeiten/ Verhaltensauffälligkeiten, Prognose und Empfehlungen. Bereits vorhandene Gutachten von Logopäden, Fachärzten u. a. können mit Zustimmung (und auch auf Wunsch!) der Eltern einbezogen werden.

Einsatz von Testverfahren

Bei standardisierten Testverfahren ist der Ablauf der Überprüfung genau festgelegt (Zeitvorgabe, wörtliche Anleitung der Aufgabenstellung, Art der Hilfeleistung, richtige Lösungen u. a.) und das Ergebnis wird meist in Prozentwerten ausgedrückt, die sich am normierten Durchschnitt von Gleichaltrigen orientieren. Damit kann jedoch lediglich der Leistungsstand zu einem bestimmten Zeitpunkt festgestellt werden. Wie das Kind zu diesem Ergebnis gekommen ist (z. B. Lösungsstrategien), besondere Stärken und Fähigkeiten des Kindes sowie Hinweise über die weitere Förderung können mit diesen Testverfahren nicht erhoben werden. Der Unterschied in der Sichtweise von Lernfähigkeiten und Beeinträchtigungen wird in der folgenden Gegenüberstellung deutlich:

Verfahrensfragen

"Sprachverständnis und Sprachvermögen

Annemarie befolgt einfachste sprachliche Anweisungen und kann Einfachaufträge ausführen, wenn sie ihr Interesse wecken. Einfachste Fragen versteht sie. Aufforderungen, die „auf, in, unter etc." enthalten, werden von Annemarie nicht verstanden (PAC-1, BA) ebenso Richtungsanweisungen (oben, links etc.). Beim PPVT erkannte man, dass Annemarie einen sehr geringen passiven Wortschatz hat, ihr Sprachverständnis kaum ausgebildet ist (entspricht auch den Aussagen der Mutter). Annemarie erreicht einen Rohwert von 3, somit einen T-Wert von 23, welcher einem Prozentrang von 0 entspricht. Dies besagt, dass 100 % der Vergleichsgruppe geistigbehinderter Kinder bessere Leistungen bzgl. des passiven Wortschatzes einbringen als Annemarie. Damit liegt sie weit unter dem Durchschnitt.

Annemarie kann alle ihr wichtigen Interessen und Bedürfnisse in der konkreten Situation handlungsbegleitend, sprachlich adäquat und auch für Fremde verständlich, ausdrücken. Sie spricht z. T. etwas undeutlich. Im Dialog mit ihrem Bruder und ihrer Mutter sind in der Videoaufzeichnung mehrere vollständige Sätze dokumentiert, die z. B. auch über die Handlungsbegleitung hinausgehen, z. B.: „Jetzt haben wir die Buchstaben doch nicht gemacht!" oder: „Nach dem Mittagessen geh ich mit Mutti spazieren!" Diese Beispiele machen deutlich, dass sie mithilfe der Sprache ihre Umwelt beeinflusst. Wie weit sie in der Lage ist, größere Zusammenhänge sprachlich zu gestalten, konnte in der Kürze der Zeit nicht festgestellt werden. Es wurde jedoch deutlich, dass sie ein gutes Gedächtnis hat und nach den ihr wichtigen Zusammenhängen fragt."

(SCHÖLER 1998, S. 194 – die im Original-Gutachten verwendeten Fachbegriffe und Abkürzungen sind dort nicht erklärt und wurden im Text übernommen.)

Es gibt inzwischen eine Reihe anderer Verfahren, die die o. g. Aspekte berücksichtigen (z. B. Beobachtungsbögen, diagnostische Inventare, Kind-Umfeld-Analyse). Bei einer Überprüfung sollten zumindest ergänzend neben Tests auch andere diagnostische Verfahren angewandt werden.

<u>3. Entscheidung</u>

Das Schulamt informiert die Eltern mündlich über die Ergebnisse der Untersuchungen und über die beabsichtigte Entscheidung. Die Eltern müssen diese Information schriftlich bestätigen (ANHÖRUNG

Verfahrensfragen

DER ERZIEHUNGSBERECHTIGTEN NACH § 12 ABS. 6 SOFS – VOR DER ENTSCHEIDUNG DER SCHULAUFSICHTSBEHÖRDE). Die Information der Eltern übernimmt in Einzelfällen auch der Schulleiter der Förderschule, die die Überprüfung durchgeführt hat. Die Unterlagen werden dann an das Schulamt weitergeleitet.

Die Entscheidung des Regionalschulamtes wird den Eltern in einem schriftlichen Schulfeststellungsbescheid mitgeteilt *(siehe Kap. 4.1)*.

4. Dokumentation

Die Dokumentation zur Feststellung des sonderpädagogischen Förderbedarfs besteht aus folgenden Unterlagen:
1. Antrag der abgebenden Einrichtung (Schule, Kindertagesstätte)
2. Begründung der abgebenden Einrichtung
3. Einverständnis der Eltern
4. Aufforderung an die bisher besuchte Einrichtung, ein pädagogisches Gutachten über das abgebende Kind zu machen
5. Auftrag an die Förderschule
6. Pädagogisches Gutachten der bisher besuchten Schule (bzw. Kindergarten)
7. Förderpädagogisches Gutachten der Förderschule
8. Psychologisches Gutachten des Schulpsychologen
9. Ärztliches Gutachten (Schularzt)
10. (evtl.) weitere Gutachten (Logopäde, Fachärzte u. a.)
11. Entscheidung des Regionalschulamtes mit (mündlicher) Information der Eltern

Einsichtrecht der Eltern

Mitunter ist es in Sachsen Praxis, Eltern lediglich mündlich über die Untersuchungsergebnisse zu informieren und eine Einsicht in die Unterlagen zu verweigern. Erziehungsberechtigte haben jedoch das Recht, die Gutachten über ihre Kinder einzusehen, sich Abschriften zu fertigen oder auf eigene Kosten Ablichtungen machen zu lassen. Im Zweifel können Eltern auf § 29 des VwVfG (Akteneinsicht in Verwaltungsverfahren)[Fn.1] verweisen, der die allgemeine Akteneinsicht

---

1. Das Verwaltungsverfahrensgesetz (VwVfG) des Bundes wurde im Vorläufigen Verwaltungsverfahrensgesetz für den Freistaat Sachsen (SächsVwVfG v. 21.1.1993) übernommen.

Verfahrensfragen

von Bürgern regelt. Die Schulbehörde kann lediglich „Entwürfe zu Entscheidungen sowie die Arbeiten zu ihrer unmittelbaren Vorbereitung" aus der Akte herausnehmen. Ein weiterer Rechtsanspruch auf Akteneinsicht ergibt sich durch das grundgesetzlich geschützte Recht auf informationelle Selbstbestimmung (Art. 2 I GG i. V. m. Art. 1 I GG).

Literatur:

SCHÖLER, **Jutta:** Zum Stand der Verwirklichung in den Bundesländern der Bundesrepublik Deutschland – Brandenburg. In: Rosenberger, Manfred (Hrsg.): Schule ohne Aussonderung – Idee, Konzepte, Zukunftschancen. Neuwied; Kriftel; Berlin: Luchterhand 1998, S. 177–200

Zum Weiterlesen:

EBERWEIN, **Hans**/KNAUER, **Sabine:** Handbuch Lernprozesse verstehen. Weinheim; Basel: Beltz 1998

EGGERT, **Dietrich:** Von den Stärken ausgehen ... Individuelle Entwicklungspläne in der Lernförderungsdiagnostik; ein Plädoyer für andere Denkgewohnheiten und eine veränderte Praxis. (2. verb. Auflage) Dortmund: Borgmann, ²1997

MUTZECK, **Wolfgang (Hrsg.):** Förderdiagnostik bei Lern- und Verhaltensstörungen. Weinheim: Dt. Studien-Verl. 1998

SUHRWEIER, **Horst**/HETZNER, **Renate:** Förderdiagnostik für Kinder mit Behinderungen. Neuwied; Kriftel; Berlin: Luchterhand, 1993

Verfahrensfragen

4.3 Zusammenarbeit von Institutionen und Eltern im Landkreis Kamenz[Fn.1]

Jacqueline Klengel

Auf Grund meiner Tätigkeit als Fachberaterin für fünf integrative Kindertagesstätten der Volkssolidarität Bautzen ist mir die Problematik des Übergangs von Integrationskindern in die Regelschule vertraut. Auch in meiner eigenen heilpädagogischen Tätigkeit in der integrativen Kindertagesstätte „Spatzennest" werden Schwierigkeiten bei der Einschulung von Kindern mit Behinderungen in die Regelschule jedes Jahr deutlich.

Ich sehe es als einen wichtigen Aufgabenbereich für integrative Kindertagesstätten an, den Übergang in die Schule zu begleiten und bei der Findung der geeigneten Schule für das Kind mitzuwirken. Kenntnisse über die Entwicklung des Kindes in den ersten Lebensjahren sind bei der Feststellung des Förderbedarfs unerlässlich. Das heißt Entwicklungsberichte, Erfahrungen und heilpädagogisches Wissen über das Kind müssen im Einverständnis mit den Eltern an die diagnostizierende Förderschule weitergegeben werden können. Nur so kann unter Beachtung der vorhandenen Kompetenzen und der lernhemmenden Defizite die individuelle, zielorientierte Förderung des Kindes in der entsprechenden Schule weitergeführt werden.

Problemfelder beim Übergang Kindergarten – Schule
- Kindertagesstätten, Grundschulen, Förderschulen, Amtsärzte und Schulämter kooperieren zu wenig miteinander; dadurch wird der Förderschulbedarf der betroffenen Kinder oft nicht von Anfang an beachtet.
- Die namentliche Meldung aller Kinder an die Grundschule erfolgt im Dezember, dabei werden auch die betroffenen Kinder aus den Integrationseinrichtungen erfasst – allerdings wird eine mögliche

---

1. Dieser Beitrag enthält Auszüge aus: Checkliste „Kooperation zur Festlegung der Beschulung" In: Sächsisches Staatsministerium für Soziales, Gesundheit, Jugend und Familie (Hrsg.): Fachberatung für gemeinsame Erziehung. Chemnitz 2000, S. 174–176.

Verfahrensfragen

Überprüfung auf Förderschulbedarf zu diesem Zeitpunkt meist noch nicht in Betracht gezogen.
- Die Schulaufnahmegespräche in den Grundschulen finden im April/Mai statt. Dieser Zeitpunkt liegt sehr spät, um den Eltern das Aufnahmeverfahren nahe zu legen und dieses einzuleiten (siehe Zeitschiene), denn der Antrag der Eltern auf Grundschulintegration ist bis Ende Februar beim Regionalschulamt zu stellen.
- Im Einvernehmen mit den Eltern könnte die Anamnese, d. h. das heilpädagogische Wissen über das Kind, an die Diagnostiklehrer der Förderschulen und das Regionalschulamt weitergegeben werden und helfen, die richtige Entscheidung zur Einschulung für das Kind zu treffen. Dieses Wissen um das Kind geht derzeit in vielen Fällen verloren, obwohl gerade die kindliche Entwicklung in den ersten Lebensjahren für ein Gutachten unerlässlich ist.
- Das Vertrauen der Eltern in die Fachkompetenz der heilpädagogischen Fachkräfte der Kindertagesstätten ist über Jahre aufgebaut, sodass ein Gespräch zur Einleitung und eine Unterstützung beim Schulaufnahmeverfahren sowie die Weiterleitung der langjährigen Erfahrungen mit dem Kind an die jeweilige Schule und den Schulärztlichen Dienst für alle Beteiligten wünschenswert wären. Bisher war das allerdings die Ausnahme.
- Eltern stehen infolge des in den meisten Fällen sehr spät eingeleiteten Aufnahmeverfahrens oftmals unter Zeitdruck, sich mit den Alternativen für die Beschulung ihres Kindes mit Behinderung (Grundschulintegration oder Förderschule) ausreichend auseinander zu setzen.
- Das Schulaufnahmegespräch in der Grundschule könnte bei einer Entscheidung der Eltern für die Förderschule entfallen.
- Grund- und Förderschulen sowie Eltern erfahren teilweise erst sehr spät von der Schulentscheidung des Schulamtes. Oft weiß im Juli noch keiner der Betroffenen, an welcher Schule das Kind eingeschult wird.

Vorschlag für eine Zusammenarbeit

Um die oben aufgeführten Schwierigkeiten zu vermeiden ist es einfach notwendig, dass alle am Einschulungsprozess beteiligten Institutionen sich besser als bisher absprechen.

Verfahrensfragen

Ich habe die letzten Jahre genutzt, eine solche Vernetzung für die Integrative Kindertagesstätte „Spatzennest" aufzubauen. Nach ausführlichen Gesprächen mit den für uns zuständigen Förderschulen (Kamenz, Bernbruch und Hoyerswerda), der integrativen Grundschule sowie der Amtsärztin habe ich festgestellt, dass eigentlich alle das gleiche Ziel anstreben, nämlich die günstigste Einschulung für das Kind. Nur fehlt dabei die Basis, an der sich jeder orientieren könnte. In einem Vorschlag über die Zusammenarbeit bei der Festlegung der zweckmäßigsten Beschulung habe ich die wichtigsten Schritte festgehalten (siehe Zeitleiste). Bei der Einschulung im letzten Jahr sind wir gemeinsam danach vorgegangen. Die Erfahrung hat gezeigt, dass es relativ einfach war sich abzustimmen und es hat auch den betroffenen Eltern den manchmal doch sehr steinigen Weg in die Integration erleichtern können. Wir haben für uns in Abstimmung mit dem Regionalschulamt Bautzen feststellen können, dass der entwickelte Ablauf erstrebenswert und durchaus realisierbar ist.

Wenn jeder einen Schritt auf den anderen zugeht, jeder Beteiligte seine Fachkompetenz einbringt, wird man bei einer getroffenen Entscheidung – ob für Grundschule, Grundschulintegration oder Förderschule – feststellen können, dass mit bestem Wissen eine Entscheidung im Interesse des Kindes getroffen wurde.

Zeitschiene für einen „kooperativen" Übergang Kindergarten – Schule

Zeitpunkt	verantwortlich	Schritt
Ende Okt./ Nov.	jeweilige Kitas	Kindertageseinrichtung bietet den Eltern Beratungsgespräch an (freiwillig): – Reflektion des Entwicklungsstandes des Kindes auf der Grundlage des individuellen Förderplans mit dem Ziel, die *Schulfähigkeit des Kindes* darzulegen – Angebot der Unterstützung beim Schulaufnahmeverfahren und der Zustimmung der Eltern über die Weiterleitung der langjährigen Erfahrungen mit dem Kind an die jeweilige Schule und den Schulärztlichen Dienst – Unterzeichnung einer schriftlichen Einverständniserklärung der Eltern

Verfahrensfragen

Zeitpunkt	verant-wortlich	Schritt
Nov./Dez.	Kita Amtsarzt	Vorabsprache zur Schuluntersuchung des behinderten Kindes: mit dem Schulärztlichen Dienst, mit der integrativen Kindertageseinrichtung und den Eltern
Beginn Anfang Dez.	Eltern Schule	Anmeldung des Kindes in der wohnortnahen Grundschule des Schulbezirks
Dezember	Kita	Kindertageseinrichtung übergibt der Grundschule (des Schulbezirks) die namentliche Meldung der Kinder mit Förderbedarf, wenn die Eltern die erforderliche Einverständniserklärung unterzeichnet haben
Ende Dez./ Anfang Jan.	Regionalschulamt/ Grundschule	Evtl. Einleitung des Aufnahmeverfahrens beim Regionalschulamt, beantragt durch die Grundschule (mit Einverständnis der Eltern)
Ende Dez./ Anfang Jan.	Kita	Integrationskita leistet bei Kindern mit Förderbedarf für das Aufnahmeverfahren Zuarbeit: aktueller Entwicklungsstand und Empfehlungen für die Beschulung
bis Ende Febr.	Eltern	Elternantrag für Grundschul-Integration an das Regionalschulamt
Ende März	Regionalschulamt	Auftrag an zuständige Förderschule bzw. an den Schulärztlichen Dienst zur Diagnostik
spätestens April	(diagnostizierende) Förderschule	Bei Einleitung des Aufnahmeverfahrens Überprüfung innerhalb von 6 Wochen – auch in der Kita möglich

5. Anforderungen an integrativen Unterricht

5.1 Auf dem Weg zu einer Schule für alle Kinder und Jugendlichen

Nobert Störmer

„... beabsichtigen wir ja,
dass *alle*,
die als Menschen geboren sind,
gemeinsam zu allem Menschlichen hin unterrichtet werden"
Comenius 1985, S. 194

Zum Problemzusammenhang

Eine Schule für alle Kinder und Jugendliche als möglich anzusehen und gleichzeitig noch davon auszugehen, wir befänden uns auf dem Weg hin zu einer derartigen Schule, kann nicht als so selbstverständlich angesehen werden, wie dies hier als Behauptung hingestellt wird. Denn es wirft sich wie selbstverständlich die Frage auf, kann es und soll es denn eine derartige Schule überhaupt geben und wo soll es sie geben?

Wenn wir von einer Schule für alle Kinder und Jugendlichen sprechen, dann ist mit dieser Vorstellung die Umkehr einer Entwicklung verbunden, Kinder und Jugendliche an ihren individuellen Leistungsmöglichkeiten, Verhaltensweisen oder körperlichen Merkmalen orientiert, den Weg in die Regelschule zu verwehren und für sie eine „besondere" Schule – sprich (Sonder-)Förderschule – ins Auge zu fassen. Diese Entwicklung hat letztendlich dazu geführt, dass eine Begegnung mit behinderten Kindern und Jugendlichen im Schulzusammenhang gar nicht mehr stattfinden konnte wie auch ein gemeinsames Leben und Lernen damit nicht gegeben und nicht möglich war. In der Pädagogik wird diese Zuordnung von Kindern und Jugendlichen aufgrund ihrer Leistungsmöglichkeiten, aber auch aufgrund bestimmter Verhaltensweisen und körperlicher Merkmale zu verschiedenen Schultypen mit dem Begriff der „äußeren Differenzie-

Anforderungen an integrativen Unterricht

rung" bezeichnet und prägt das Schulsystem der Bundesrepublik Deutschland.

Der Gedanke einer Umkehr der Entwicklung, die zu einem Schulsystem geführt hat, dass gemäß dem Kriterium der äußeren Differenzierung seine Strukturmomente gewonnen hat, wird heute in der Regel mit dem sehr schillernden Begriff der „Integration" zum Ausdruck gebracht. Diesem Gedanken ist zunächst einmal eigen, dass auf die Zuweisung von Kindern und Jugendlichen zu bestimmten Schultypen entlang ihrer unterschiedlichen Wahrnehmungs-, Denk- und Handlungskompetenzen, ihrer Verhaltensauffälligkeiten, ihrer körperlichen Beeinträchtigungen und auch wenn sie aus anderen Kulturen zu uns gekommen sind, verzichtet werden kann, wenn in der Regelschule Bedingungen im Sinne einer „inneren Differenzierung" geschaffen würden, die dann ein gemeinsames Leben und Lernen von individuell sehr unterschiedlichen Kindern und Jugendlichen möglich werden ließen.

Letztendlich umfasst also eine „Schule für alle" all jene Kinder und Jugendliche, die zu einem bestimmten Zeitpunkt in eben dieser Schule angemeldet – und natürlich auch aufgenommen – werden. Dies kann natürlich nur dann überhaupt real werden, wenn sich das Schulsystem und das ihm eingebundene Unterrichtsgeschehen auf derartige Anforderungen zu bewegt. Diese Bewegung hat jedoch wiederum zur Voraussetzung, dass man eine Schule für alle Kinder und Jugendliche überhaupt haben will bzw. man ein gemeinsames Lernen von Kindern und Jugendlichen eines Jahrganges trotz oder gerade wegen ihrer Unterschiedlichkeit ermöglichen und gewährleisten will.

Nach den Vorstellungen einer integrativen Pädagogik sollen alle Kinder und Jugendlichen alles lernen dürfen und zwar auf der für jedes Kind und jedem Jugendlichen möglichen Art und Weise. Eine „Schule für alle" müsste dann aber auch nach dem Prinzip der „inneren Differenzierung" so gestaltet sein, dass alle SchülerInnen gemäß ihrer individuellen Voraussetzungen optimal gefördert werden könnten. Georg FEUSER sieht z. B. eine Pädagogik dann als eine integrative an, wenn „alle Kinder und Schüler in Kooperation miteinander auf ihrem jeweiligen Entwicklungsniveau nach Maßgabe ihrer momentanen Wahrnehmungs-, Denk- und Handlungskompetenzen in Orien-

Anforderungen an integrativen Unterricht

tierung auf die ‚nächste Zone ihrer Entwicklung' an und mit einem ‚gemeinsamen Gegenstand' spielen, lernen und arbeiten" (1995, S. 173 f.). Eine derartige Vorstellung hat für die Pädagogik zur Voraussetzung, dass sie sich an der Entwicklung jedes einzelnen Kindes zu orientieren hat, also ihre Bemühungen auf der Grundlage einer „entwicklungslogischen Didaktik" basieren müssen.

Damit unabdingbar verbunden sind jedoch gewisse „Grenzüberschreitungen" in unserem fachlichen Denken wie auch in unserem pädagogischen Alltag. Es sind Grenzüberschreitungen in einem Schulsystem, welches sich durch recht festgefügte Strukturen auszeichnet. Gerade aber Ernst BLOCH hat dieses Problem des Denkens und Nachdenkens wie folgt skizziert: „Denken heißt Überschreiten. Freilich, das Überschreiten fand bisher nicht allzu scharf sein Denken. Oder wenn es gefunden war, so waren zu viel schlechte Augen da, die die Sache nicht sahen" (1985, S. 3). Und Martin BUBER sei ebenfalls noch an dieser Stelle zitiert, der bezüglich der von uns anzustellenden grenzüberschreitenden Überlegungen sagt: „Es geht nicht an, das als utopisch zu bezeichnen, woran wir unsere Kraft noch nicht erprobt haben" (1965, S. 288).

Diese Grenzüberschreitung muss in einem Raum geschehen, der aufgrund der deutschen Bildungstradition dadurch geprägt ist, noch nie eine Schule gehabt zu haben, die alle Kinder ohne jede Ausnahme aufgenommen hätte. Infolgedessen müssen wir auch davon ausgehen, dass es aus diesen Gründen bislang auch noch keine tragfähigen Erziehungs- und Bildungskonzeptionen für eine derartige „Schule für alle" gibt, auf die so ohne weiteres zurückgegriffen werden könnte. Zwar war die von humanistischen Idealen inspirierte Allgemeinbildung ausgerichtet am Bild der allseitig harmonisch entfalteten Persönlichkeit und der individuelle Mensch war der Bezugspunkt ihrer Bemühungen, jedoch war diese Allgemeinbildung von vornherein so angelegt, dass sie sich nicht auf alle Menschen erstreckte, sondern von vornherein gewisse Kinder hiervon ausgenommen wurden. Infolgedessen verstand sich die Pädagogik zu keiner Zeit als eine allgemeine Pädagogik, die ihren Blick auf alle Kinder richtete, was wiederum zur Folge hatte, dass wir nicht auf eine einheitliche Allgemeinbildung treffen können. Vielmehr war die sich als allgemeine Pädagogik ausgebende Pädagogik immer nur „Sonder-

Anforderungen an integrativen Unterricht

pädagogik". Dieser Pädagogik wurde es zur Praxis, Schüler unter ganz bestimmten Bedingungen auszusondern und sie dann besonderen Schulen – entweder den „Regelschulen" oder den besonderen Förderschulen – zuzuweisen. In diesem allgemeinen Zusammenhang traten Behinderungen und Schulen für Kinder und Jugendliche mit Behinderungen letztendlich nur als ein Spezialfall dieses „besondernden" Allgemeinen in Erscheinung. Nur unter diesen Voraussetzungen erfolgten sodann die Bemühungen um deren Erziehung, Bildung und Förderung. Argumentiert wurde diesbezüglich immer, dass die Besonderheiten der jeweiligen Behindertengruppe ein derartiges Vorgehen notwendig erscheinen lasse, dass eben aufgrund der Behinderung bzw. der Andersartigkeit dieser Kinder und Jugendlichen spezielle medizinische, therapeutische und pädagogische Fördermaßnahmen erforderlich seien.

Des Weiteren drückte sich in diesen Vorstellungen eine pädagogische Praxis aus, Lernen lasse sich am ökonomischsten in leistungs- bzw. schädigungshomogenen Gruppen gestalten. Damit war aber auch klar, dass eine einmal als behindert definierte Gruppe von Kindern und Jugendlichen immer auch mit dem Prozess der Ausgrenzung und Begrenzung konfrontiert war. Der vor diesem Hintergrund sich konstituierenden Sonderpädagogik wurde es eigen, dass sie vordergründig zunächst einmal Defizite und sodann Förderbedürfnisse feststellte, auf deren Grundlage dann die anzuwendende Förderung, Unterrichtung bzw. Therapie bestimmt wurde.

Veränderungen im öffentlichen Bildungssystem sind unverzichtbar

Einen bedeutenden Schritt in der Abwendung von der ausschließlichen Erziehung, Unterrichtung und Bildung von Kindern und Jugendlichen im „System von Sonder- bzw. Förderschulen" stellt die „Empfehlung der Bildungskommission des Deutschen Bildungsrates zur pädagogischen Förderung behinderter und von Behinderung bedrohter Kinder und Jugendlicher" von 1973 dar, die als eine Wende in der deutschen Schulpolitik angesehen werden kann. Mit dieser Empfehlung wurde erstmalig mit der Vorstellung gebrochen, dass eine sonderpädagogische Förderung von Kindern und Jugendlichen ausschließlich an einer „Sonder-(Förder)schule", dass behinderten Kindern und Jugendlichen „mit besonderen Maßnahmen in abge-

Anforderungen an integrativen Unterricht

schirmten Einrichtungen am besten geholfen werden könne" (S. 15). Die Bildungskommission wollte dieser Auffassung nicht mehr folgen, sondern forderte vielfältige Formen der Durchlässigkeit zwischen den Einrichtungen der sonderpädagogischen Förderung und den so genannten allgemeinen Schulen. Dabei ging sie von der „prinzipiellen Bildungsfähigkeit jedes Kindes" aus und verlangte, durch eine Individualisierung der Lernanforderungen zwingend Rücksicht auf jedes Kind zu nehmen. Damit verwies diese Empfehlung ganz besonders auf das Prinzip der „inneren Differenzierung", wonach auch Abschlüsse mit unterschiedlichen Profilen möglich sein müssen. Damit vertrat der Bildungsrat auf schulpolitischem Gebiet eine Gegenposition zu der bis dahin nahezu uneingeschränkt geltenden Vorstellung, dass die Sonder- bzw. Förderschulen – das Faktum der „äußeren Differenzierung" – der einzige und beste Lernort für Kinder und Jugendliche mit Behinderungen seien.

Damit diese Förderung von Kindern mit Behinderungen an allgemeinen Schulen überhaupt möglich wird bzw. werden kann, werden vom Bildungsrat weitgehende strukturelle Veränderungen gefordert. Diese Vorstellungen von Veränderungen richten sich auf die Senkung der Klassenfrequenzen, auf die sonderpädagogische Grundqualifikation der Lehrerinnen und Lehrer, auf Möglichkeiten der inneren und äußeren Differenzierung, sowie auf eine bessere materielle und sachliche Ausstattung der Schule, aber auch auf eine mögliche flexible und bedarfsorientierte Festsetzung der Schüler-Lehrer-Relation nach pädagogischen Gesichtspunkten.

Die Empfehlungen des Bildungsrates wurden zwar zu einem Anstoß für bedeutende Veränderungen im Bildungssystem in der (alten) Bundesrepublik Deutschland, jedoch die Wirksamkeit dieser Empfehlungen blieb bis heute eine widersprüchliche. Denn die Kritik der Sonderschule und der Sonderpädagogik ist das eine, doch was für organisatorisch-strukturelle wie auch inhaltlich-fachliche Folgerungen werden zum anderen für eine veränderte Praxis gezogen?

Ein gemeinsamer Unterricht von behinderten und nicht behinderten Kindern und Jugendlichen kann sich nur dann vollziehen, wenn es zu einer Reform der schulorganisatorischen Voraussetzungen kommt (äußere Schulreform).

Anforderungen an integrativen Unterricht

Vor dem Hintergrund einer äußeren Schulreform muss es aber auch zu einer „inneren Schulreform" kommen, die besonders deutlich in einem binnendifferenzierten Unterricht zum Ausdruck kommen würde.

Die gemeinsame Erziehung und Bildung aller Kinder und Jugendlichen als Regelform des schulischen Lernens, hier verstanden als Integration, ist jedoch nicht nur ein Ziel, sondern auch ein innovativer Weg, auf dem die soziale Integrität der Gruppe der Kinder und Jugendlichen eines Jahrgangs gewahrt wird. Derartige integrative Prozesse müssen jedoch die „tatsächliche Integration" des behinderten Kindes und Jugendlichen beinhalten, ein ausschließliches Dabeisein wäre im Sinne einer integrativen Pädagogik noch lange keine Integration. Denn im Sinne einer integrativen Pädagogik wäre die gesamte Unterrichtszeit der Schüler ohne äußere Differenzierung (z. B. nach Leistungsgruppen), durch eine innere Differenzierung zu realisieren.

Der integrativen Pädagogik ist nun aber nicht nur die Vorstellung eigen, dass die behinderten Kinder und Jugendlichen in den Lebens- und Lernalltag einer Regelgruppe eingebunden werden sollen, vielmehr sollen sie auch all das an speziellen Förderungsangeboten und notwendigen Therapien in diesem Zusammenhang bekommen, wenn diese ihre Entwicklung befördern können. Therapeutische Maßnahmen wären also in die gegebenen Lebens- und Lernsituationen zu integrieren und so zu gestalten, dass die Arbeit mit einem Kind/Jugendlichen grundsätzlich eingebettet in das Klassengeschehen, in natürlicher Umgebung, stattfindet. Denn erst durch die Einbettung der therapeutischen Bemühungen in das alltägliche Leben und Lernen können derartige Maßnahmen für die Kinder und Jugendlichen als sinnvolle erlebt werden und sie können vor einem derartigen Hintergrund auch eher motiviert werden als in isolierten therapeutischen Situationen.

Vor dem Hintergrund der vorstehenden Ausführungen treten im Rahmen einer allgemeinen, integrativen Pädagogik didaktische und methodische Fragen stärker in den Mittelpunkt der pädagogischen Arbeit, weil ja das Prinzip der inneren Differenzierung zu realisieren ist. Derartige Überlegungen beziehen sich sowohl auf den Stoffumfang und den Zeitaufwand, aber auch auf Fragen nach der Intensität

Anforderungen an integrativen Unterricht

einzelner Unterrichtsphasen. Gerade bei didaktischen Fragen gilt es sich immer wieder zu verdeutlichen, dass es sich bei der sachstrukturellen Seite eines Gegenstandes/eines Zusammenhanges nicht um eine vom Subjekt losgelöste objektive Gegebenheit handelt. Eine im Sinne der integrativen Pädagogik formulierte Didaktik kann also nur eine entwicklungslogische Didaktik sein, die die einzelnen SchülerInnen mit ihren Wahrnehmungs-, Denk- und Handlungskompetenzen nicht aus dem Blick verliert. Diese entwicklungslogische Didaktik hätte primär herauszuarbeiten, welche Aspekte sich im Rahmen der an einen Lerngegenstand gebundenen Inhalte auf der Ebene der momentanen Wahrnehmungs-, Denk- und Handlungskompetenz eines Schülers in der tätigen Auseinandersetzung mit diesen „erschließen" lassen und im Sinne der Ausdifferenzierung des inneren Abbildes als qualitativ neues und höheres Wahrnehmungs-, Denk- und Handlungsniveau anbahnen und absichern.

Ein entsprechend geplanter Unterricht muss von dem Schüler mit dem niedrigsten Entwicklungsniveau aus geplant werden und es muss ein individualisierter und binnendifferenzierter Unterricht sein, der jedes Kind/jeden Jugendlichen auf seinem Entwicklungsniveau am gemeinsamen Unterrichtsgeschehen beteiligt. Die im Unterricht zu behandelnde „Sache" dient vor diesem Hintergrund primär der Entwicklung des Schülers, seiner Emanzipation und einer fortschreitend selbstständigeren Realitätskontrolle. Ein integrativer Unterricht verlangt quasi für alle Kinder/Jugendliche eines Jahrgangs eine individuelle Unterrichtsplanung und gerade das ist es, was von den Lehrkräften hohe Kompetenzen in diagnostischer und didaktisch-methodischer Hinsicht fordert.

Das Bildungswesen verändert sich – zaghaft

In den 70er-Jahren, verstärkt dann in den der 80er-Jahren nahmen in der (alten) Bundesrepublik Deutschland die Initiativen deutlich zu, die ein gemeinsames Leben, Spielen und Lernen von behinderten und nichtbehinderten Kindern Wirklichkeit werden lassen wollten. Viele dieser Initiativen konzentrierten sich zunächst auf den Vorschulbereich, strahlten dann jedoch bald auf den Bereich der Grundschule aus und zogen etwas verzögert dann auch die Diskussionen über ein gemeinsames Leben und Lernen im Sekundarschulbereich I nach sich. Alsbald konnte auch auf der Grundlage verschiedener

Anforderungen an integrativen Unterricht

Schulversuche gezeigt werden, dass unter bestimmbaren pädagogischen Bedingungen sowohl geistig behinderte Kinder als auch zukünftige Gymnasiasten von einem gemeinsamen Unterricht in der Grundschule erheblich profitieren (vgl. z. B. FEUSER/MEYER 1986; WOCKEN/ANTOR 1987). Diese Schulversuche lieferten gerade auch empirische Belege dafür, dass ein gemeinsamer Unterricht von behinderten und nicht behinderten Kindern auch dann möglich ist, wenn unterschiedliche Ziele das Unterrichtsgeschehen bestimmen, also zieldifferent unterrichtet werden muss. All diese Versuche ermutigten Jakob MUTH u. a. bereits 1982, zu der Aussage, dass hinreichend bewiesen sei, dass behinderte und nicht behinderte SchülerInnen in einem gemeinsamen Unterricht hinreichend gefördert werden können.

Bei der Auseinandersetzung um Fragen der Effektivität eines gemeinsamen Leben und gemeinsamen Lernens von behinderten und nichtbehinderten Kindern in der Schule und den diesbezüglichen Auseinandersetzungen sollten wir uns immer wieder verdeutlichen, dass bislang keine ernstzunehmende Untersuchung die Effizienz sonderpädagogischer Förderung in Sonderschulen nachweisen konnte, insbesondere nicht für die Sonder(Förder)schule für Lernbehinderte, dem Sonderschultyp mit der größten SchülerInnenpopulation. HILDESCHMIDT/SANDER haben 1996 noch einmal darauf verwiesen, dass anhand der Ergebnisse aller empirischen Untersuchungen die Schule für Lernbehinderte betreffend, ihre Existenzberechtigung nicht bewiesen werden kann, da sie ihre Schüler schlechter qualifiziert als dies vergleichbar beim Verbleiben in der Hauptschule der Fall ist. – Dies ist vordergründig zunächst einmal keine Kritik an den in diesem Schultyp arbeitenden KollegInnen, aber eine Kritik am „System von Sonderschulen".

Mit ihren Empfehlungen zur sonderpädagogischen Förderung in den Schulen der Bundesrepublik Deutschland vom 6. Mai 1994 trägt die Kultusministerkonferenz (KMK) nun – man kann sagen endlich – den Vorstellungen der Bildungskommission von 1973 Rechnung, vorrangig den Blick auf das Kind/den Jugendlichen zu richten und nicht in erster Linie auf den Schultyp. Mit dieser Empfehlung ist – optimistisch gesagt – der Weg frei für die Integration von behinderten Kindern und Jugendlichen in die allgemeine Schule und damit eine

Anforderungen an integrativen Unterricht

Schule für alle Kinder durchaus eine sich abzeichnende Alternative zum „System von Sonderschulen". Dennoch muss man auch berücksichtigen, dass durch und mit dieser Empfehlung zwar dieser Weg geöffnet worden ist, aber daneben die Beschulung von behinderten Kindern und Jugendlichen in Sonder(Förder)schulen noch als „Regelbeschulung" weiterhin besteht.

Diesen Empfehlungen wird inzwischen in gesetzlicher Hinsicht in verschiedenen Schulgesetzen der Bundesländer bereits Rechnung getragen, doch wir wissen, dass diese Gesetze sich nicht wie selbstverständlich in eine veränderte Praxis, in eine veränderte Schule niederschlagen, der Teufel also im Detail und ganz besonders in der Praxis liegt.

Voraussetzungen schulorganisatorischer Veränderungen

In der Mehrzahl der Bundesländer ist ein gemeinsamer Unterricht von behinderten und nichtbehinderten Kindern inzwischen in den Schulgesetzen oder aber in Integrationsverordnungen verankert. Vor deren Hintergrund entwickelten sich wiederum eine Vielfalt von Integrationsformen, in denen sich konkrete schulorganisatorische Überlegungen, bezogen auf ein gemeinsames Leben und Lernen von behinderten und nichtbehinderten Kindern und Jugendlichen, ausdrücken.

Bei all diesen Diskussionen über schulorganisatorische Fragen muss man sich immer wieder verdeutlichen, dass nicht Fragen und Probleme einer „Schule für alle Kinder und Jugendlichen" bzw. einer „Schule ohne Aussonderung" im Vordergrund der Bemühungen, stehen, sondern die Frage, inwieweit Kinder und Jugendliche mit Behinderungen in den Regelbereich integriert werden können, welche Kinder und Jugendlichen können dies sein (Unwort: „Integrationskinder") und welche eher nicht.

Eine Klärung derartiger Fragen kann dann so aussehen, wie dies z. B. in der Schulintegrationsverordnung (SchIVO) vom 3. März 1999 fixiert worden ist *(siehe Kap. 2.2)*.

Veränderung von Unterrichtsformen

Ein gemeinsames Leben und Lernen von nicht behinderten und behinderten Kindern und Jugendlichen fordert von den Lehrkräften eine Auseinandersetzung darüber, wie kann ich allen Kindern und

Anforderungen an integrativen Unterricht

Jugendlichen in einer Integrationsklasse gerecht werden, wie kann ich sicherstellen, dass jede(r) Schüler(in) in seiner/ihrer Entwicklung optimal gefördert werden kann und wie kann ich derartigen Anforderungen einen organisatorischen Rahmen verschaffen.

Ich möchte in der Auseinandersetzung zunächst einmal den Rahmen etwas weiter fassen und ihn dann wieder etwas verengen.

Kinder treten zu einer ganz bestimmten Zeit ihrer persönlichen Entwicklung in die Schule als öffentlichen Erziehungs-, Unterrichts- und Bildungsraum ein. Sie haben eine je individuelle Lebensgeschichte hinter sich und in ihrem bisherigen Leben eine Vielzahl von Kompetenzen in den verschiedensten Persönlichkeits- und Lebensbereichen erworben. Eine Reihe von Kindern musste vielleicht diese für sie und ihr Leben wichtigen Kompetenzen unter schwierigen Lebensbedingungen oder aber unter spezifischen Lebenserschwernissen erwerben. All diese Kinder sind nun zurzeit des Schuleintritts unterschiedlich kompetent, sollen aber gemeinsam mit anderen Kindern und mit Unterstützung des Lehrers diese Kompetenzen im Sinne einer optimalen Entwicklung ihrer Persönlichkeit, ihrer Lebensgestaltung, ihrer Identität und Autonomie weiterentwickeln.

Diese unterschiedlichen Voraussetzungen, die die Kinder für die schulischen Lernprozesse mitbringen, signalisieren aber auch, dass es für die Kinder in der Klasse auch nur individuelle und damit unterschiedliche Ziele ihres Lernens geben kann. Damit werden wir darauf verwiesen, dass in einem derartigen Unterrichtsgeschehen die Kinder unterschiedliche Wege gehen können müssen, um einen für sie bedeutsamen Erkenntnisgewinn erzielen zu können – also auch hier spielt die Vielfalt eine Rolle. In der Pädagogik wird hier von dem Prinzip der „inneren Differenzierung durch Individualisierung" gesprochen.

Dort jedoch, wo die Vielfalt den pädagogischen Alltag bestimmt bzw. bestimmen soll, erweist sich ein gemeinsames Leben und Lernen nicht in erster Linie als ein Organisationsproblem, sondern als ein inhaltliches und qualitatives Problem von schulischem Lernen überhaupt.

Es gilt sich von der Vorstellung zu lösen, man müsse den Schülern etwas „beibringen", von dem man meint, dass es wichtig sei, man müsse sie an vorgegebene Wahrheiten heranführen und vorgegebe-

Anforderungen an integrativen Unterricht

nen Weltinterpretationen unterwerfen. Lösen muss man sich aber auch von den Vorstellungen, man könne die jeweiligen Lernschritte für jeden Schüler/jede Schülerin im Voraus planen. Gerade im integrativen Unterricht muss der Weg vom allwissenden, Wissen vermittelnden Pädagogen weg zu einer Person hin führen, die Situationen und Kontexte schafft, die den Schülern die Möglichkeit eröffnen, auf individuelle Art und Weise mit anderen zusammen die eigenen Fähigkeiten den jeweiligen Bedürfnissen entsprechend zu entwickeln.

Wenn das Kind/der Jugendliche stärker im Unterrichtsgeschehen zum Akteur werden soll, geht dies nur, wenn der Lehrer als Akteur stärker zurücktritt. Tritt der Lehrer jedoch im Unterrichtsgeschehen als Akteur stärker zurück, gewinnt er neue Freiheitsgrade in seiner Arbeit. Diese ermöglichen es ihm, individueller auf die Kinder eingehen zu können, also Lernen der Kinder zu unterstützen, die zu einer bestimmten Phase ihres Lernens eine Unterstützung bedürfen oder solchen, die ohne Unterstützung gar keinen Zugang zu ihrem Lerngegenstand finden würden. Damit ein selbstständiges und kooperatives Lernen jedoch möglich werden kann, muss auch ein diesbezüglicher gemeinsamer Rahmen gegeben sein, in dem Unterrichtsprozesse flexibel gestaltet werden können.

Zwecks Gestaltung eines derartigen Unterrichtsgeschehens muss zunächst einmal eine Akzeptanz der Verschiedenheit der Lernziele der einzelnen Kinder und Jugendlichen entwickelt werden. Dies ist eine entscheidende innere Voraussetzung, die wesentlicher ist als die konkreten Formen, in denen der Unterricht dann stattfindet. Das Prinzip der „inneren Differenzierung durch Individualisierung" fordert von den Lehrkräften, dass diese die Heterogenität in der Klasse nicht als Störfaktor erleben, sondern diese als Grundlage des Lernens von Kindern mit unterschiedlichen Voraussetzungen und Möglichkeiten sehen können.

Wenn wir uns nun vor diesem Hintergrund wieder der Frage nach möglichen Formen des Unterrichts zuwenden, dann ist ein gemeinsames Leben und Lernen von nicht behinderten und behinderten Kindern nur dann möglich, wenn ein Weg von einem heute eher lehrerzentrierten hin zu einem eher schülerorientierten Unterricht führt, der zu gehen jedoch vielen LehrerInnen recht schwer fällt. Ein schü-

Anforderungen an integrativen Unterricht

lerorientierter Unterricht schließt Phasen des frontalen Unterrichts oder Einzelarbeit nicht unbedingt aus, setzt jedoch die Bezugspunkte anders als beim lehrerzentrierten Unterricht. Doch dieser hier geforderte Weg ist schon vielfach beschritten worden – ist also kein unbedingt neuer Weg – und kommt z. B. recht prägnant in den pädagogischen Vorstellungen von Maria Montessori *(siehe Kap. 6.1 u. 6.2)* und Célestin Freinet zum Ausdruck.

Wird der Unterricht offener – also weniger lehrerzentriert – haben alle Kinder und Jugendlichen bessere Voraussetzungen, um vor dem Hintergrund ihrer bisherigen Wahrnehmungs-, Denk- und Handlungskompetenzen mit unterschiedlichen Lerntempi und unterschiedlichen Interessen ihren eigenen Lernweg finden zu können – und dies gilt für alle Kinder und Jugendlichen. Dort, wo es nun im schülerorientierten und offenen Unterricht zu vermehrter Arbeit in Kleinst- und Kleingruppen kommt, heißt dies nicht, dass die LehrerInnen weniger zu tun hätten, sondern ihre Aufgaben verändern sich vielmehr. Denn in einem derartigen integrativen Unterrichtsgeschehen müssen zwei Aspekte zueinander gebracht werden. Zum einen soll der integrative Unterricht im Sinne der inneren Differenzierung durch Individualisierung eben ein individualisierender, gleichfalls soll er aber auch ein kooperativer Unterricht sein – ein Unterricht, der von den Spuren der Kinder/Jugendlichen ausgeht. Was sich nun für den Lehrer ändert, wenn er aus der „Macher-Rolle" heraustritt, wird vielleicht schon dadurch deutlich, wenn ich solche Formen des Unterrichts kurz skizziere.

Zunächst einmal möchte ich die dem offenen Unterricht eingebundenen positiven Aspekte kurz benennen. Sie bestehen darin, dass die SchülerInnen

– sich selber Ziele setzen, Aufgaben selber verstehen lernen und diese als ihre Aufgaben annehmen können,
– Hilfen in einer angemessenen Weise einholen und mit ihnen eigenständig umgehen,
– ihre Zeit selber einteilen und mit anderen zusammen, aber auch alleine arbeiten,
– Arbeitszeiten und Pausen in einem für sie sinnvollen Wechsel gestalten und dabei ein Gefühl für Zeit und für den eigenen Rhythmus von Anspannung und Entspannung entwickeln,

Anforderungen an integrativen Unterricht

- lernen, sich so zu bewegen und zu kommunizieren, dass andere nicht gestört werden, die eigene Arbeit kontrollieren lernen und kontrollieren lassen,
- ein Empfinden für die eigenen Interessen und Fähigkeiten, für die eigenen Stärken und Schwächen entwickeln können und sich selber angemessen, gewissermaßen realistisch einschätzen lernen.

Bei all dem ist immer wieder zu berücksichtigen, dass Kinder oftmals erst lernen müssen, mit den in der offenen Arbeit eingebundenen Freiheiten umzugehen. Dieses Problem lässt sich ganz gut an der Montessori-Pädagogik verdeutlichen, bei der ja die freie Wahl zu den Kernelementen zählt. Denn die von Maria Montessori in ihr Konzept eingebundenen Suchphasen sind zu Beginn eines individualisierten Unterrichts besonders lang und oft nicht frei von Hilfestellungen. Aber mit der Zeit gewinnen die Kinder gerade Sicherheit in der Einschätzung sowohl des Problemniveaus der Aufgaben als auch ihres eigenen Lernvermögens und ihrer spezifischen Interessen.

Nun möchte ich beispielhaft noch auf einige offene Unterrichtsformen im Einzelnen eingehen: *(siehe auch Kap. 5.4)*

- Im **Projektunterricht** ist ein hoher Grad an Arbeitsteiligkeit gegeben, die es allen Kindern ermöglicht, Aufgaben zu übernehmen. Die übernommenen Aufgaben bleiben zudem immer auf ein Gesamtziel, wie auch auf die Fähigkeiten und Interessen der Kinder bezogen bzw. können entsprechend zugeschnitten werden. Der Projektunterricht sollte in der Regel ein fächerübergreifender Unterricht sein, was möglicherweise gewisse schulorganisatorische Probleme nach sich zieht.
- Der **Wochenplanunterricht** ist in Integrationsklassen besonders weit verbreitet, da diesem eine überschaubare Gesamtstruktur eigen ist. Er bietet die Möglichkeit, auf unterschiedliche Lernbedürfnisse, Lerntempi und Motivationslagen der SchülerInnen eingehen zu können. Die Wochenplanung beinhaltet in der Regel einen recht klein gehaltenen Pflichtteil, einen Wahlpflichtteil und frei wählbare Aufgaben, die je nach den Möglichkeiten der SchülerInnen differenziert werden können.
- Die **Freie Arbeit** realisiert am radikalsten das Prinzip der Individualisierung, dennoch enthält auch sie Strukturelemente, die den SchülerInnen Orientierung und Sicherheit geben können. Ihr sind

Anforderungen an integrativen Unterricht

präsente Regeln eigen, sie eröffnet die Möglichkeit zu Einzel-, Partner- und Gruppenarbeit und sieht die Lehrkräfte in der Funktion als BeraterIn.
– Der **Dalton-Plan** sieht vor, dass zwischen den einzelnen Kindern und der Lehrkraft Kontrakte über Arbeitsvorhaben abgeschlossen werden. Planungen nach dem Dalton-Plan sind flexibler als solche nach dem Wochenplan, da diese sich auf überschaubare Aufgaben beziehen können, welche vielleicht in nur wenigen Unterrichtsstunden erledigt sind. Jedoch sind auch recht langfristige Planungen im Sinne von anspruchsvollen Projekten denkbar, die sich über mehrere Wochen hinziehen. Dieser Unterrichtsform ist ein hoher Grad der Individualisierung der Beziehung zwischen den einzelnen Kindern und der Lehrkraft eigen.
– Im **Stationsunterricht** variieren Ideen von Wochenplan und freier Arbeit. Ausgangspunkt ist ein gewisses Arbeitsmaterial, das nach Aufgabenarten oder Fächern auf getrennten Stationstischen angeboten wird. An jedem Tisch ist innerhalb eines gegebenen Zeitraumes zumindest je eine Aufgabe zu erledigen, wobei die Reihenfolge und die Schwerpunktsetzung beliebig ist. Bei dieser Unterrichtsform sind mehr Möglichkeiten der Veranschaulichung als beim Wochenplan gegeben, sie ist jedoch auch vorbereitungsintensiver als die freie Arbeit und erfordert oft einen hohen Beratungsaufwand für die SchülerInnen.

Nur verwiesen sei an dieser Stelle darauf, dass sich bei integrativen und kooperativen Lernprozessen auch noch die Erfordernis nach Förderung und Therapie für bestimmte SchülerInnen stellen kann. Denkbar wäre dies z. B. bei bestimmten funktional bedingten Lebenserschwernissen in den Bereichen der Sensorik, der Motorik, der Sprache u. a. Weiterhin taucht die Frage dort auf, wo SchülerInnen aufgrund gewisser inhaltlicher Rückstände bzw. anderer Mängel besonders im Zusammenhang mit den einzelnen Unterrichtsfächern, einer gezielte Förderung bedürftig erscheinen. Grundorientierung bei der Klärung solcher Fragen sollte zunächst einmal sein, dass eine individuelle Arbeit mit einzelnen SchülerInnen im Sinne von Förderung und Therapie immer im gemeinsamen unterrichtlichen Zusammenhang der Klasse erfolgen sollte. Bei offenen Unterrichtsformen dürfte sich dies auch kaum als problematisch erweisen.

Anforderungen an integrativen Unterricht

Ausblick

Bei der Auseinandersetzung mit Fragen des gemeinsamen Leben und Lernens müssen wir uns immer wieder verdeutlichen, dass diesbezügliche wichtige Impulse zur Veränderung des „Systems von Sonderschulen" primär von Eltern ausgegangen waren und auch noch weiter ausgehen, die nicht mehr bereit waren und sind, die soziale Ausgrenzung ihrer Kinder im Schulalter zu akzeptieren und eine bessere Bildung eingefordert haben. Es waren gerade bislang nicht die Pädagogen, die eine integrative Beschulung eingefordert und durchgesetzt haben. Jedoch fanden die Eltern immer wieder auch Unterstützung in ihrem Begehren bei engagierten LehrerInnen und anderen Veränderungen gegenüber offenen Menschen. Wollen wir solchen Veränderungen jedoch Raum geben, einen Weg zu einer „Schule für alle" beschreiten, dann benötigen wir Schulorganisations- und Unterrichtsformen, die diesen Anspruch gerecht werden und absichern können.

Im Kern der Auseinandersetzung über „Integration" geht es um eine Schule, die sich sowohl an den heutigen entwicklungstheoretischen und lerntheoretischen Erkenntnissen als auch an den sozialen Erfordernissen des 21. Jahrhunderts orientiert. – Und eine wichtige Erkenntnis aus diesem Spektrum ist: Lernen wird am ehesten und am besten in heterogenen Gruppen und nicht in homogenen Gruppen ermöglicht.

Wenn auch aus fachlicher Sicht viele Dinge bezüglich eines gemeinsamen Leben und Lernens von allen Kindern geklärt sein mögen, müssen wir uns auch immer wieder verdeutlichen, dass es in der Politik wie auch in vielen Schulverwaltungen nach wie vor große Widerstände gegen eine Förderung und Weiterentwicklung der Integration gibt. Diese Tatsache führt dazu, dass viele Eltern immer noch einen mühsamen Kampf durch lange schulische, schulverwaltungsmäßige und gerichtliche Instanzenwege gehend führen müssen, um ihren Kindern eine gemeinsames Leben und Lernen mit anderen Kindern in den allgemeinen Schulen zu ermöglichen *(siehe Kap. 3)*. Es ist aber an der Zeit, dass Eltern von dieser Last befreit werden und die Integration aller Kinder – im Sinne eines gemeinsamen Leben und Lernens – zu einem selbstverständliche Recht wird und nicht eine willkürlich gewährte Gnade bleibt. Jedoch gerade bei einer weiteren Verknap-

Anforderungen an integrativen Unterricht

pung der öffentlichen Finanzen im Bildungsbereich ist die Gefahr groß, dass innovative Veränderungen auf der Strecke bleiben bzw. solche Veränderungen mit dem Argument „kein Geld" abgewehrt werden.

Literatur:

BLOCH, **Ernst:** Das Prinzip Hoffnung. Frankfurt/Main 1985

BUBER, **M.:** Das dialogische Prinzip. Heidelberg 1965

COMENIUS, **Jan Amos:** Große Didaktik. Hrsg. v. Andreas Flitner. Stuttgart 1985

DEUTSCHER BILDUNGSRAT: Zur pädagogischen Förderung behinderter und von Behinderung bedrohter Kinder und Jugendlicher. Bonn 1973

FEUSER, **Georg:** Behinderte Kinder und Jugendliche – Zwischen Integration und Aussonderung. Darmstadt 1995

FEUSER, **Georg/**MEYER, **Heike:** Integrativer Unterricht in der Grundschule – Ein Zwischenbericht. Solms-Oberbiel 1987

HILDESCHMIDT, **Anne/**SANDER, **Alfred:** Zur Effizienz der Beschulung so genannter Lernbehinderter in Sonderschulen. In: EBERWEIN, Hans (Hrsg.): Handbuch Lernen und Lernbehinderungen. Weinheim 1996, S. 115–134

MUTH, **Jakob u. a.:** Behinderte in allgemeinen Schulen. Essen: Neue-Deutsche-Schule Verlagsges., 1982

WOCKEN, **Hans/**ANTOR, **Georg (Hrsg.):** Integrationsklassen in Hamburg: Erfahrungen, Untersuchungen, Anregungen. Solms-Oberbiel 1987

Zum Weiterlesen:

BEGEMANN, **E.:** Gemeinsam leben und lernen von „Behinderten" und „Nichtbehinderten" als Anrecht aller Menschen. In: Behindertenpädagogik 28 (1989), S. 338–353

BÖNSCH, **Manfred:** Offener Unterricht in der Primar- und Sekundarstufe I. Hannover 1993

Anforderungen an integrativen Unterricht

BORCHERT, Johann/SCHUCK, Karl Dieter: Integration: Ja! Aber wie? Ergebnisse aus Modellversuchen zur Förderung behinderter Kinder und Jugendlicher. Hamburg 1992

BUNDSCHUH, Konrad: Integration als immer noch ungelöstes Problem bei Kindern mit speziellem Förderbedarf. In: Zeitschrift für Heilpädagogik 48 (1997), S. 310–315

DEPPE-WOLFINGER, Helga/PRENGEL, Annedore/REISER, Helmut u. a.: Integrative Pädagogik in der Grundschule. Bilanz und Perspektiven der Integration behinderter Kinder in der Bundesrepublik Deutschland 1976–1988. München; Weinheim 1990

EBERWEIN, Hans (Hrsg.): Handbuch Integrationspädagogik. Kinder mit und ohne Behinderung lernen gemeinsam. Weinheim und Basel 1997 (4. Auflage)

FEUSER, Georg: Allgemeine integrative Pädagogik und entwicklungslogische Didaktik. In: Behindertenpädagogik 2 (1989), S. 4–48

FÖRDERVEREIN DER ASTRID-LINDGREN-SCHULE (Hrsg.): Pädagogik in Bewegung – Integrationspädagogik. Eschweiler 1995

FRÜHAUF, Theo: Eingliedern statt Ausgliedern! In: Geistige Behinderung 36 (1997), S. 233–236

HABERL, Herbert (Hrsg.): Integration – Die Vielfalt als Chance. Möglichkeiten der Montessori-Pädagogik. Freiburg i. B. 1995

HEGELE, Irmintraut (Hrsg.): Lernziel: Offener Unterricht. Unterrichtsbeispiele aus der Grundschule. Weinheim und Basel 1997 (2. Auflage)

HEIMBROCK, Cornelia/WEGMANN, Adalbert: Offener Unterricht – praktisch. Donauwörth 1997

HEIMLICH, Ulrich (Hrsg.): Zwischen Aussonderung und Integration. Schülerorientierte Förderung bei Lern- und Verhaltensschwierigkeiten. Neuwied; Kriftel; Berlin 1997

JANTZEN, Wolfgang: Weiterentwicklung – Stillstand – Rückschritt. 25 Jahre Empfehlung der Bildungskommission des Deutschen Bildungsrates zur pädagogischen Förderung behinderter und von Behinderung bedrohter Kinder und Jugendlicher. In: Zeitschrift für Heilpädagogik, 49 (1998), S. 18–25

KLEIN, Gerhard: Auftrag und Dilemma der Sonderschule – gestern, heute und morgen. In: Kallien, Herbert (Hrsg.): Am Ende die Sonderschule oder die Sonderschule am Ende? Soltau 1990, S. 11–22

ROSENBERGER, Manfred (Hrsg.): Schule ohne Aussonderung – Idee, Konzepte, Zukunftschancen. Pädagogische Förderung behinderter und von Behinderung bedrohter Kinder und Jugendlicher. Neuwied; Kriftel; Berlin 1998

SANDER, Alfred/RAIDT, Peter (Hrsg.): Integration und Sonderpädagogik. Saarbrücker Beiträge zur Integrationspädagogik – Band 6. St. Ingbert 1992 (2. Aufl.)

SCHÖLER, Jutta: Integrative Schule – Integrativer Unterricht. Ratgeber für Eltern und Lehrer. Neuwied; Kriftel; Berlin 1999 (2. überarb. Aufl.)

SCHUMANN, Monika: Gemeinsame Erziehung nichtbehinderter und behinderter Kinder – ihre Möglichkeiten und Grenzen im gesellschaftlichen Modernisierungsprozess. In: Behindertenpädagogik, 33 (1994), S. 2–32

STÖRMER, Norbert: Die Bedeutung der Pädagogik des Jan Amos Komenský im Rahmen der Diskussion um die Entwicklung einer allgemeinen, integrativen Pädagogik. In: Behindertenpädagogik, 37 (1998), S. 239–260

5.2 Unterricht an „integrative Erfordernisse" anpassen

Ursula Mahnke

Ein Unterricht, der die Unterschiedlichkeit ALLER Kindern berücksichtigt – und nicht nur der Kinder mit besonderen Lernerschwernissen – stellt im Grunde kein neues Unterrichtskonzept dar, sondern eine erzieherische Grundhaltung. Insofern gibt es auch keinen Integrationsunterricht im Sinne von etwas Neuem, das erst entwickelt werden müsste. Es geht um eine erzieherische Grundhaltung, in der der Weg des Lernens wichtiger wird als das Resultat selbst, in dem Lernen als fortlaufender Prozess angesehen wird, der auf vorhande-

Anforderungen an integrativen Unterricht

nen Fähigkeiten aufbaut und in dem die nächsten Lernschritte nicht durch den Lehrplan vorgegeben werden, sondern individuell zu entwickeln sind.

Grundhaltung

Dies fordert Lehrkräfte im doppelten Sinne. Einerseits ist zu überlegen: Gehe ich als Lehrer grundsätzlich davon aus, dass alle Kinder gemeinsam in einer Gruppe miteinander lernen? Welche Lernziele haben für mich Priorität? Von welchen Lernkonzepten gehe ich aus? Kann ich allen Kindern die Zeit geben, die sie brauchen? In welcher Rolle definiere ich mich selbst als Lehrperson? Auf der anderen Seite geht es um die Umsetzung dieser Grundhaltung im Unterricht. Dazu sind die Variablen des Unterrichts (d. h. die Inhalte, die Methoden, die Sozialformen und die Form der Kommunikation) daraufhin zu befragen, inwieweit sie vorhandene bzw. sich verändernde Grundhaltungen repräsentieren. Dabei ist weniger von Bedeutung, welche über den lehrerzentrierten Unterricht hinausgehende Unterrichtskonzepte bevorzugt werden (z. B. Montessori-Pädagogik, Freiarbeit, Wochenplan, Stationenlernen). Entscheidend ist die Zielsetzung, mit der die Lehrkraft etwa den Morgenkreis einführt: Damit Kinder über das, was sie bewegt, sprechen können und ihnen die Klasse zuhört? Damit sie kommunikative Grundlagen erwerben? Oder: Damit die Lehrkraft die Hausarbeiten abfragen kann? Oder: Wohin soll Wochenplanunterricht führen: Zu mehr Selbstbestimmung des Lernprozesses bei Schülern? Zur Förderung der Beziehungs- und Entscheidungsfähigkeit? Oder: zu einer effektiveren Umsetzung der Lehrplananforderungen? Was ist das Ziel bei der Einführung Freier Arbeit: Damit Kinder eigene Fragestellungen entwickeln, denen sie selbstständig nachgehen können? Damit Kulturtechniken und Sachwissen ganzheitlich und an von den Kindern interessierenden Inhalten erworben werden können? Oder: Sehe ich in Freier Arbeit eine Organisationsform für differenzierte Übungsaufgaben?

Die zentralen Anforderungen an einen Unterricht in integrativen Klassen beziehen sich somit in erster Linie auf das Lernen selbst:
– Integrativer Unterricht spürt die Lernwege eines Kindes auf, indem er von individuellen Lernbedingungen und Lernmöglichkeiten ausgeht.

Anforderungen an integrativen Unterricht

- Er bezieht die Lerninhalte auf die konkrete Lern- und Lebenssituation der Schüler und ermöglicht die Entwicklung individueller Lernstrategien.
- Fehler sind dabei im Sinne notwendiger Lernschritte zu akzeptieren und nicht lediglich durch den Rotstift bloßzulegen.
- Lernen besteht nicht aus einer linearen Erfolgskette, sondern ich muss als Lehrkraft akzeptieren können, dass Lernen in Schleifen, auf Umwegen, mit Pausen und Sprüngen abläuft.
- Das Wichtigste aber ist Zeit und Geduld, das bedeutet, sich nicht vom Lehrplan „kirre" machen zu lassen, sondern Vertrauen in die Denkschritte des einzelnen Kindes setzen, was sich in langfristigen Beobachtungen und stärkenden Rückmeldungen niederschlägt.

Öffnen von Unterricht

Der gemeinsame Unterricht von Kindern mit unterschiedlichen Lernvoraussetzungen erfordert einen differenzierenden, freieren Unterricht, der nicht mehr von allen Schülern zur gleichen Zeit das Gleiche an Lernschritten verlangt. Es reicht dazu allerdings nicht aus, im bisherigen (lehrerzentrierten) Unterricht einige organisatorische Veränderungen vorzunehmen, wie etwa Pläne für Freiarbeitsstunden vorzugeben oder (für Kinder mit besonderem Förderbedarf) individualisierte Arbeitsblätter anzubieten. Veränderungen müssen sich dahin entwickeln, dass alle Schülerinnen und Schüler (d. h. auch Kinder mit Behinderungen) ebenso an den von Lehrerinnen vorbereiteten Lehrgängen mit Übungsmöglichkeiten arbeiten wie an kreativen, problemlösenden und spielerischen Lernangeboten. Darüber hinaus sind eigene Vorhaben der Kinder anzuregen, die sich aus ihren Interessen und Erfahrungen ergeben, die sie aus ihrem außerschulischen Erleben in die Schule mitbringen. Dazu sind unterschiedliche Arbeitsformen und Methoden anzubieten, z. B.:

- Einführung neuer Themen oder Fertigkeiten durch lehrerzentrierte Phasen (mit der ganzen Klassengruppe oder mit Teilgruppen),
- verschiedene Einstiege in ein Thema (Bücher, Bilder, Fragen, thematische Landkarten u. a.),
- Gesprächskreise zur Arbeitsplanung,
- Projektarbeit an eigenen Vorhaben der Schüler (einzeln oder in Gruppen),

Anforderungen an integrativen Unterricht

– vielfältige Darstellungsformen von Arbeitsergebnissen (freie Texte, Zeichnungen, Grafiken, Ausstellungen, Themenhefte u. a.),
– verschiedene Formen der Selbstkontrolle.

Oft wird befürchtet, dass in einem freieren Unterricht weniger gelernt würde. Dass eher das Gegenteil der Fall ist merken wir, wenn wir Kinder in selbstständigen Arbeitsphasen beobachten und uns ihre Arbeit, ihre Gedankengänge und ihre Handlungen bewusst machen. Kinder, die selbstständig arbeiten, tun dies intensiver, als sie es in einem frontalen, lehrergesteuerten Unterricht tun würden. Pausen werden bewusst eingelegt – das offizielle Pausenzeichen wird oft überhört oder als störend empfunden, weil es einen Arbeitsprozess unterbricht. Das Prinzip des Freien Arbeitens kommt besonders den Schülerinnen und Schülern entgegen, die im lehrerzentrierten Unterricht als störend empfunden werden: das Kind mit geistiger Behinderung, das an anderen Aufgaben arbeitet als die restliche Klasse; das hyperaktive Kind, das nur kurze Zeit still auf seinem Platz sitzen kann; aber auch das besonders schnell lernende Kind, dass sich bei gemeinsamen Lernaufgaben für alle schnell langweilt.

Öffnen als Prozess

Zur Öffnung von Unterricht gibt es in der Literatur vielfältige Vorschläge *(siehe Kap. 5.1)* und in der Praxis unterschiedliche Formen *(siehe Kap. 5.4 und 6.1.3)*. Deutlich wird bei allen Vorschlägen: DEN offenen Unterricht gibt es nicht! Stattdessen wird jede Lehrkraft unter den jeweiligen Bedingungen selbst herausfinden müssen, in welchen Bereichen sie Freiräume für individuelles Lernen schaffen kann. Am besten beginnen Lehrerinnen und Lehrer mit den Schritten, bei denen sie sich selbst am sichersten fühlen und nehmen sich immer nur eine Veränderung auf einmal vor. Am Anfang sind Freiräume und Grenzen genau zu benennen – Freiräume könnten z. B. sein:
– Den Schülern wird innerhalb eines bestimmten Zeitrahmens freigestellt, in welchem Arbeitstempo sie arbeiten.
– Es werden für einige Schüler Wiederholungsmöglichkeiten angeboten (z. B. um eine Rechentechnik zu festigen).
– Für dasselbe Lernziel gibt es unterschiedliche Materialien mit verschiedenen Zugängen zum Lerngegenstand (z. B. Texte, Zeichnungen, Modelle).

Anforderungen an integrativen Unterricht

– Über Arbeitsergebnisse können die Mitschüler unterschiedlich informiert werden (z. B. durch ein Plakat, eine Geschichte, ein Gedicht, eine Zeichnung).
– Aufgaben sind so formuliert, dass es mehrere mögliche Lösungen gibt.

Erste Schritte sollten sich auf das Vermitteln von Fähigkeiten für die selbstständige Arbeit der Schüler richten:

1. Verhaltensformen

Als wichtigste zu erlernende Verhaltensformen können gelten: Bewegen der Stühle (z. B. zur Veränderung der Sitzordnung), leise unterhalten (z. B. bei Gruppen- bzw. Partnerarbeit, bei gegenseitiger Kontrolle der Ergebnisse) und Bewegen im Klassenzimmer (z. B. zur Beschaffung von Material, zur Zusammenarbeit mit Mitschülern).

Zum Einüben der Veränderung der Sitzordnung sollte vorgemacht werden, wie Kinder mit einem Stuhl, den sie vor sich hertragen, einen Platzwechsel vornehmen können, ohne Lärm zu verursachen. Die Kontrolle kann evtl. mithilfe eines Glöckchens oder eines anderen leisen Geräusches erfolgen. Dabei sind für Schüler, die aufgrund körperlicher bzw. Sinnesbeeinträchtigungen damit Schwierigkeiten haben, individuelle Lösungen zu finden (z. B. braucht ein Mädchen mit einer leichten Spastik ihren Stuhl nicht zu tragen, sondern darf ihn ziehen). Am Anfang sollten Lehrerinnen sich viel Zeit nehmen, einen Stuhlkreis aufzubauen und das Üben täglich wiederholen.

Das „Leise-Unterhalten" kann die Lehrkraft am Anfang vormachen. Geeignet sind auch Spiele, die Konzentration erfordern (z. B. Stille Post) oder bei denen etwa Arbeitsergebnisse nicht laut gesagt, sondern in anderer Weise dargestellt werden. Zu berücksichtigen ist, dass Übungen zum Leise-Sprechen am Anfang täglich wiederholt und zeitlich nicht zu lange ausgedehnt werden (anfangs 2–5 Minuten) und anschließend die Schüler Gelegenheit haben, die Spannung, die dabei aufgebaut wird, abzureagieren. Eine andere Möglichkeit ist, mit den Kindern zu üben, wie man sich auch ohne zu reden verständigen kann (z. B. Spiele zum Umgang mit Zeichen).

Das Bewegen im Klassenzimmer kann anhand von Spielen geschehen, die in den Unterrichtsablauf thematisch eingebunden werden. Dabei sind die Schwierigkeitsanforderungen langsam zu steigern.

Anforderungen an integrativen Unterricht

Der „Erfolg" wird anfangs von der Lehrkraft beurteilt, später von den Kindern selbst. Kinder, die aus körperlichen oder anderen Gründen nicht mitmachen können, sollten in anderer Weise in die Übungen einbezogen werden (z. B. als Schiedsrichter oder Ansager von Aufgaben). Oder auch Spiele entsprechend abändern!

Neben dem spielerischen Einüben von Regeln und Ritualen hat das Verhalten der Lehrkraft während der Freiarbeitsphasen eine wichtige Modellfunktion:
– Möglichst das einzelne Kind ansprechen oder die Kleingruppe, die Hilfe braucht – nicht die ganze Klasse!
– Extrem leise mit dem einzelnen Kind sprechen.
– Nicht hektisch von Tisch zu Tisch eilen, das verleitet Kinder zu ähnlichem Verhalten.
– Bei Unruhe nicht laut um Ruhe bitten, sondern einzelne Kinder leise oder durch ein bestimmtes Zeichen (z. B. Glocke, Erinnerungskarte oder ein bestimmtes Symbol) zur Ruhe auffordern.
– Bei zu großer Unruhe die Freiarbeit abbrechen.

2. Arbeitstechniken

Dazu gehören grundlegende Einzeltechniken, die zum selbstständigen und effektiven Arbeiten gehören: z. B. richtiges Abschreiben, übersichtliche Gestaltung von Arbeitsergebnissen, Informationsentnahme aus Bildern und Texten, Benutzen von Nachschlagewerken, selbstständiges Kontrollieren und Ordnen von Arbeitsergebnissen und zweckmäßige Korrektur von Fehlern. Das Einüben von neuen Verfahren geschieht am besten im praktischen Vollzug anhand einer Aufgabe, die inhaltlich nur geringe Schwierigkeiten enthält, sodass die Schüler ihre Aufmerksamkeit besonders auf das Verfahren richten können. Nach dem ersten Versuch wird über die neue Arbeitstechnik gesprochen. Übungen an zunehmend schwieriger werdendem Material erfolgen so lange, bis das Verfahren geläufig ist. Das geschieht am besten im Partnerlernen, d. h. Schüler, die das Verfahren bereits beherrschen, arbeiten mit denen zusammen, die es erst erlernen müssen oder noch nicht so gut können.

Ein wichtiges Ziel der Freien Arbeit ist, den Schülern ihr jeweiliges Arbeitstempo und die Reihenfolge der zu bearbeitenden Aufgaben selbst bestimmen zu lassen, d. h. für eine bestimmte Anzahl von Auf-

Anforderungen an integrativen Unterricht

gaben steht eine bestimmte Zeit zur Verfügung. Für das Lernen der selbstständigen Zeiteinteilung eignen sich:
– Pflichtaufgaben und Spielmöglichkeiten,
– Pflichtaufgaben und freiwillige Zusatzaufgaben (etwa zur Verbesserung der Note),
– Pflichtaufgaben und Wahlpflichtaufgaben (d. h. aus den Wahlaufgaben muss eine bestimmte Anzahl erledigt werden).

Die Auswahlmöglichkeiten und der Zeitumfang werden allmählich erweitert. Der zeitliche Rahmen kann durch eingeführte Rituale festgelegt werden: z. B. eine bestimmte Anzahl von Strichen an der Tafel, die in zeitlichen Abständen weggewischt werden; ein akustisches Signal (Gong-Ton, Triangel, Wecker); eine Uhr, die sich für alle gut sichtbar im Klassenzimmer befindet. Bei der Festlegung der Zeit ist zu beachten, dass von den Schülern zwischen den einzelnen Aufgaben kurze Pausen eingelegt werden können, sonst entsteht evtl. eine Überlagerung des Gelernten.

Freiräume für die Zeiteinteilung sind vor allem für langsam arbeitende Schüler günstig – im lehrerzentrierten Unterricht werden diese Schüler häufig zu Außenseitern, weil sie immer „die Letzten" sind. Für sie sind Arbeitsformen, in denen die Arbeitsweise und vor allem die Arbeitszeit selbstbestimmter sind, sehr entlastend, was sich auf das Selbstvertrauen und die Arbeitsergebnisse positiv auswirkt. Für diese Kinder sind allerdings anfangs, wenn die Zeiteinteilung noch weitgehend durch die von der Lehrkraft vorgegebenen Aufgaben erfolgt, Freiräume zur Differenzierung einzuplanen: z. B. weniger Aufgaben, Hilfsmittel, anderes Anforderungsniveau oder mehr Zeit.

3. Umgang mit Material

Dabei handelt es sich um den sachgerechten Umgang mit Arbeitsmaterial für selbstständige Arbeit: sorgfältiges Radieren, Unterstreichen mit dem Lineal, Umgang mit Papier, richtiges Abheften von Arbeitsergebnissen, sorgfältiger Umgang mit den Materialien und Arbeitsmitteln im Klassenzimmer.

Eine Grundausstattung an Arbeitsgeräten und Materialien (Scheren, Klebstoff, Buntstifte u. a.) sollte als Vorrat für alle gemeinsam zur Verfügung stehen. Einzelne Kinder können die Aufgabe übernehmen, auf Vollständigkeit und Ordnung zu achten (eine Aufgabe etwa

Anforderungen an integrativen Unterricht

für Kinder mit geistiger Behinderung). Material, aus dem die Kinder selbst auswählen können, sollte möglichst offen zugänglich (in Regalen) aufbewahrt werden. Der selbstständige Zugang muss auch für Kinder ermöglicht werden, die körperliche Einschränkungen haben (z. B. kurzer Weg oder genügend Platz für einen Rollstuhl).

Material sollte schrittweise eingeführt werden – immer nur EIN neues auf einmal (eine Kartei, ein Spiel). Dabei müssen auch notwendige Differenzierungen berücksichtigt werden, z. B. der Grad der Anschauung, die Zahl der Wiederholungen. Am Anfang sollte Material nur für die Einzelarbeit angeboten werden. Erst wenn der größte Teil der Klasse in der Lage ist, in Partner- oder Gruppenarbeit zu arbeiten, sollten auch Materialien für die gemeinsame Arbeit zur Verfügung stehen. Die ersten Materialien sollten so beschaffen sein, dass sie sich nur in einer bestimmten Weise bearbeiten lassen. Später kann das Material auch variabler eingesetzt werden, um die Selbstständigkeit und Kreativität der Kinder zu fördern. Kinder gehen sorgfältiger mit Material um, wenn sie an der Entstehung beteiligt waren – Selbstgemachtes hat insofern einen höheren Stellenwert als Gekauftes. Das Material ist durch Zeichen auch für Schüler auffindbar zu machen, die Beschriftungen noch nicht lesen können (Strukturen für Material zu finden, kann auch den Mathematik-Unterricht anschaulich machen!).

Vielfach besteht die Bereitstellung von Material darin, möglichst viele differenzierte Arbeitsblätter anzubieten, in denen genaue Arbeitsschritte festgelegt sind. Die „Tätigkeit" von Schülern und Schülerinnen beschränkt sich dabei oftmals auf das Ausfüllen von Lückentexten oder auf farbige Markierungen. Dies kann jedoch nur ein Anfang sein. Schülern sollte möglichst häufig die Gelegenheit gegeben werden, mit konkretem Material zu arbeiten: mit Mitteln der Veranschaulichung, mit Werkzeugen, Geräten, Rohstoffen u. a. Die Ergebnisse sollten von den Kindern weitgehend selbst festgehalten und gestaltet werden.

4. Sozialformen

Durch das Lernen mit einem Partner oder Arbeiten in Gruppen wird es möglich, dass die Lehrkraft als ausschließliche Informationsvermittlerin zurücktritt. Unterschiedlicher Leistungsstand und verschiedene Fähigkeiten von Schülerinnen und Schülern werden durch

Anforderungen an integrativen Unterricht

gegenseitige Hilfestellung aufgefangen und produktiv genutzt. Außerdem werden soziales Lernen und Kooperationsformen (für das spätere Berufsleben wichtig) eingeübt. Das Klima in der Klasse ändert sich entscheidend, wenn man den Kindern gegenseitiges Helfen erlaubt. Helfen heißt, gemeinsam Schwierigkeiten zu überwinden, ohne auf den Hilfesuchenden herabzublicken oder anstelle von jemandem etwas zu tun. Helfen kann jedes Kind – das handwerklich geschickte ebenso wie der schnelle Lerner. Die Art der Hilfestellung gibt darüber hinaus wichtige Hinweise: Wenn etwa Markus dem Oliver beim Partnerdiktat erklärt, dass „räumen" von „Raum" kommt, dann weiß die Lehrkraft, dass Markus da etwas verstanden hat.

Zur Einführung von neuen Arbeitsformen werden die Schülerinnen und Schüler schrittweise von der Einzel- zur Gruppenarbeit geführt. Schritte können sein: Einzelarbeit und Partnerarbeit, Dreiergruppen, Vierergruppen (in der Regel erst in der zweiten Hälfte des 2. Schuljahrs). Anfangs werden die Gruppen für eine bestimmte Zeit stabil sein und von der Lehrkraft vorgegeben werden. Als Ziel sollten wechselnde Gruppen, von den Kindern selbst gewählt, angestrebt werden. Kriterien für die Bildung von Lerngruppen können sein: Grade der Hilfestellung, Anforderungsniveau, Sympathie u. a. Hilfestellungen für schwächere Schülerinnen und Schüler oder auch für Kinder mit Körper- oder Sinnesbehinderungen sollten nicht immer von den gleichen Mitschülern gegeben werden, um Überforderungen zu vermeiden. Schüler und Schülerinnen sollten möglichst beides erleben: Helfen und sich helfen lassen. Auch leistungsschwächere Schüler sollten erleben, dass sie anderen helfen können!

5. Gesprächsregeln

Klassengespräche sind meist auf die Lehrerin als Hauptakteurin gerichtet: Alle schauen sie an – bedingt durch eine weitgehend vorherrschende frontale Ausrichtung der Sitzordnung. In einer Gesprächssituation, in der die Kinder sich aufeinander beziehen und miteinander ins Gespräch kommen (sollen) – etwa beim Morgenkreis oder im Klassenrat – sind entsprechende Rahmenbedingungen unverzichtbar. Alle müssen sich gegenseitig anschauen können (siehe oben die Ausführungen zur Sitzordnung), und es müssen entsprechende Gesprächsregeln vereinbart und eingeübt werden. Dabei hat die Gesprächsführung der Lehrkraft selbst einen wesentlichen Ein-

Anforderungen an integrativen Unterricht

fluss auf das Gesprächsverhalten der Kinder: aufmerksam zuhören, Monologe vermeiden, weniger kommentieren und werten, stattdessen mehr problematisieren und Fragen stellen, Schüler zum Sprechen ermutigen ohne zu drängen.

Eine wichtige Voraussetzung für das Gespräch bringen heute die meisten Kinder zu Beginn der Grundschulzeit mit: Sie sind offen, unbekümmert, mitteilsam und sprechfreudig. Für die Einführung von Gesprächsregeln bedeutet dies, dass zwar zuerst diesem unbekümmerten Sprechverhalten Raum zum Ausleben gegeben werden soll, aber möglichst bald auch das partnerbezogene Sprechen angebahnt werden muss. Wird frühzeitig das Zuhören-Können und das Nachfragen thematisiert und schrittweise eingeführt, kommt ein dialogisches Sprechen zustande. Auf der anderen Seite gibt es auch die ruhigen Kinder, die von sich aus selten oder nie etwas in der großen Gruppe sagen. Bei ihnen reicht oftmals als Ermutigung nicht die bloße Ansprache, sie müssen gezielt zum Erzählen angeregt werden. Eine Möglichkeit ist, dass diese Kinder der Lehrkraft oder einem anderen Kind alleine etwas erzählen, was diese dann in den Gesprächskreis einbringen. Durch Rückfragen, die auch durch bloßes Kopfnicken oder durch Verabredungen erfolgen können (z. B. Händedrücken bedeutet: „Hör auf zu erzählen!") kann nach und nach versucht werden, auch diese Kinder in den Gesprächskreis einzubeziehen. Besonderes Augenmerk ist dabei auf Kinder mit Hör- oder Sprachstörungen zu richten, indem ihnen z. B. mehr „Sprechzeit" eingeräumt wird.

Veränderung der Lehrerrolle

Lehrkräfte in integrativen Klassen sind in besonderem Maße gefordert, das notwendige Gleichgewicht zwischen Anforderungen des Lehrplans und den Interessen der Kinder herzustellen, zwischen den Ansprüchen der Sache und der Lebensnähe zu vermitteln und zwischen Pflichtarbeiten und Freier Arbeit eine Verbindung zu finden.

Unterricht zu öffnen bedeutet, Kindern mehr Freiheit bei der Organisation des Lernens zu gewähren, ihre Selbstbestimmung zu stärken und als Lehrkraft in der Rolle des ausschließlichen Informationsvermittlers zurückzutreten. Das erfordert nicht nur eine Veränderung der Unterrichtsorganisation, sondern vor allem eine Veränderung der Lehrerrolle: ein schrittweises Abgeben der alleinigen Verantwortung

Anforderungen an integrativen Unterricht

für die Gestaltung von Lernprozessen an die Schüler. Von der Lehrerin wird nicht mehr jeder einzelne Lernschritt geplant, gestaltet und überwacht, sondern zunehmend entscheiden die Schülerinnen und Schüler selbstverantwortlich darüber, was sie wann lernen, d. h. sie wählen aus einem vorbereiteten Angebot Themen nach ihren Interessen aus, setzen Schwerpunkte, teilen sich die Zeit selbstständig ein und bestimmen, mit wem sie zusammenarbeiten wollen.

Viele Lehrerinnen und Lehrer fragen sich, ob sie dann noch den Überblick behalten: Weiß ich dann noch, was jeder einzelne wirklich lernt? Erfahrungen zeigen, dass diese Befürchtungen unbegründet sind. In freieren Arbeitsphasen können Lehrerinnen und Lehrer Kinder erheblich besser beobachten und etwas über sie erfahren, als in einem Unterricht, in dem sie ständig darauf konzentriert sein müssen, den Spannungsbogen aufrechtzuerhalten, den Lehrstoff kindgerecht zu servieren und auch noch Störer und Unaufmerksame zur Ordnung zu rufen: In einer Klasse, in der die Schüler selbstständig arbeiten, haben Lehrerinnen und Lehrer viel mehr Möglichkeiten, mit einzelnen Kindern Gespräche zu führen, zu helfen, sich zu einer Kleingruppe zu setzen und so das Arbeits- und Sozialverhalten genau zu beobachten. Lehrkräfte sind viel eher in der Lage, gezielt Hilfe anzubieten, Möglichkeiten zur Förderung aller Kinder zu finden – oder auch einfach nur „da" zu sein, wenn ein Kind Unterstützung braucht.

Nach wie vor ist die Lehrkraft allerdings diejenige, die die Lernsituation vorstrukturiert, die Lernangebote bereitstellt, die Rechenschaft fordert über Zeit und Tätigkeit der Schüler und die die Schülerinnen und Schüler einführt in die erforderlichen Arbeitsformen (siehe oben). Sie lässt die Schüler nicht allein, sondern steht als Partner beim Lernen und Arbeiten zur Verfügung: sie berät, sie macht Vorschläge, regt an, sie hat Zeit zum Zuhören, sie weist auf Medien und Materialien hin, sie gibt Hilfen, unterstützt bei Lernhemmungen, sie stiftet Lerngemeinschaften, sie beobachtet Lernprozesse und hält sie fest, sie analysiert gescheiterte Lernprozesse, sie macht Lernerfolge sichtbar u. v. m.

Lehrerkompetenzen

Im Hinblick auf die genannten Grundhaltungen und Anforderungen an einen integrativen Unterricht ist die Frage nach der erforderli-

Anforderungen an integrativen Unterricht

chen Lehrerqualifikation zu stellen. Welche Kenntnisse, welche Fähigkeiten sollten Lehrkräfte erwerben, bevor sie mit der Integration beginnen? Zunächst ist zu betonen, dass eine bestimmte formale Qualifikation als zweitrangig anzusehen ist. Es gibt vielfältige Versuche in anderen Bundesländern, durch Weiterbildungsprogramme Lehrkräfte für eine integrative Arbeit auch formal zu qualifizieren. Für Sachsen wären solche Programme zwar langfristig hilfreich, zurzeit aber nicht unbedingt zwingend. Zum einen, weil in Sachsen in den meisten Fällen sichergestellt ist, dass eine Förderpädagogin die Integration begleitet, die die erforderlichen behinderungsbedingten Kenntnisse und Fähigkeiten in die gemeinsame Arbeit einbringen kann – zum anderen, weil die meisten pädagogischen Erfordernisse für integrativen Unterricht keine „besonderen" darstellen, sondern zu einer guten allgemeinen Pädagogik gehören. Hinzu kommt, dass die jeweiligen Bedingungen und Problemfelder so vielfältig sein können, dass nur ein sehr umfassendes Weiterbildungsprogramm – das obendrein nur langfristig wirksam würde – auf alle integrativen Erfordernisse umfassend vorbereiten könnte.

Wirkungsvoller als ein umfassendes Weiterbildungsprogramm hingegen wäre in Sachsen der Aufbau von Unterstützungssystemen, wie sie in Kap. 8.1 dargelegt sind. Als Erweiterung dieser Unterstützung in Bezug auf Lehrerqualifikation wären verstärkte Möglichkeiten des informellen Erfahrungsaustausches zu sehen. Darunter sind etwa Arbeitskreise bzw. schulinterne Arbeitsgruppen zu verstehen, in denen Lehrkräfte sich gegenseitig Unterstützung, Selbstvergewisserung, das Äußern von Schwächen und Unsicherheiten geben (ohne negative Folgen befürchten zu müssen) sowie Handlungsstrategien entwickeln können. Ergänzt werden sollte dieser Erfahrungsaustausch durch Fortbildungsangebote zu reformpädagogisch orientierter Unterrichtsgestaltung.

Voraussetzung für die Wahrnehmung von kompetenzerweiternden Angeboten durch Lehrkräfte ist allerdings, in welches Gesamtklima sie eingebunden sind *(siehe auch Kap. 5.3)*: Findet Qualifizierung unter einem starken Außendruck statt oder in einem Klima der Unterstützung? Wird die Umsetzung von Integration für alle Lehrkräfte als verpflichtend angesehen? Oder: Ist Integration zwar möglich, aber wird sie eher „geduldet" – oder gibt es gar Anzeichen, dass sie eher

Anforderungen an integrativen Unterricht

verhindert werden soll? Sichtbar werden solche Erwartungshaltungen weniger an den jeweiligen schulgesetzlichen Vorgaben, sondern eher an administrativen Regelungen zur Umsetzung (etwa durch informelle Rundschreiben, persönliche Grundhaltungen, Bereitstellung bzw. Verweigerung von Unterstützung in Einzelfällen u. a.).

Diese Bedingungen haben keinen unerheblichen Einfluss darauf, ob und wie Lehrkräfte ihren eigenen Qualifizierungsprozess vorantreiben, d. h. ob sie vorhandene Angebote wahrnehmen, ob sie die damit verbundenen Mehrbelastungen auf sich nehmen, ob sie sich um (informellen) Erfahrungsaustausch mit anderen Lehrkräften bemühen, ob sie Fortbildungen selbst initiieren u. a. Ein Angebot von Qualifizierungsmöglichkeiten muss somit immer verbunden sein mit einem allgemeinen Klima akzeptierender Unterstützung integrativer Ansätze.

Zum Weiterlesen:

BADEGRUBER, Bernd: Offenes Lernen. 28 Schritte vom gelenkten zum offenen Lernen. Linz: Veritas, ^{6}1996

BANNACH, Michael u. a.: Wege zur Öffnung des Unterrichts. München: Oldenbourg 1997

CLAUSSEN, Claus: Wochenplanarbeit in der Grundschule – Möglichkeiten zu markanten Veränderungen der üblichen Unterrichtsplanung. In: HAARMANN, Dieter (Hrsg.): Handbuch Grundschule, Band 1: Allg. Didaktik. Voraussetzungen und Formen grundlegender Bildung. Weinheim; Basel: Beltz, ^{3}1996, S. 223–239

HEIMLICH, Ulrich: Gemeinsam lernen in Projekten. Bausteine für eine integrationsfähige Schule. Bad Heilbrunn/Obb.: Klinkhardt, 1999

HEINRICH, Karin: Kinder arbeiten (sich) frei: Wie Grundschule Schule der Kinder sein kann. Essen: Neue-Dt.-Schule-Verl.-Ges ^{2}1993

HEYER, Peter u. a. (Hrsg.): Zehn Jahre wohnortnahe Integration. Behinderte und Nichtbehinderte gemeinsam an ihrer Grundschule. Hrsg. Arbeitskreis Grundschule – Der Grundschulverband e. V. Frankfurt/M., 1993

Anforderungen an integrativen Unterricht

HUSCHKE, Peter/MANGELSDORFF, Marei: Wochenplan-Unterricht. Eine Einführung in die praktische Arbeit. Weinheim; Basel: Beltz 1995

KASPER, Hildegard: Sich und den Unterricht öffnen. Differenzierung durch offene Lernsituationen. In: HAARMANN, Dieter (Hrsg.): Handbuch Grundschule. Band 1: Allg. Didaktik. Voraussetzungen und Formen grundlegender Bildung. Weinheim; Basel: Beltz, ³1996, S. 186–198

KLIPPERT, Heinz: Methoden-Training. Übungsbausteine für den Unterricht. Weinheim; Basel: Beltz ¹¹2000

KLIPPERT, Heinz: Teamentwicklung im Klassenraum. Übungsbausteine für den Unterricht. Weinheim; Basel: Beltz ⁴2000

NOLL, Heike/SCHIEDER, Martin: Montessori-Freiarbeit. Möglichkeiten und Grenzen im Alltag öffentlicher Schulen. Ulm; Münster: Kinders 2000

PESCHEL, Falko: Offen bis geschlossen – Formen und Chancen offenen Unterrichts. In: Gesing, Harald (Hrsg.): Pädagogik und Didaktik der Grunschule. Neuwied; Kriftel; Berlin: Luchterhand 1997, S. 229–268

RAMSEGER, Jörg: Offener Unterricht in der Erprobung. Erfahrungen mit einem didaktischen Modell. Weinheim; München: Juventa ³1992

REIß, Günter/EBERLE, Gerhard (Hrsg.): Offener Unterricht – Freie Arbeit mit lernschwachen Schülerinnen und Schülern. Weinheim: Dt. Studienverlag 1995

SCHWARZ, Hermann: Lebens- und Lernort Grundschule. Prinzipien und Formen der Grundschularbeit – Praxisbeispiele – Weiterentwicklungen. Frankfurt/M.: Cornelsen Scriptor 1994

VAUPEL, Dieter: Das Wochenplanbuch für die Sekundarstufe. Weinheim; Basel: Beltz 1995

WALLRABENSTEIN, Wulf: Offene Schule – Offener Unterricht. Ratgeber für Eltern und Lehrer. (aktualisierte Aufl.) Reinbeck: Rowohlt, 1995

5.3 Zusammenarbeit braucht Gelegenheit – Kooperation der Lehrkräfte[Fn.1]

Ursula Mahnke

Auch die beste Pädagogin, der beste Pädagoge wäre mit der Aufgabe überfordert, eine heterogene Gruppe von Schülerinnen und Schülern mit einer großen Spannweite von Bedürfnissen und Interessen zu unterrichten. Die Verschiedenartigkeit von Kindern, die durch die Einbeziehung von Schülern mit sonderpädagogischem Förderbedarf noch vergrößert wird, erfordert eine Vielzahl von pädagogischen Kompetenzen, die einer Lehrkraft allein nicht abverlangt werden können. Das geht nur in der Zusammenarbeit im Team.

Von den vier in der sächsischen Schulintegrationsverordnung vorgesehenen Organisationsformen integrativen Unterrichts sind zwei ausdrücklich auf die Zusammenarbeit von zwei Pädagogen ausgerichtet *(siehe Kap. 2.2).* Einen besonderen Stellenwert nimmt die Kooperation der Lehrkräfte jedoch in der Form 2 ein, bei der Schüler mit sonderpädagogischem Förderbedarf der Regelschulklasse angehören und Förderlehrer direkt in unterschiedlichen Formen im integrativen Regelschulunterricht mitarbeiten *(siehe auch Kap. 6).* Auch wenn es auf den ersten Blick relativ einfach erscheint, so ist doch in der Zusammenarbeit die größte Herausforderung an Lehrer im integrativen Unterricht zu sehen – an der Lehrerteams auch scheitern können.

Hier treffen zwei (mitunter auch mehr) unterschiedliche Pädagogen-Persönlichkeiten in der doch sehr engen Unterrichtssituation aufeinander und sie müssen Einigung erzielen über eine ganze Reihe von Dingen: Sie müssen sich zunächst einmal einigen über ihr pädagogisches Konzept, d. h. wie wird unterrichtet, welcher Erziehungsstil wird gepflegt, welche Rituale und Regeln sollen gelten? Darüber hinaus müssen Einigungen erzielt werden, wie sich die zweite Lehrkraft in den Unterricht einfügt. Da diese in der Regel nur wenige Stun-

---

1. Teilweise übernommen aus: Die Rolle des Sonderpädagogen im integrativen Unterricht nach In-Kraft-Treten der neuen Schulintegrationsverordnung (SchIVO) in Sachsen. In: vds – Fachverband für Behindertenpädagogik – Mitteilungen aus dem Landesverband Sachsen, Heft 1/2000, S. 13–14.

Anforderungen an integrativen Unterricht

den anwesend ist, wird deren organisatorischer Einbindung eine besondere Bedeutung zukommen. Ist die zweite Lehrkraft ausschließlich für das Kind bzw. die Kinder mit sonderpädagogischem Förderbedarf zuständig? Wird erwartet, dass die Förderschullehrerin mit dem Kind allein in einem gesonderten Raum arbeitet oder in einer Ecke im Klassenraum? Oder gehen die Absprachen dahin, dass die zweite Lehrerin in bestimmten Unterrichtsphasen allen Kindern hilft, die es brauchen? Findet gar in einigen Unterrichtsstunden ein Rollenwechsel statt? Führt mal der eine, mal der andere den Unterricht?

Alle diese Fragen hängen nicht unerheblich davon ab, wie viele Stunden die zweite Lehrkraft in der Regelschulklasse anwesend ist – und wie die Stunden aufgeteilt werden. Zusammenarbeit braucht Gelegenheit. Sich nicht nur sporadisch im gemeinsamen Unterricht zu erleben, bedeutet Anknüpfungspunkte zu haben über die Unterschiedlichkeit, die beide mitbringen. Je besser sich die kooperierenden Lehrkräfte kennen lernen können, desto eher sind auch Absprachen über eigene Schwerpunktsetzungen aufgrund von Interessen möglich. Auch erforderliche Abgrenzungen werden dann eher als Kompetenzabsprachen und nicht als Ausdruck eines Hierarchieverhältnisses (d. h. „erster" Lehrer, „zweiter" Lehrer) empfunden.

Formen der Zusammenarbeit

Als zweite Lehrkraft in einer Klasse zu arbeiten ist etwas anderes, als den Unterricht allein verantwortlich zu gestalten. Mitunter hat eine Lehrkraft auch beide Rollen. Mal unterrichtet sie alleine, mal ist sie „zweite". Um die Besonderheiten dieser beiden Rollen deutlich zu machen, wird im Nachfolgenden zwischen Regelschullehrer (RL) und Förderlehrer (FL) unterschieden. Als Regelschullehrer wird die Lehrkraft bezeichnet, die für den Unterricht der gesamten Klasse zuständig ist – das kann für die jeweiligen Unterrichtsstunden der Klassenlehrer oder auch der Fachlehrer sein. Der Förderlehrer (auch als Stütz-, Koop- oder als Zweitlehrkraft bezeichnet) ist die „zweite" Lehrkraft, die in der jeweiligen Unterrichtsstunde für die Förderung einzelner oder einer Gruppe von Kindern mit sonderpädagogischem Förderbedarf (nachfolgend als Integrationsschüler bezeichnet) zuständig ist – das können Förderschullehrer oder auch Regelschullehrer sein. Idealtypisch lassen sich drei Grundformen unterscheiden (siehe Abb. 1):

Anforderungen an integrativen Unterricht

Organisationsformen sonderpädagogischer Unterstützung in Regelklassen

Form	Vorteil/Schüler	Vorteil/Lehrer	Nachteil/Schüler	Nachteil/Lehrer
(a) Förderlehrer (FL) fördert Integrations-Schüler in einem gesonderten Raum – Regelschullehrer (RL) unterrichtet wie bisher	– erhöhte Konzentration – verstärkte Zuwendung	– Klasse wird nicht gestört – Zuständigkeiten sind klar getrennt: FL für Integrations-Kind, RL für Rest der Klasse – Aufwand f. Absprachen relativ gering	– Integrations-Schüler bekommt nicht mit, was in der Klasse geschieht – parallele „Mini-Sonderschule" (Ausgrenzung, Stigmatisierung etc.)	– Räuml. Voraussetzungen sind zu schaffen – Lehrkräfte erhalten keinen gegenseitigen Einblick in die päd. Arbeit – Arbeitszufriedenheit für den FL gering
(b) FL ist mit im Unterricht und ausschließlich zuständig für den Integrations-Schüler	– Förderkonzept kann besser als bei (a) auf die schul. Lernbedingungen abgestimmt werden – Modelllernen teilweise möglich	– Zuständigkeiten sind wie bei (a) eindeutig geklärt – mehr gegenseitiger Einblick in die Unterrichtarbeit	– ausgrenzende Effekte für den Integrationsschüler wie bei (a)	– mehr Absprachen als bei (a) notwendig – Förderung innerhalb des Klassenzimmers evtl. als „Störfaktor" – Störung geringer bei offeneren Formen (= Veränderung d. Unterrichts notwendig)
(c) FL und RL arbeiten als gleichberechtigtes Team im Unterricht	– günstig für das Förderkonzept: Binnendifferenzierung für alle Schüler – stigmatisierende Effekte für den Integrationsschüler entfallen	– gleichwertige Tätigkeit beider Lehrkräfte – Lehrer können voneinander lernen – Veränderung des Unterrichts durch Anwesenheit von zwei Lehrern	(???)	– zumindest anfangs hoher zeitlicher Aufwand für Vorbereitung und Absprachen – Selbständigkeit des RL ist eingeschränkt

Abb. 1

Anforderungen an integrativen Unterricht

(a) Der Förderlehrer (FL) nimmt den Integrationsschüler zeitweise aus dem Klassenverband heraus und fördert ihn gesondert in einem anderen Raum – der Regelschullehrer (RL) unterrichtet die Klasse wie bisher.

Diese Form ist zeitweise angebracht, wenn es etwa um erhöhte Konzentration, um verstärkte Zuwendung für den Integrationsschüler oder um lehrgangsartige Förderung geht (z. B. Schreiblehrgang, Grundlagen des Mathematiklernens). Der Klassenunterricht wird dadurch nicht „gestört", d. h. er braucht sowohl in inhaltlicher als auch in methodisch-didaktischer Hinsicht nicht besonders auf den Integrationsschüler abgestimmt werden.

Die Zuständigkeiten zwischen den Lehrkräften sind klar getrennt und der Aufwand für Absprachen ist relativ gering. Allerdings hat sich aus langjährigen Erfahrungen gezeigt, dass die Arbeitszufriedenheit für den FL hierbei relativ gering ist: Er wird auf die Rolle des „ambulanten Zweitlehrers" festgeschrieben; er kann seine Förderung nur schwer auf den Klassenunterricht abstimmen; er ist mit einem Kind allein. Ein Ausstieg aus dieser Arbeit wegen Unzufriedenheit ist relativ häufig.

Auch für den Integrationsschüler ergeben sich durch diese Art der Förderung erhebliche Nachteile: Er bekommt nicht mit, was in dieser Zeit im Klassenunterricht passiert (sowohl inhaltlich, als auch sozial); es besteht die Gefahr einer „Mini-Sonderschule" in der Regelklasse mit all' ihren negativen Folgen (z. B. kann der Integrationsschüler in der Wahrnehmung der Mitschüler als etwas „Besonderes" werden). Um diese negativen Folgen möglichst abzumildern, sollten Förderstunden außerhalb des Klassenunterrichts möglichst gering gehalten werden. Als sinnvoll hat sich erwiesen, in wechselnder Zusammensetzung immer auch einige Regelschüler mit in den gesonderten Förderunterricht zu nehmen. Dadurch verliert diese Förderung das „Besondere" und es wird selbstverständlich, dass immer mal ein paar Kinder aus der Klasse gehen.

(b) Der FL ist im Klassenunterricht anwesend und zuständig für das Integrationskind.

Bei dieser Form gibt der FL individuelle Hilfestellung für das Integrationskind bei Lernaufgaben des Klassenverbandes oder arbeitet mit dem Schüler an anderen Aufgaben, die sich auf das jeweilige Fach

Anforderungen an integrativen Unterricht

beziehen. Hier kann das Förderkonzept (sowohl inhaltlich als auch methodisch) besser auf den Klassenunterricht abgestimmt werden, auch die Modelle der (nichtbehinderten) Mitschüler bleiben erhalten. Die Gemeinsamkeit der Lerngruppe bleibt weitgehend erhalten, wenn auch hier ausgrenzende Effekte durch die Anwesenheit (und Zuständigkeit) des FL nicht ganz auszuschließen sind.

Für die Lehrkräfte bedeutet dies, dass zwar wie bei der Form (a) die Zuständigkeiten eindeutig geklärt sind, dass sie aber gegenseitig mehr Einblick in die pädagogische Arbeit erhalten. Es sind mehr Absprachen notwendig, als bei räumlich getrenntem Förderunterricht. Mitunter wird eine parallele Unterrichtsarbeit allerdings als Störfaktor angesehen. Diese Störung wird umso geringer sein, je mehr offene Formen des Unterrichts (Freiarbeit, Wochenplan etc.) eingesetzt werden – eine Veränderung der Unterrichtsform ist demnach angebracht.

(c) Förderlehrer und Regelschullehrer arbeiten als gleichberechtigtes Team im integrativen Unterricht (Team-teaching).

Beide Lehrer nehmen zeitweise verschiedene Rollen ein: Mal ist der FL für die individuelle Unterstützung einzelner Schüler (nicht nur des Integrationsschülers) zuständig und der RL leitet das Unterrichtsgeschehen, mal ist es umgekehrt. Als sinnvoll hat sich erwiesen, wenn sich beide Lehrkräfte für unterschiedliche (Lern-)Schwerpunkte zuständig fühlen (z. B. einer für Deutsch und den musischen Bereich, der andere für Mathematik und Sachkunde). Diese Form des Team-teaching erfordert zwar eine gewisse Anzahl von gemeinsam zu unterrichtenden Wochenstunden, ist jedoch auch zu realisieren, wenn der FL nicht ständig anwesend ist!

Erfahrungen haben gezeigt, dass zwar anfangs ein erhöhter zeitlicher Aufwand für Vorbereitung und Absprachen erforderlich ist. Wenn sich das Team gefunden hat, ist allerdings die Arbeitszufriedenheit durch die gleichwertige Tätigkeit beider Lehrkräfte erheblich größer als bei den anderen Formen – vor allem können beide Lehrkräfte voneinander profitieren (Kompetenztransfer).

Vorteile ergeben sich durch die Anwesenheit von zwei Lehrkräften nicht nur für den Integrationsschüler (er wird nicht ausgegrenzt), sondern auch für ein differenziertes Lernen aller Schüler.

Anforderungen an integrativen Unterricht

Am günstigsten hat sich in der Praxis eine Kombination aller drei Formen erwiesen: Zu besonderen Förderschwerpunkten nimmt der FL den Integrationsschüler aus der Klasse heraus, in anderen Unterrichtsstunden ist der FL mit im Klassenraum und einige Stunden werden in gemeinsamer Verantwortung beider Lehrkräfte durchgeführt *(siehe Kap. 6.1.3)*. Diese Kombination hat – in Verbindung mit der Unterrichtsgestaltung – auch Auswirkungen auf den für erforderlich gehaltenen Stundenumfang für die Förderung des Integrationsschülers: Je MEHR die pädagogische Verantwortung für den Integrationsschüler ausschließlich an den FL abgegeben wird und je MEHR der Unterricht lehrerzentriert ausgerichtet ist, desto MEHR zusätzliche Förderstunden werden für den Integrationsschüler als erforderlich angesehen!

Bedingungen der Kooperation

Ob Kooperation gelingt, hängt zwar in erster Linie von den äußeren (materiellen) Rahmenbedingungen ab: Wie viele Stunden steht der Förderlehrer zur Verfügung? Wie ist die zeitliche Verteilung? Wie weit ist der Anfahrtsweg des Förderpädagogen zur Regelschule? Wie viele Kinder mit sonderpädagogischem Förderbedarf sind in der Regelschulklasse? Entscheidend ist jedoch auch, in welches „Klima" die Zusammenarbeit eingebettet ist. Diese Seite der Kooperation wird vielfach unterschätzt. (Folgende Punkte in Anlehnung an SCHÖLER 1997, S. 20 f.)

Als _erschwerend_ für eine Kooperation kann angesehen werden:

1. Kurzfristige Entscheidung über den Einsatz des Förderpädagogen

Als ungünstig hat sich erwiesen, wenn die zu kooperierenden Lehrkräfte erst sehr spät (z. B. zum Schuljahresbeginn) von der Zusammenarbeit erfahren und deshalb keine/kaum Gelegenheit haben, sich in Ruhe auf die neue gemeinsame Arbeit vorzubereiten.

2. Unterschiedliche Arbeitsbedingungen

Wenn etwa die Arbeitsbedingungen der beiden Pädagogen unterschiedlich sind: so trifft etwa die Förderpädagogin erst kurz vor Unterrichtsbeginn in der Regelschulklasse ein (Fahrzeit, Verspätungen u. a.). Die Regelschullehrerin ist bereits seit der ersten Stunde in der Klasse.

Anforderungen an integrativen Unterricht

3. Anzahl der Kooperationspartner

Wenn die Kooperationserwartungen auf zu viele Lehrkräfte verteilt sind, wird die Abstimmung untereinander sehr zeitaufwändig – etwa wenn viele Fachlehrer in der jeweiligen Klasse unterrichten oder wenn die sonderpädagogische Förderung auf mehrere Lehrer verteilt ist. Bei mehr als drei Kooperationspartnern werden Absprachen grundsätzlich schwierig.

4. Druck von außen

Wenn die kooperierenden Lehrkräfte sich nicht von außen unterstützt fühlen (durch das Kollegium, durch den Schulleiter, durch das Regionalschulamt), sondern unter Druck stehen, in kurzer Zeit bestimmte Ergebnisse vorweisen zu müssen – etwa durch ständige Hospitationen, durch das Erstellen von Entwicklungsberichten in kürzeren Abständen.

5. Kooperationsarbeit wird nicht geschützt

Wenn Lehrkräfte ständig aus der Klasse genommen werden (etwa für Vertretungsstunden). Aber auch durch neidische Äußerungen im Kollegium: „Ihr habt es gut, ihr seid zu zweit!"

6. Zu hohe Erwartungen an den Kooperationspartner

Wenn etwa der eine sehr viel Zeit in die gemeinsame Arbeit investiert und das Gleiche vom anderen erwartet. Wenn gegenseitige Erwartungen an Veränderungen bestehen – z. B. im Hinblick auf den Unterrichtsstil.

Als die Kooperation *erleichternd* kann angesehen werden:

1. Freiwillige Wahl

Die Lehrkräfte hatten die Gelegenheit, sich gegenseitig zu wählen und sind sich sympathisch.

2. Gelegenheit für Absprachen

Es gelingt, einen (regelmäßigen) gemeinsamen Termin und einen Ort zu finden, an dem ausreichend Zeit und eine angenehme Atmosphäre für ungestörte Gespräche zur Verfügung stehen.

Anforderungen an integrativen Unterricht

3. Ähnliches Anspruchsniveau

Die Partner haben ähnliche Vorstellungen über ihr pädagogisches Konzept (z. B. Unterrichtsformen). Dies gilt auch bei unterschiedlicher formaler Qualifikation.

4. Gegenseitige Wertschätzung

Die Kooperationspartner erkennen gegenseitig ihre Arbeit (ihre Stärken, ihre Kompetenzen) an.

5. Kooperationserfahrungen

Wer bisher schon Zusammenarbeit praktiziert hat (z. B. mit Kollegen bei Projekttagen, beim gemeinsamen Erstellen von Unterrichtseinheiten, mit Horterziehern), hat es auch bei der Kooperation mit einem zweiten Lehrer in der Klasse leichter.

6. Gelegenheit für Hilfestellung

Effektive Zusammenarbeit entwickelt sich erst im Laufe der Arbeit. Dazu gehört auch die Bewältigung von Krisen (WOCKEN 1991). Dafür sollte Hilfestellung in Anspruch genommen werden können (evtl. durch Supervision).

Kooperation kann grundsätzlich nicht „verordnet" werden. Sie ist immer ein Entwicklungsprozess von zwei unterschiedlichen Personen mit ihren Ansichten, Erfahrungen – aber auch ihren Empfindlichkeiten. Diese müssen sich annähern, verstehen und evtl. auch gegenseitig abgrenzen.

Literatur:

SCHÖLER, **Jutta:** Leitfaden zur Kooperation von Lehrerinnen und Lehrern – nicht nur in Integrationsklassen, Heinsberg 1997

WOCKEN, **Hans:** Integration heißt auch: Arbeit im Team. Bedingungen und Prozesse kooperativer Arbeit. In: Pädagogik 46 (1991) 1, S. 18–22

Zum Weiterlesen:

BEWS, **Susanna:** Integrativer Unterricht in der Praxis. Erfahrungen – Probleme – Analysen. Innsbruck: Österr. Studienverlag, (2. aktualisierte Aufl.) 1996

EBERWEIN, Hans/KNAUER, Sabine: Rückwirkungen integrativen Unterrichts auf Teamarbeit und Lehrerrolle. In: EBERWEIN, Hans (Hrsg.): Handbuch Integrationspädagogik. Kinder mit und ohne Behinderung lernen gemeinsam. (Neuausgabe) Weinheim; Basel: Beltz, ⁴1997, S. 291–298

HAEBERLIN, Urs: Zusammenarbeit: Wie Lehrpersonen Kooperation zwischen Regel- und Sonderpädagogik in integrativen Kindergärten und Schulklassen erfahren. Bern; Stuttgart: Haupt 1992

KREIE, Gisela: Integrative Kooperation - Ein Modell der Zusammenarbeit. In: EBERWEIN, Hans (Hrsg.): Handbuch Integrationspädagogik. Kinder mit und ohne Behinderung lernen gemeinsam. (Neuausgabe) Weinheim; Basel: Beltz, ⁴1997, S. 285–290

MAHNKE, Ursula: Integrative Unterrichtsarbeit von Lehrerinnen und Lehrern als Entwicklungsprozess – am Beispiel einer Integrationsklasse in den neuen Bundesländern. In: Die Sonderschule 39 (1994) 5, S. 360–367

WOCKEN, Hans: Zur Aufgabe von Sonderpädagogen in integrativen Klassen. Eine theoretische Skizze. In: Behindertenpädagogik 35 (1996) 4, S. 372–376

5.4 Integrativer Unterricht in der Sekundarstufe

5.4.1 Bausteine

Sven Jacobs

Mit der folgenden Skizzierung von Bausteinen gemeinsamen Unterrichts in der Sekundarstufe I, die in ihren Grundzügen auf den Erkenntnissen aus dem Primarbereich aufbauen, wird schwerpunktmäßig auf Erfahrungen zurückgegriffen, die im Rahmen der Integrierten Gesamtschule (IGS) in Halle/S. gewonnen wurden. Diese Schule hat sich im Rahmen des Landesschulversuchs „Integrationsklassen im Team-Kleingruppen-Modell in der Sekundarstufe I" auf den Weg gemacht. Dabei sei darauf verwiesen, dass sämtliche Er-

Anforderungen an integrativen Unterricht

kenntnisse – insbesondere in Bezug auf das integrative Unterrichtskonzept – verallgemeinerbar und somit auf andere Schulen übertragbar sind.

So wie an diesem Beispiel erkennbar, ist der Ausgangspunkt von Schulentwicklungsprozessen häufig in der Veränderung des Unterrichts auszumachen:

„Die Einrichtung von Integrationsklassen in Schulen des Sekundarbereichs macht in einem ersten Schritt innovative Prozesse auf der Unterrichtsebene erforderlich, die sich an den Prinzipien Individualisierung, Differenzierung, Kooperation, Lebensweltorientierung sowie Selbsttätigkeit ausrichten und infolgedessen Unterrichtsformen wie Wochenplanarbeit, Freiarbeit, Gesprächskreise und Projektunterricht beinhalten (...)." (HEIMLICH/JACOBS 2001, S. 32).

Allerdings können Innovationen auf der Unterrichtsebene nicht isoliert betrachtet werden. Es müssen die pädagogisch Tätigen bzw. das Jahrgangsstufenteam, die Eltern, Prozesse auf der Schulebene sowie die Schülerinnen und Schüler mit einbezogen werden. Dieses verdeutlicht das *Ökologische Modell* integrativer Schulentwicklung von HEIMLICH (1999).

Integratives Unterrichtskonzept

Die Integration von Schülerinnen und Schülern mit sonderpädagogischem Förderbedarf in die Regelschule erfordert einen Unterrichtsrahmen, der es den einzelnen Schülerinnen und Schülern ermöglicht entsprechend ihren Bedürfnissen und Fähigkeiten arbeiten, lernen und leben zu können. Als besonders geeignet erweisen sich Unterrichtskonzepte, die auf Ideen der Reformpädagogik zurückgreifen, insbesondere die Organisationsform des Wochenplans, die als Leitfaden für die Schülerinnen und Schüler hinsichtlich des Arbeits- und Lernprozesses anzusehen ist: Innerhalb der Wochenplanstunden, aber auch zum Teil in den sich anschließenden Fachunterrichtsstunden, arbeiten die Schülerinnen und Schüler zu großen Teilen in ihrem eigenen Lern- und Arbeitsrhythmus. Den Kindern ist weitgehend freigestellt, ob sie alleine, mit einem Partner oder in der Gruppe die geforderten Aufgabenstellungen bewältigen. Der Wochenplan wird ergänzt und erweitert durch weitere offene Unterrichtsformen wie Lernzirkel bzw. Stationenarbeit und Gruppenarbeiten. Auch fächerübergreifende Lerneinheiten werden den Kindern angeboten, wobei

Anforderungen an integrativen Unterricht

im Rahmen des Schulversuchs an der IGS Halle/S. (es handelt sich nicht um ein durchgängiges Prinzip an dieser Schule!) primär naturwissenschaftliche Fächer gekoppelt werden *(siehe Kap. 5.4.3)*.

Erweiterter Bildungsbegriff

Diesem Unterrichtskonzept liegt ein erweiterter Bildungsbegriff zugrunde wie ihn unter anderem Klafki (1991) fordert. Innerhalb dieses Bildungsverständnisses behält der Erwerb fachlicher Kompetenzen weiterhin einen zentralen Stellenwert. Darin unterscheidet sich also der zugrunde liegende Bildungsbegriff nicht von der weitverbreiteten Praxis an den Schulen Deutschlands, in denen die Fachkompetenz als Bildungsziel im Mittelpunkt der Ausbildung steht. Mit Blick auf den konkreten Unterricht lassen sich aber gravierende Unterschiede feststellen. Unterricht wird häufig primär als fachliche Belehrung definiert, d. h. die Lehrerinnen und Lehrer bereiten fachliche Inhalte auf und vermitteln diese frontal, das Wissen muss von den Schülerinnen und Schülern rezeptiv (d. h. aufnehmend) erworben werden. Im Rahmen des integrativen Unterrichtskonzeptes der IGS Halle/S. hingegen sollen die Schülerinnen und Schüler darüber hinaus soziale, kommunikative und kooperative Kompetenzen erlangen, bzw. sich diese durch einen von den pädagogisch Tätigen initiierten Lernprozess aneignen *(siehe Kap. 5.4.2)*.

„Darin sind sich die Bildungsverantwortlichen hierzulande weithin einig. Selbstbestimmung, Mitbestimmung und Selbstverantwortung sind entsprechende Bildungskategorien, wie sie von namhaften Pädagogen ausgewiesen werden." (KLIPPERT 1998, S.18). Diese Erweiterung des Bildungsverständnisses und somit der Aufgabenverantwortung der Schule ist unter anderem hinsichtlich der Chancen der Schulabgänger auf dem Arbeitsmarkt zu bewerten. Die Wirtschaft fordert beispielsweise von ihren Mitarbeitern, dass diese in der Lage sind, selbstständig Entscheidungen zu treffen, sozial kompetent sind und miteinander kooperativ arbeiten können. Innerhalb heutiger Familienstrukturen (z. B. Ein-Kind-Familien/Ein-Eltern-Familien) sowie der modernen Medien und Konsumkultur, in der unsere Kinder aufwachsen, ist der Erwerb sozialer, kommunikativer und kooperativer Kompetenzen aber nicht unbedingt zwangsläufig gegeben, sodass diese Lernprozesse in den Verantwortungsbereich der Schule fallen.

Anforderungen an integrativen Unterricht

Methodische, kommunikative und kooperative Kompetenzen als Basis

Ein geöffneter Unterricht erfordert etwa von den Schülerinnen und Schülern, dass sie sich Texte selbstständig erschließen und diese strukturieren können, ggf. Fremdwörter oder weitere wichtige Fakten und Informationen erschließen, indem sie den Duden und/oder andere Nachschlagewerke zur Hilfe nehmen. Erforderliche Methodenkompetenzen können ebenso wenig vorausgesetzt werden wie kommunikative und kooperative Kompetenzen. Die Aneignung von Methoden, das Kommunizieren sowie das Kooperieren muss vielmehr im Rahmen eines aktiven Aneignungsprozesses gelernt und geübt werden.

An der IGS etwa wird zu Beginn der Fünften Klasse eine Projektwoche zur Thematik *Methodenkompetenz* durchgeführt, wobei die Schülerinnen und Schüler an verschiedenen Stationen mit unterschiedlichen methodischen Anforderungen konfrontiert werden und sich somit methodische Kompetenzen aktiv erarbeiten. Auch kommunikative Kompetenzen erfahren innerhalb eines geöffneten Unterrichts besondere Aufmerksamkeit und gelangen facettenreich zur Anwendung. Diese „(...) reichen vom freien Sprechen, Berichten, Argumentieren und Vortragen über Partner- und Gruppengespräche bis hin zum kontrollierten Zuhören, Diskutieren, Debattieren und Verhandeln (...)." (KLIPPERT 1999b, S. 18).

Methodische und kommunikative Kompetenzen können als Voraussetzungen für die Teamarbeit der Schülerinnen und Schüler gesehen werden, wobei eine definitorische Trennung in der Praxis nur schwer zu vollziehen ist.

Während die Schülerinnen und Schüler bei vielen Aufgabenstellungen innerhalb des Wochenplanes die Entscheidungsfreiheit haben, ob sie alleine, mit einem Partner oder einer Kleingruppe arbeiten, stellt beispielsweise die Gruppenarbeit eine Unterrichtsform dar, bei der kooperative Kompetenzen (also die Fähigkeit effektiv zusammenzuarbeiten) erforderlich sind. D. h. der Erfolg der Gruppe hängt maßgeblich davon ab, ob die Gruppenmitglieder in der Lage sind ihre individuellen Fähigkeiten und Kompetenzen innerhalb eines gemeinsamen Arbeitsprozesses zusammenzuführen, um komplexe Aufgabenstellungen im Team zu bewältigen.

Anforderungen an integrativen Unterricht

Der besondere Schwerpunkt auf *methodischen, kommunikativen und kooperativen Kompetenzen als Basis* sollte in diesem Kontext aber nicht dahingehend missverstanden werden, dass einer Öffnung des Unterrichts zunächst die Beherrschung der angeführten Kompetenzen vorausgehen muss. Maßgebend ist, dass sich die pädagogisch Tätigen bewusst sind, welche Fähigkeiten sie den Schülerinnen und Schülern innerhalb eines geöffneten Unterrichts abverlangen. Genau wie sich Schülerinnen und Schüler beispielsweise Rechenoperationen oder die deutsche Grammatik schrittweise erschließen und erlernen müssen, muss die Aneignung der angeführten Kompetenzen ebenso als Lernprozess betrachtet werden, der vom Lehrer bewusst initiiert und angeleitet werden sollte.

Zu Recht weisen Lehrerinnen und Lehrer darauf hin, dass die Vermittlung der Fachinhalte ohnehin schon in einem engen zeitlichen Rahmen zu verwirklichen ist. Daher sind die angeführten Basiskompetenzen weniger als „zusätzliche Lerninhalte" zu sehen, vielmehr ermöglichen diese, das Lernen von Fachinhalten zu effektivieren und zu intensivieren.

Im Rahmen eines geöffneten Unterrichts, der die Schülerinnen und Schüler ganz bewusst mit ihren Fähigkeiten und Bedürfnissen in den Mittelpunkt stellt, verändert sich zudem die Position der Lehrerinnen und Lehrer. Diese sind nicht mehr allwissende Vermittler von Unterrichtsinhalten, vielmehr nehmen sie eine beratende, unterstützende Funktion ein, in der sie den Prozess der selbstständigen Arbeit begleiten und bei Bedarf unterstützen.

Zudem beinhaltet die Perspektive von selbstständig, selbstbestimmt und selbsttätig arbeitenden Schülerinnen und Schülern durchaus auch Entlastungen für die Lehrerinnen und Lehrer, auch wenn von ihnen zunächst didaktisch-methodische Mehrarbeit zu bewältigen ist. Die Entlastungsfunktion hingegen wird von den pädagogisch Tätigen auf ihre neue Rollendefinition, sich ergebene Helfersysteme zwischen den Kindern sowie auf eine daraus resultierende offene, positive Unterrichtsatmosphäre zurückgeführt (vgl. KLIPPERT 1999a).

Das Ziel ist das eigenverantwortliche Lernen und Arbeiten der Schülerinnen und Schüler. Dieses Arbeiten und Lernen findet innerhalb einer sozialen Struktur statt, die die Bedürfnisse und Fähigkeiten

Anforderungen an integrativen Unterricht

der Schülerinnen und Schüler zu berücksichtigen versucht. „Denn irgendwie braucht jeder Mensch einen sozialen Referenzrahmen, von dem er Wohlbefinden, Anerkennung, Unterstützung, Bestätigung und in gewisser Weise auch Geborgenheit ableitet. Die Lerngruppe im Unterricht ist ein solches Referenzsystem." (KLIPPERT 1999a, S. 37 f.).

Literatur:
Heimlich, Ulrich/JACOBS, Sven (Hrsg.): Integrative Schulentwicklung im Sekundarbereich. Das Beispiel der Integrierten Gesamtschule Halle/Saale, Bad Heilbrunn/Obb.: Klinkhardt, 2001

HEIMLICH, **Ulrich:** Der heilpädagogische Blick – Sonderpädagogische Professionalisierung auf dem Weg zur Integration. In: Heimlich, Ulrich (Hrsg.): Sonderpädagogische Fördersysteme. Auf dem Weg zur Integration. Stuttgart, Berlin, Köln: Kohlhammer 1999, S. 163–182

KLAFKI, **Wolfgang:** Neue Studien zur Bildungstheorie und Didaktik. Zeitgemäße Allgemeinbildung und kritisch-konstruktive Didaktik. Weinheim und Basel: ²1991

KLIPPERT, **Heinz:** Methoden-Training. Übungsbausteine für den Unterricht. Weinheim u. Basel: Beltz ⁸1998

KLIPPERT, **Heinz:** Teamentwicklung im Klassenraum. Übungsbausteine für den Unterricht. Weinheim u. Basel: Beltz ³1999a

KLIPPERT, **Heinz:** Kommunikations-Training. Übungsbausteine für den Unterricht. Weinheim u. Basel: Beltz ⁶1999b

5.4.2 Soziales Lernen in der Klasse

Elke Ebert

Zunächst ein Beispiel aus dem Unterricht einer Integrationsklasse der Gesamtschule (IGS) in Halle/S.:

Peter ist dran mit Reden. Wie fast immer zuckt er zunächst die Schultern, schüttelt den Kopf und weicht meinen Blicken aus. Doch dann fällt ihm etwas ein, und er fängt an zu erzählen. Er sagt, dass er die Treffpunkte bei der Klassenradtour am vergangenen Wochenende am spannendsten und

Anforderungen an integrativen Unterricht

lustigsten fand. Besonderen Spaß hatte er an den Verabredungen, die ungenau getroffen waren und wo es dann länger dauerte, bis wir uns fanden. Peter kann nicht Radfahren, besitzt gar kein Fahrrad. Er hat oft auch Schwierigkeiten, wenn er von zu Hause weg ist. Und erst recht nicht wollte er im Zelt schlafen. Es hat uns Tutorinnen und seine Mitschülerinnen und Mitschüler einige Überredung gekostet, dass er überhaupt mitkam und in den elterlichen Begleitfahrzeugen sozusagen auf seine Weise teilnahm. Doch er war dabei. Und jetzt erzählt er begeistert und lachend, und die anderen werden zunehmend aufmerksamer, stellen Gespräche mit dem Nachbarn ein, hören ihm zu, bestärken ihn, indem sie ihn ansehen und ihm zunicken, sich mit ihm freuen, ihm Fragen stellen. Das ist einer jener Momente, wo mir warm wird: Gelungene Integration.

Erreicht wurde dies auch durch intensive Arbeit mit der Klasse. Eine Arbeit, die unerlässlich ist, wenn es Kinder mit Beeinträchtigungen in der Klasse gibt, die aber auch für alle anderen unverzichtbarer Teil des Klassenzusammenhalts geworden ist *(siehe Kap. 5.4.1)*.

Zusammenleben in Gruppen muss man üben. Es unterliegt Gesetzen, und nichts entwickelt sich von selbst. Eine Ansammlung von Individuen, die jede Klasse anfänglich darstellt, soll zu einer arbeitsfähigen Gruppe werden, in die man auch gern kommt, wenn nicht gearbeitet werden muss. Dafür ist einiges zu tun. Gezielte Interventionen des Lehrers je nach Entwicklungsstand der Gruppe sind nötig, man braucht Geduld und Geschick und lebt mit der Möglichkeit von Rückschlägen. Andere Arbeitsweisen und verschiedene Sozialformen im Unterricht gehören ebenso dazu wie die an unserer Schule üblichen Tutorenstunden, die zentrale Elemente des sozialen Lernens darstellen und damit unverzichtbar im pädagogischen Prozess sind *(siehe Kap. 5.4.3)*. Sie finden wöchentlich, in einigen Jahrgängen alle zwei Wochen statt. Die Tutoren agieren hier nicht als Fachlehrerinnen und -lehrer, sondern planen und gestalten die Tutorenstunden, um Probleme oder Vorhaben zu besprechen und soziales Lernen gezielt zu initiieren. Zwar ist soziales Lernen ganz natürlich auch Bestandteil des Unterrichts, dennoch muss manches Problem strukturiert bearbeitet oder manches Thema detailliert besprochen werden. Es ist gut, auf diese Weise Raum dafür zu haben.

Wenn man die Frage beantworten will, warum soziales Lernen wichtig ist, ergeben sich dabei gleich mehrere Aspekte: Zum einen ist

Anforderungen an integrativen Unterricht

der Erwerb von Teamkompetenz seit Ende der Achtzigerjahre eine der wichtigsten Forderungen der Wirtschaft geworden. In einer Zeit, in der sich die Halbwertszeit von Wissen rapide verkürzt, kann nur der in einer komplexen Lebens- und Arbeitswelt bestehen, der es vermag, mit anderen zu kooperieren, der nicht nur Wissen hat, sondern vor allem auch weiß, wie er es sich beschaffen kann.

„Nicht Eigenbrötler, auch nicht einsame Tüftler sind in der Regel gefragt, sondern auf Kooperation, auf den Austausch von Informationen, Erfahrungen, Verbesserungsvorschlägen ausgerichtete Mitarbeiter. Zusammenarbeit im Betrieb ist zwingend. Vor allem die neuen betrieblichen Organisationsformen sind wesentlich auf Kooperation angelegt."(IHK o. J., S. 5) Methodenkompetenz und Teamkompetenz sollten gerade aufgrund dieser Schwerpunktsetzung bereits in der Schulzeit verstärkt eine Rolle spielen.

Zum anderen wirkt sich soziale Kompetenz auch auf die Unterrichtsarbeit aus. Eine produktive Lernatmosphäre kann aber nur dort entstehen, wo neben den Sachinhalten auch das Individuum und die Beziehungen untereinander eine Rolle spielen. *Störungen haben Vorrang*, dieses Postulat aus der von Ruth Cohn begründeten TZI (Themenzentrierten Interaktion) findet viel zu wenig Beachtung und ist nach meiner Erkenntnis dennoch so existenziell wichtig für alle Arbeitsgruppen, erst recht für Schulklassen. Denn wo immer Störungen auftreten, beeinflussen sie destruktiv das Geschehen, ob wir dies wollen oder nicht.

„Das Postulat, dass Störungen und leidenschaftliche Gefühle Vorrang haben, bedeutet, dass wir die Wirklichkeit des Menschen anerkennen; und diese enthält die Tatsache, dass unsere lebendigen, gefühlsbewegten Körper und Seelen Träger unserer Gedanken und Handlungen sind. Wenn diese Träger wanken, sind unsere Handlungen und Gedanken so unsicher wie ihre Grundlagen." (COHN 1997, S. 122).

Ich finde es geradezu hilfreich, mit diesem Hintergrund zu arbeiten, denn er befreit von dem Druck, immer alles in der Hand haben zu müssen und ein schlechter Lehrer zu sein, wenn nicht alles läuft wie geplant. Störungen auszuräumen und zu bearbeiten, Kinder mit dem Handwerkszeug zu versehen, dass sie dies zunehmend selbst können, halte ich für unerlässlich, wenn man vielseitig gebildete Menschen erziehen will.

Anforderungen an integrativen Unterricht

Last but not least ist es dringend geboten, Kinder auf ein Zusammenleben innerhalb der Gesellschaft vorzubereiten und sie dazu zu befähigen.

„Unser demokratisches Gemeinwesen steht und fällt mit der Bereitschaft und Fähigkeit der Menschen, sich in sozialen Gruppierungen engagiert und konstruktiv zu betätigen, Verantwortung zu übernehmen und Diskussionen sensibel zu führen, Kritik zu äußern und Kritik anzunehmen, Solidarität zu leben und die Würde der Mitmenschen zu respektieren." (KLIPPERT 1999a, S. 43).

In einer komplizierter und spezialisierter werdenden Welt, wo sich das Lebenstempo immer mehr erhöht, sollte sich Schule auch dem Anspruch stellen, nicht nur Ausbildungs-, sondern auch Bildungsstätte zu sein. Wenn Schüler die Schule verlassen, sollen sie lebenstauglich, dem Leben gewachsen sein. Deshalb muss Schule gerade auch Erfahrungsraum sein, wenn es um das Miteinander geht. „Wenn man Schüler mit dem Festhalten von Informationen und dem Einhalten borniter Regeln auslastet, dann haben sie nicht gelernt, was man in dieser Gesellschaft vor allem braucht: Mut, unbequeme Fragen zu stellen." (HENTIG 1998, S. 16).

Mag sein, dass dies auch für Lehrerinnen und Lehrer oft unbequem ist. Ich habe es jedoch auch immer als Möglichkeit für mein eigenes Weitergehen gesehen. Denn Entwicklung vollzieht sich immer in Widersprüchen. In der Auseinandersetzung damit, nicht im Zudecken derselben, liegen Chancen für neue Wege und gemeinsames Weiterlernen.

All dies muss entsprechend dem Alter und Entwicklungsstand der Kinder gelernt und immer wieder geübt werden. Deshalb ist es von einer bestimmten Altersstufe an wichtig, dass die Schülerinnen und Schüler lernen, ihre Angelegenheiten selbst zu regeln. Zu diesem Zweck gibt es den Klassenrat, der ein Selbstverwaltungsorgan der Schüler einer Klasse sein soll. Dies bedeutet, dass die Tutorinnen und Tutoren bei diesen Veranstaltungen zwar anwesend sind, auch gleichberechtigt mit den Kindern eine Stimme haben, sich aber zurückhalten. Die Schülerinnen und Schüler selbst machen die Themenvorschläge, legen eine Tagesordnung fest, leiten die Diskussion, fassen Beschlüsse und kontrollieren deren Einhaltung. Meist werden hier zunächst die Klassensprecher aktiv, alle Schüler sollten sich

Anforderungen an integrativen Unterricht

jedoch nach und nach die Fähigkeiten aneignen, um den Klassenrat leiten zu können. Dies setzt natürlich einen gewissen Entwicklungsgrad des Miteinanders voraus, stärkt aber auch die Zusammengehörigkeit und das Verantwortungsbewusstsein und schafft ein Stück konkret gelebte Demokratie.

Aus all dem ist bereits ersichtlich, dass Sozialkompetenz recht weit gefasst werden kann. Eine Vielzahl von Kompetenzen muss in oft mühevollen, langwierigen Prozessen benannt und entwickelt werden.

In erfolgreichen Klassen verstehen und akzeptieren sich alle gegenseitig. Es wird offen kommuniziert und miteinander kooperiert. Die Kinder fühlen sich für ihr Lernen und Verhalten verantwortlich. Entscheidungen werden nach festgelegten Verfahrensregeln getroffen. Mit Problemen wird offensiv umgegangen, Konflikte werden auf konstruktive Weise zu lösen versucht (vgl. STANFORD 1998, S. 13).

Auf dem meist mühevollen und keineswegs linearen, wenngleich lohnenden Weg zu diesem Ziel durchläuft eine Gruppe mehrere Stadien (vgl. STANFORD, 1998, S. 15 f.). Dabei gilt es vielfältige Lernfelder zu bearbeiten, z. B. Sichkennenlernen, Angst abbauen, Entspannung finden, Selbst- und Wahrnehmung anderer entwickeln, Beziehungen herstellen, situationsadäquat kommunizieren, mit Konfrontationen umgehen, Konflikte gewaltfrei austragen, Kooperation üben und Entscheidungen treffen.

Diese Lernbereiche können auf verschiedene Art bearbeitet werden. Besonders gut geeignet dafür erscheinen mir erfahrungsbezogene Aktivitäten, weil sie sich auch deutlich von herkömmlichem Unterricht unterscheiden und damit gut bei den Schülerinnen und Schülern auf- und angenommen werden. Es gibt eine reichhaltige, gute und meist leicht zu handhabende Sammlung von Literatur zu Interaktionsspielen und gruppendynamischen Übungen *(siehe Hinweise am Ende des Beitrages)*. Hierbei werden aus den komplexen Aspekten von wirklichen Gruppensituationen einige wichtige Elemente isoliert und in den *künstlichen* Kontext eines durch Spielregeln bzw. einer engen Handlungsvorgabe strukturierten Handlungsschemas gestellt. Damit können die Schülerinnen und Schüler Schwerpunkte darstellen und neu setzen, verschiedene Möglichkeiten ausprobieren, zu neuen Einsichten gelangen oder Verhaltensweisen einüben. Oft werden dabei

Anforderungen an integrativen Unterricht

erstaunliche Lerneffekte erzielt. Nicht zu unterschätzen ist aber auch der Spaß am Spielen, denn es geht nicht nur um intellektuelle Einsicht, sondern auch um Einbeziehung des ganzen Menschen, seiner Gedanken und Gefühle, seiner Wünsche und Neugierde. Berücksichtigen sollte man, dass Jugendliche in der Pubertät ein zwiespältiges Verhältnis zum Spielen haben, weil sie sich gerade neu definieren müssen und Spiele in ihrer neuen Erwachsenenwelt keinen Platz zu haben scheinen. Dies muss man ernst nehmen und besonders in dieser Altersgruppe entsprechend feinfühlig und flexibel bei Auswahl und Einsatz solcher Spiele und Übungen sein. Wichtig ist immer die abschließende Auswertung im Stuhlkreis für ein Feedback und das Bewusstwerden dessen, was geschehen ist oder geschehen soll.

Übt man Zusammenleben und -arbeiten konsequent und auf diese Weise (wobei auch gemeinsame Unternehmungen und Feiern wichtig sind und Gemeinschaft erzeugen und pflegen), wird auch das Lernen im Unterricht und natürlich das Klima in der Schule davon profitieren. Möglicherweise erzeugt es zufriedenere Lehrerinnen und Lehrer und Schülerinnen und Schüler und das in den letzten Jahren zunehmend ins öffentliche Bewusstsein gerückte Problem der Gewalt in Schulen hätte vielleicht nicht diese Ausmaße. Indem wir mithelfen, bei Kindern und Jugendlichen die Fähigkeit zur Selbstbestimmung, die Fähigkeit zur Mitbestimmung und die Fähigkeit zur Solidarität (vgl. KLAFKI 1992, S. 7) zu entwickeln, wird Schule vielleicht das, was sie eigentlich idealerweise sein soll: eine demokratische Einrichtung.

Literatur:

COHN, Ruth: Von der Psychoanalyse zur themenzentrierten Interaktion. Stuttgart: Klett-Cotta 1997

HENTIG, Hartmut von: „Bildung kann keine Erwerbsberufe anbieten". In: die tageszeitung, 29. April 1998, S. 16 f.

IHK: Was erwartet die Wirtschaft von den Schulabgängern? Hrsg. von den Industrie- und Handelskammern in Nordrhein-Westfalen. o. J.

KLAFKI, Wolfgang: Lernen in Gruppen: Ein Prinzip demokratischer und humaner Bildung an allen Schulen. In: Pädagogik 47 (1992) 1, S. 6 ff.

Anforderungen an integrativen Unterricht

KLIPPERT, **Heinz:** Teamentwicklung im Klassenraum. Übungsbausteine für den Unterricht. Weinheim u. Basel: Beltz ³1999

STANFORD, **Gene:** Gruppenentwicklung im Klassenraum und anderswo. Praktische Anleitungen für Lehrer und Erzieher. Aachen-Hahn: Hahner ⁵1998

Zum Weiterlesen:

BADEGRUBER, **Bernd:** Spiele zum Problemlösen. Band 2: für Kinder im Alter von 9 bis 15 Jahren, Linz: Veritas 1994

BÖTTGER, **Gudrun**/REICH, **Angelika:** Soziale Kompetenz und Kreativität fördern. Spiele und Übungen für die Sekundarstufe I, Berlin: Cornelsen Scriptor 1998

GUDJONS, **Herbert:** Spielbuch Interaktionserziehung. 185 Spiele mit Übungen zum Gruppentraining in Schule, Jugendarbeit und Erwachsenenbildung. Bad Heilbrunn/Obb.: Klinkhardt 1995 (6. überarb. Aufl.)

KLIPPERT, **Heinz:** Kommunikations-Training. Übungsbausteine für den Unterricht II, Weinheim; Basel: Beltz 1996

PETERMANN, **Franz:** Sozialtraining in der Schule, Weinheim: Psychologie Verlags Union Beltz ²1999

PORTMANN, **Rosemarie:** Spiele zum Umgang mit Aggressionen, München: Don Bosco 1996 ²1996

WALKER, **Jamie:** Gewaltfreier Umgang mit Konflikten in der Sekundarstufe I, Frankfurt/M.: Cornelsen Scriptor 1995

5.4.3 Fächerübergreifender Unterricht

Barbara Beetz

Unsere Motive

Im Zusammenhang mit der Suche nach neuen Formen des Lernens in einem integrativen Unterricht stellte sich uns an der Gesamtschule (IGS) in Halle/S. auch die Frage nach den Themen und Inhalten, die wir mit Kindern und Jugendlichen sehr unterschiedlicher Begabun-

Anforderungen an integrativen Unterricht

gen bearbeiten wollten. Wie so oft gab die Integration von Kindern mit Lernschwierigkeiten in Klassen der Sekundarstufe I einen Anstoß für Veränderungen, die allen Kindern gut tut. Deshalb möchte ich im weiteren Text nicht gesondert auf diese Kinder eingehen.

Es war uns bewusst, je offener wir den Unterricht gestalten, desto eher wird es uns gelingen, der verschiedenartigen Weltaneignung aller Kinder einer Klasse gerecht zu werden. Dieser gewährte Freiraum kann auch eine Selbstständigkeit der Kinder und Jugendlichen im Denken und Handeln bewirken, die von der heutigen Gesellschaft als wichtiges Erziehungsresultat von Schule erwartet wird *(siehe Kap. 5.4.1)*.

Neben Wochenplanarbeit, Methodentraining und sozialem Lernen als ständige Unterstützung für die Wissensaneignung *(siehe Kap. 5.4.2)*, entschieden wir uns dafür, die naturwissenschaftlichen Fächer nicht getrennt, sondern da, wo es sich vom Inhalt her anbot, fächerübergreifend zu unterrichten. Und es bietet sich sehr oft an. Wenn Schulen wie bei uns im Team-Kleingruppen-Modell arbeiten (jeweils acht Stammlehrer in einer Klassenstufe), bietet sich eine gute Voraussetzung für diesen Art von Naturwissenschafts-Unterricht.

„Ein nicht zu unterschätzendes Motiv für die praktische Realisierung fächerübergreifenden Lernens ist der Wunsch vieler Kolleginnen und Kollegen, über die Belange der eigenen Lehraufträge hinaus mit anderen Lehrerinnen und Lehrern des Kollegiums zusammenzuarbeiten und sich über die gemeinsame Durchgestaltung der Schule zu verständigen. Ein hierfür zweifellos notwendiger Mehraufwand an Kommunikation und Kooperation zeigt jedoch, dass vor allem auf der Sekundarstufe ein hoher Gegenwert in Aussicht steht, wenn das isolierte Nebeneinander überwunden wird." (DUNKKER/POPP 1997, S. 11).

Geübt in produktiver Zusammenarbeit lassen sich in kürzerer Zeit komplexe Themenblöcke als Ganzes fachgerecht aus mehreren Blickwinkeln beleuchtet vorbereiten. Arbeitsökonomie, Ideenreichtum und die hohe Akzeptanz durch die Schülerinnen und Schüler wirken mit der Zeit fast selbststimulierend auf diese gemeinsame Art der Unterrichtsvorbereitung. Durch diese Zusammenarbeit hat sich auch das Selbstverständnis unserer Lehrerrolle verändert. Der Mittelpunkt unseres Tuns wurde immer mehr das Kind mit seinen Bedürfnissen. Die Stoffverteilungspläne wichen in den Hintergrund.

Anforderungen an integrativen Unterricht

Wir mussten uns nun, trotz langjähriger Erfahrung im Fachunterricht, noch einmal bei der Vorbereitung unseres Unterrichts fragen, was bei jedem Thema die für die Kinder und ihr Begreifen der Welt unabdingbaren Inhalte sind. Dies setzte viel Kreativität frei um den Schülerinnen und Schülern möglichst viel Freude beim Lernen zu bereiten.

„Fächerübergreifendes Lernen rekonstruiert die Welt nicht nur von bereits bestiegenen Plattformen aus, die über (Schul-)Generationen hinweg im Gelände der Komplexität fest abgesichert werden, sondern es sucht selbst nach neuen Positionen und Standorten, um von dort gewinnbringende Blicke auf die Wirklichkeit zu werfen. Fächerübergreifendes Lernen setzt ein Kreatives Spiel frei mit Ordnungskategorien, mit Standpunkten, Netzen und Perspektiven, und ermöglicht damit auch den Gewinn einer Methodenebene in der Erkenntnis." (DUNCKER 1997, S. 126).

Es war für uns wichtig, nicht allein mit unserer Reform gelassen zu sein. Die wissenschaftliche Begleitung gab uns nicht nur die Möglichkeit, gezielt an Literatur und Material heranzukommen, sondern half uns auch durch ihre neugierige Aufmerksamkeit gegenüber unserem Tun und durch ihre Ermunterung, nicht nur *im* Team, sondern auch *am* Team zu arbeiten (vgl. SCHLEY 1992, S. 341).

Unsere Argumente

Vergleicht man die Rahmenrichtlinien der naturwissenschaftlichen Fächer untereinander, so stellt man fest, dass häufig die gleiche Thematik von mehreren Fächern vermittelt werden soll, und dies oft noch zum gleichen Zeitpunkt, wie zum Beispiel die *Eigenschaft von Stoffen* in Physik und Chemie. Im Fachunterricht führt dies zu einer Zersplitterung des Denkens anstelle einer wünschenswerten ganzheitlichen Weltsicht.

Inzwischen ist die Anzahl der Naturwissenschaftsstunden pro Woche so stark gesunken (in Sachsen-Anhalt etwa eine Wochenstunde Biologie von Klasse 6 bis 10), dass dieser *Häppchen-Unterricht* (MEMMERT 1997) eine Vertiefung eines Themas verhindert. Wir wollen, dass Kinder in Muße einer Frage nachgehen können und Zeit haben, sich in Ruhe auf etwas einzulassen. Dies wird erst möglich, wenn man in mehreren Naturwissenschaftsstunden am gleichen Thema arbeitet. So haben die Schülerinnen und Schüler bis zu fünf

Anforderungen an integrativen Unterricht

Stunden in der Woche Zeit, sich einer Sache von vielen Seiten zu nähern.

Lässt man Kinder (aber auch Erwachsene) als Einstieg in ein Thema assoziativ Begriffe zu einem lebensrelevanten Lernschwerpunkt wie *Wasser, Luft* oder *Bewegung* aufschreiben, so wird deutlich, dass zum vollständigen Behandeln das Wissen einer oder oft auch dreier Naturwissenschaften hierfür nicht ausreicht. Es bedarf oft auch des Wissens der Medizin, Geschichte, Geografie oder Kunst.

Formuliert man das Thema nicht aus der Fachsystematik heraus, wie zum Beispiel *Wärmelehre*, sondern aus dem Erfahrungsbereich der Kinder *Draußen ist es kalt*, bekommt das Kind viel eher die Gelegenheit, seine Fragen zu stellen und seine Antworten zu finden. Letztere Themenstellung beinhaltet jedoch sowohl die Biologie (Wie überwintern Tiere und Pflanzen? Wie schütze ich mich vor Kälte?), als auch die Chemie (Warum friert ein See von oben?) und die Physik (Wie ist eine Thermoskanne gebaut?).

Um eine Thematik zum Thema der Kinder werden zu lassen, ist es wichtig, die Kinder in die Planung des Unterrichts mit einzubeziehen. Dies kann dadurch geschehen, dass die Schülerinnen und Schüler zu Anfang Fragen zum Stoff stellen, diese dann ordnen und zum Schluss für jeden Fragenkomplex eine Überschrift finden.

Von uns wird besonderer Wert gelegt auf ein hohes Maß an Handlungsorientierung, Selbstständigkeit und Methodenvielfalt. Der ganze Mensch soll mit all seinen Fähigkeiten, *mit Kopf, Herz und Hand* aktiviert werden. Etwa beim Thema *Sehen und gesehen werden*, das sowohl optische Geräte und ihre Nutzung in der Biologie, als auch den Bau des Auges beinhaltet, wurde beobachtet (Kleinstlebewesen im Teichwasser), etwas hergestellt (eine Camera obscura, ein Fernrohr aus alten Brillengläsern, Frischpräparate zum Mikroskopieren), etwas untersucht (das Rinderauge), etwas im Mikroskop betrachtet und gezeichnet, in Büchern nachgeschlagen (Strahlengang optischer Geräte), Puzzlespiele zum Bau und zur Funktion des Mikroskops gespielt und ein Vertrauensspaziergang unternommen. Ausgangspunkt der Erkenntnisentwicklung waren lebensweltliche Erfahrungen mit den Dingen selbst.

Durch das Anbieten einer Methodenvielfalt verfügen Schülerinnen und Schüler nach und nach selbst über die Methoden und sie werden

Anforderungen an integrativen Unterricht

von ihnen erkannt als Verfahren um zu Wissen zu gelangen. Methodenvielfalt verspricht zudem mehr Abwechslung für die Schülerinnen und Schüler und eine größere Chance, für jeden den richtigen Zugang zum Thema zu finden. Überraschend war übrigens, dass Material zum Puzzeln, das vor allem für Kinder mit besonderem Förderbedarf hergestellt wurde, auch viele andere Kinder gerne als Lernhilfe benutzten.

Die Struktur des Unterrichts

Wie auch von DUNCKER (1997, S. 127) festgestellt, liegt ein Problem des fächerübergreifenden Unterrichts in seiner Struktur. Eine Struktur, mit der wir arbeiten, ist die der Projektgruppe PING-Schleswig-Holstein (PING 1996). Die Unterrichtsthemen werden nach Leitfragen strukturiert. Zum Beispiel lauten sie für das Thema: *„Wir ernähren uns"*
– Wie ernähre ich mich, du dich, wir uns?
– Wie geschieht das Ernähren?
– Was bewirkt das Ernähren?
– Wie ernähren sich Menschen anderer Kulturen?
– Was ist gute/schlechte Ernährung?
– Was können wir tun, damit wir uns menschengerechter und naturverträglicher ernähren?

Begonnen wird immer mit der ersten Leitfrage. Das Kind mit seinen Erfahrungen und seinem Wissen ist der Ausgangspunkt. Und am Schluss steht als Möglichkeit für eine reelle Veränderung des eigenen Verhaltens die letzte Leitfrage. Die übrigen Leitfragen können in beliebiger Reihenfolge behandelt werden.

In diese vorgegebene Struktur ordnen die Schülerinnen und Schüler zu Anfang der Unterrichtseinheit ihre Fragen zu diesem Thema zu. Zusammen mit der Klasse wird dann nach und nach die Themenlandkarte ausgefüllt, die im Klassenzimmer aushängt. Spontan sich ergebende Lern-Umwege können jederzeit aufgenommen werden. Somit ist ein systematischer Aufbau gewährleistet, der aber Umwege offener Lernsituationen aufzunehmen vermag (DUNCKER 1997, S. 127).

Themen, denen von uns diese Struktur gegeben wurde, lassen wir meist als Gruppenarbeit bearbeiten. Jede Gruppe erhält einen Hefter mit Arbeitsvorschlägen, die von uns nach Interesse der Schülerinnen und Schüler (ergänzt durch unsere Vorüberlegungen) zusammenge-

Anforderungen an integrativen Unterricht

stellt und nach Leitfragen geordnet sind. Ein Teil der Aufgaben ist von allen Schülern zu erfüllen (Fundamentum), ein anderer dient zur Interessen- und Leistungsdifferenzierung.

Für fächerübergreifendes Lernen eignen sich aber auch Lernzirkel als Struktur. Arbeiten mehrere Lehrerinnen und Lehrer unterschiedlicher Fächer zusammen, kann jeder einen Teil der Stationen vorbereiten. Es bedarf geringerer Absprachen, jede Station muss nur einmal vorhanden sein und auch hier lassen sich Pflicht- und Wahlaufgaben einrichten.

Schwierigkeiten

Fächerübergreifender Unterricht gelingt nur, wenn wir bereit sind, unsere Rolle als Lehrperson zu verändern.

„Schulfächer dienen als Raster für die Gliederung der Wirklichkeit. Im Alltagsleben schulischer Praxis haben sich Schulfächer einen fast natürlichen Platz erworben. ... Auch die Identifikation der Lehrerinnen und Lehrer mit ihrem Beruf läuft weitgehend über die Fächer. Daraus folgt oft genug eine Wahrnehmung, die nicht mehr deren Verflechtung in den pädagogischen Gesamtzusammenhang von Schule und Unterricht einzuordnen vermag..." (DUNCKER 1997, S. 121).

Dies zeigt, wie schwer es für manche Lehrerinnen und Lehrer sein muss, den Schritt in eine andere Ordnung zu wagen, die im Grunde auch ein neues Selbstverständnis impliziert.

Fächerübergreifendes Lernen ist stark auf die Zusammenarbeit der Kolleginnen und Kollegen (zumindest innerhalb einer Jahrgangsstufe) angewiesen. Das bedarf der Bereitschaft zur Kommunikation und Kooperation, der Fähigkeit zu Konfliktlösungen und zum Konsens. Nach der Themenzentrierten Interaktion von Ruth COHN (1997) ist nicht nur die Sache, das ES, bei der Zusammenarbeit wichtig, sondern auch die ganz persönliche Beziehung der Kooperierenden untereinander, das WIR. Und natürlich auch die Fähigkeit sich selbst zu erkennen mit seinen Stärken und Schwächen, die in die Arbeit mit einfließen (ICH). Solche Fähigkeiten müssen auch von Lehrerinnen und Lehrern trainiert werden. Hier sind Schulleitung und Schulbehörde angehalten, regelmäßig Trainingsmöglichkeiten zu schaffen.

Anforderungen an integrativen Unterricht

Trotz aller Schwierigkeit scheint es mir wichtig, der Forderung der Gesellschaft nach vernetztem Denken, nach Spezialisten mit generellen Kompetenzen, nach Übersichtlichkeit und nach Reflexion der Fortschritts- und Wachstumsvorgänge auf diese Weise zu begegnen.

Literatur:

COHN, **Ruth:** Von der Psychoanalyse zur themenzentrierten Interaktion. Stuttgart: Klett-Cotta 1997

DUNCKER, **Ludwig/**POPP, **Walter:** Die Suche nach dem Bildungssinn des Lernens – eine Einleitung. In: DUNCKER, Ludwig/POPP, Walter (Hrsg.): Über Fachgrenzen hinaus. Chancen und Schwierigkeiten des fächerübergreifenden Lehrens und Lernens Bd. I. Heinsberg: Agentur Dieck 1997, S. 7–13

DUNCKER, **Ludwig:** Vom Sinn des Ordnens. Zur Rekonstruktion der Wirklichkeit in und zwischen den Schulfächern. In: DUNCKER, Ludwig/POPP, Walter (Hrsg.): Über Fachgrenzen hinaus. Chancen und Schwierigkeiten des fächerübergreifenden Lehrens und Lernens Bd. I. Heinsberg: Agentur Dieck 1997, S. 119–134

MEMMERT, **Wolfgang:** Über den Umgang mit den Fächern. Sechs historische Modelle. In: DUNCKER, Ludwig/POPP, Walter (Hrsg.): Über Fachgrenzen hinaus. Chancen und Schwierigkeiten des fächerübergreifenden Lehrens und Lernens Bd. I. Heinsberg: Agentur Dieck 1997, S. 14–32

PING: Praxis Integrierter Naturwissenschaftlicher Grundbildung: Informationen zu Status – Konzeption – Entwicklung, Projektgruppe PING, Schleswig-Holstein, Juli 1996

SCHLEY, **Wilfried:** Teamentwicklung in Integrationsklassen. In: SCHLEY, W./BOBAN, I./HINZ, A.: Integrationsklassen in Hamburger Gesamtschulen. Hamburg: Curio 1992, S. 329–348

Zum Vertiefen:

SPLETT, **Marlies und Andreas:** Eine ganz normale Schule auf einem neuen Weg. Gemeinsamer Unterricht an der Integrierten Gesamt-Schule Halle. VHS-Video 30 min. ATV-Studio, Halle 2000, 25 DM (Direktvertrieb: ATV-Studio Halle, Andreas Splett, Ludwig-Wucherer-Str. 13, 06108 Halle/Saale)

6. Konzepte gemeinsamen Unterrichts

6.1 Konzepte

6.1.1 Integration an der Montessori-Schule Chemnitz

Kathrin Pelzl

Die Montessori-Schule Chemnitz hat sich seit ihrer Gründung im Jahre 1996 als Freie Grundschule in Trägerschaft des Montessori-Vereins Chemnitz die Integration auf ihre Fahne geschrieben. Ausgehend vom Bildungs- und Erziehungsauftrag der Grundschule, betrachten wir den integrativen Ansatz als unabdingbaren Meilenstein auf dem Weg zur Wiederherstellung der Gesellschaft zu einem „organischen Ganzen" (Montessori).

Das gemeinsame Lernen von behinderten und nicht behinderten Kindern ist ein wesentlicher Bestandteil der Methode Maria Montessoris. Schließlich begann sie am Ende des 19. Jahrhunderts ihre pädagogische Arbeit mit geistig behinderten Kindern und entwickelte ihre Materialien speziell für diese Zielgruppe. Erst später übertrug sie ihr Konzept mit Erfolg auf die Erziehung Nichtbehinderter. Ihre Pädagogik kann daher als ein ideales Fördersystem für ALLE Kinder betrachtet werden: „Der Weg, auf dem sich die Starken vervollkommnen, ist der gleiche wie der, auf dem sich die Schwachen stärken." (M. Montessori)

Die Montessori-Pädagogik geht davon aus, dass grundsätzlich jedes Kind in der Lage ist, selbstständig zum aktiven Erbauer seiner Persönlichkeit zu werden. Die vorbereitete Umgebung und die an unserer Schule praktizierte Methode der Freiarbeit schaffen die notwendigen Voraussetzungen dazu. Dazu wählt sich jedes Kind entsprechend seiner Interessenlage ein Material aus und bestimmt selbst über Dauer und Form, sich damit zu beschäftigen. Gerade schwächeren Kindern gibt es Selbstvertrauen, wenn sie über ihren individuel-

Konzepte gemeinsamen Unterrichts

len Lernweg Erfolge erzielen, in einer entspannten Atmosphäre ohne Zeit- und Leistungsdruck. Der an unserer Schule praktizierte Verzicht auf eine normierte Bewertung in Form von Zensuren (bis zur Klasse 3) beugt Frustrationen und Konkurrenzdenken vor.

Ausgewählte heilpädagogisch bedeutsame Aspekte des Montessori-Materials:
1. Ansprechende ästhetische Gestaltung des Materials (kindgemäße Farben, Formen, Größen) – es wirkt durch den Aufforderungscharakter auf die Lernbereitschaft.
2. Isolierung weniger Eigenschaften unter sparsamer Verwendung von Sprache – klar umgrenzte Wahrnehmung, Einprägung und Begriffsbildung möglich.
3. Kleinschrittige Steigerung der Schwierigkeitsstufen – allmähliches Voranschreiten vom Leichten zum Schweren, auch für schwächere Kinder logisch und nachvollziehbar.
4. Bestimmte Prinzipien ziehen sich wie ein roter Faden durch das Material (z. B. das Dezimalsystem) – über das Wiedererkennen bekannter Sachverhalte wird die leichtere Aufnahme neuer Inhalte gewährleistet.
5. Möglichkeit des ausgiebigen Hantierens und Verharrens auf der gegenständlich-praktischen Ebene, um zu abstrakten Denkleistungen zu gelangen.
6. Ansprechen aller Sinne (Sinnesmaterial) – über eine gezielte, allseitige Wahrnehmungsschulung sowie Kompensationsmöglichkeiten beeinträchtigter Sinneskanäle.

Darüber hinaus erlaubt das Material eine Vielzahl von Variationen, Veränderungen und Ergänzungen.

Es kommt der sensiblen Beobachtung des Pädagogen zu, dem behinderten Kind Hilfen zu bieten, sanfte Anstöße zu geben und lenkend einzugreifen, wenn Schwierigkeiten auftreten. Kinder, die beispielsweise mit der Auswahl eines geeigneten Materials überfordert sind und/oder deren Selbstbildungskräfte nicht ausreichend entwickelt sind, erhalten gegebenenfalls Pläne mit Aufgaben, die das minimale Arbeitspensum umfassen und das Grundgerüst für eine Woche darstellen.

Konzepte gemeinsamen Unterrichts

Kriterien für die Aufnahme von Behinderten

Es besteht grundsätzlich die Möglichkeit zur Integration folgender Gruppen von Behinderten an unserer Schule:
- Kinder mit Entwicklungsverzögerungen und Lernbehinderungen
- Kinder mit geistiger Behinderung
- Kinder mit leichten Sprachbehinderungen
- Kinder mit leichten Körperbehinderungen
- schwerhörige Kinder (Erfassung der Lautsprache)
- sehschwache Kinder (Wahrnehmung der Normalschrift)

Die Aufnahme ist außerdem abhängig von:
- dem Wunsch der Eltern und der vollen Akzeptanz unseres pädagogischen Konzeptes
- dem Vorhandensein von Personal mit der jeweils notwendigen sonderpädagogischen Qualifikation
- den personellen, räumlich-baulichen und finanziellen Voraussetzungen
- der Ausbildung bestimmter Persönlichkeitseigenschaften beim Kind. Dazu gehören: Kontaktaufnahme zur Umwelt über Lautsprache
- der Fähigkeit, sich in großer Lerngruppe bewegen und selbstständig über einen gewissen Zeitraum arbeiten zu können
- Verständnis und Einhaltung bestimmter sozialer Regeln und Normen
- der grundlegenden Bereitschaft zum Lernen (Motivation)

Aufnahmemodus für die Kinder mit Behinderungen:

Bei einer Klassenstärke von maximal 20 Kindern können in Abhängigkeit vom Ausprägungsgrad der Behinderung pro Klasse ein bis höchstens drei Kinder integriert werden. Die Regelung aller Aufnahmemodalitäten obliegt ausschließlich einer sonderpädagogischen Lehrkraft. Nachdem das Kind das staatliche Begutachtungsverfahren durchlaufen hat, verschafft sie sich zusätzlich durch eine Probebeschulung sowie durch Hospitationen, Dokumentationen und Gesprächen mit Eltern, Erziehern, Ärzten, Psychologen und Therapeuten einen umfassenden Überblick, um den jeweiligen Förderbedarf im Verhältnis zu den schulischen Gegebenheiten sorgfältig abwägen zu können. Generell entscheidet das Lehrerteam im Einvernehmen mit dem Schulträger einzeln über jede Aufnahme. Behinderte Kinder, die

Konzepte gemeinsamen Unterrichts

aus Montessori-Kinderhäusern und anderen integrativen Einrichtungen kommen, werden bevorzugt aufgenommen.

Organisation des Unterrichts

Die Integrationskinder erhalten während der Freiarbeitszeit nach Bedarf intensivere Betreuung durch einen Sonderpädagogen oder eine entsprechend qualifizierte Fachkraft (d. h. Erzieherin mit Montessori-Diplom und zumeist sonderpädagogischer Zusatzausbildung).

Besonderer (zum Teil zieldifferenter) Förderunterricht findet klassenübergreifend und separat in Kleingruppen oder einzeln zwei- bis dreimal wöchentlich statt. Er dient einerseits der Einführung und Vertiefung von Lehrplaninhalten auf muttersprachlichem, mathematischem und lebenspraktischem Gebiet, andererseits der therapeutischen Einflussnahme (z. B. logopädische Förderung).

In Beratungen stimmen Klassenleiter, Sonderpädagogen und Kolehrer (Erzieherin bzw. Förderschullehrerin) ihre Vorhaben ab. Für jedes behinderte Kind wird in Anlehnung an den Lehrplan der betreffenden Förderschule und an die allgemeine Klassenplanung ein spezieller Förderplan erstellt. Dieser Förderplan wird in der Freiarbeit und im Förderunterricht umgesetzt. Das Freiarbeitsmaterial dient der Verwirklichung der Ziele des Förderplans. Die konkreten Aufgaben sind im Wochenplan festgehalten und berücksichtigen auch die Wünsche des jeweiligen Kindes.

An drei Tagen in der Woche findet Ergotherapie in der Schule statt, die durch eine frei niedergelassene Praxis realisiert wird.

6.1.2 „Integration war ein Gewinn für uns alle" – Körperbehinderte Schüler in der Grundschule[Fn.1]

Renate Morgenstern

Die 39. Grundschule (Leipzig) profilierte sich im Zuge der Schulreform in Sachsen im Schuljahr 1992/93 als Grundschule. Gleichzeitig wurde das Schulgebäude behindertengerecht ausgebaut. Dies war eine wesentliche Voraussetzung für unser Kollegium, sich mit Behinderung – insbesondere mit der Integration körperbehinderter Schüler – zu beschäftigen:
– Was bedeutet Integration behinderter Kinder?
– Welche Aufgaben kommen auf uns zu?
– Schaffen wir das?
– Reicht unsere Erfahrung?
– Was bedeutet „krank", was „gesund"?
– Was ist normal – was nicht normal?
– Welche Behinderungen gibt es? Wie entstehen Sie?

Unser Ziel war, Kinder mit Körperbehinderungen in unsere Schule zu integrieren, die nach dem Lehrplan der Regelschule unterrichtet werden können.

Der erste Antrag auf Integration wurde für das Schuljahr 1993/94 gestellt, d. h. ein Elternpaar ist an uns herangetreten und fragte an, ob wir ihre querschnittsgelähmte Tochter bei uns einschulen könnten. Dieses Mädchen besuchte vier Jahre unsere Schule und ist inzwischen an einer Mittelschule in Leipzig integriert.

Wie haben wir uns darauf vorbereitet, nachdem wir die erste Elternanfrage nach Integration bekamen?

Alle Kollegen der Schule haben an einem Fortbildungslehrgang „Heilpädagogische Aspekte bei der Integration behinderter Kinder in der Grundschule" teilgenommen. Der Lehrgang wurde von einem

---

1. Dieser Beitrag wurde leicht überarbeitet übernommen aus: Ursula Mahnke/Landesarbeitsgemeinschaft Gemeinsam leben – Gemeinsam lernen Sachsen e. V. (Hrsg.): Ratgeber zur schulischen Integration in Sachsen, Chemnitz 1999 S. 57–60.

Konzepte gemeinsamen Unterrichts

freien Bildungsträger angeboten und umfasste insgesamt 180 Stunden. Er fand zumeist an Wochenenden statt – wir bekamen keine Abminderungsstunden dafür. Zusätzlich sind wir im Rahmen eines schulinternen Pädagogischen Tages (auf eigene Kosten) nach Berlin gefahren und haben aus den Integrationsschulen dort viele Anregungen mitgebracht.

Wir haben die Körperbehinderten-Schule besucht und uns dort vor allem Anregungen zur Ausgestaltung unserer Schule geholt. Die Förderschule war für Hospitationen und Gespräche sehr aufgeschlossen.

Geholfen haben uns die äußeren Rahmenbedingungen, die wir nach und nach schaffen konnten: die günstige Ausstattung unserer Schule (barrierefreie Wege; Rollstuhlauffahrt; große Klassenzimmer; z. T. höhenverstellbare Tische, ein Aufzug; behindertengerechte Toiletten mit hydraulischen Liegen zum Windeln; fußbodenbeheizte Spielhalle) und die Unterstützung durch zwei Zivildienstleistende seit Schuljahr 1996/97.

Durch den Integrationshort können wir die behinderten Schüler auch ganztags betreuen.

Genauso wichtig wie die äußeren Bedingungen ist aber die „innere" Einstellung der Lehrer: Jede Lehrkraft ist bereit, Kinder zu integrieren, indem sie die Verschiedenheit der Kinder akzeptiert. Als besonders hilfreich sehen wir die Kooperation mit allen Beteiligten an, z. B. eine enge Zusammenarbeit mit den Eltern, mit den vorschulischen Einrichtungen.

Im Schuljahr 2000/2001 besuchen ein sehbehinderter Junge und ein hörgeschädigtes Mädchen die Klasse 1, ein querschnittsgelähmter Junge die Klasse 2, die Klasse 3 ein querschnittsgelähmtes Mädchen und die Klasse 4 ein Mädchen mit cerebralen Bewegungsstörungen.

Die für uns wichtigste Erfahrung war, dass das gemeinsame Lernen und Leben Behinderter und Nichtbehinderter EIN GEWINN FÜR ALLE ist.

Eltern, die sich um eine integrative Schule für ihr Kind bemühen, würden wir raten, zunächst mit dem Schulleiter zu sprechen und danach zu einem zweiten Termin mit ihrem Kind in die Schule zu gehen, um dem Schulleiter die Gründe für ihren Integrationsantrag zu erläutern, aber auch um die Stärken des Kindes „vorführen" zu

Konzepte gemeinsamen Unterrichts

können. Bei dem zweiten Termin sollte dann auch der Beratungslehrer der Schule einbezogen werden.

Ein Zusammenwirken zwischen Eltern und Schule beginnt bei uns somit bereits vor der Einschulung – oft schon zwei Jahre vorher. In ersten Vorgesprächen werden Absprachen getroffen, und natürlich steht das gegenseitige Kennenlernen unter Einbeziehung des Kindes im Vordergrund. Später folgt dann die Beratung über die notwendigen Schritte und Voraussetzungen bei der Beantragung eines Integrationsplatzes an unserer Schule. Nach der Genehmigung durch das Regionalschulamt beginnt dann die gezielte Vorbereitung für den jeweiligen Klassenlehrer. Insbesondere zur Einrichtung eines geeigneten Arbeitsplatzes für das Kind im Klassenzimmer, aber auch zur Vorbereitung anderer erforderlicher Bedingungen führen wir Hausbesuche durch, um folgende Fragen zu klären:

1. SCHULWEG
   Benötigt das Kind besondere Hilfen?
2. SCHULGEBÄUDE
   Benötigt das Kind Unterstützung bei der Überwindung räumlicher Hindernisse? (Raumwechsel) Welche Veränderungen in der räumlichen Gestaltung sind nötig? (Platz für Rollstuhl, Höhe des Stuhles und des Tisches)
3. LERNEN
   Welche besonderen Hilfen braucht das Kind? Wie ist die Feinmotorik entwickelt? Was muss beim Erlernen des Schreibens beachtet werden? (evtl. Einsatz von Schreibmaschine oder Computer)
4. KOMMUNIKATION
   Kann sich das Kind allein verständigen? Gibt es Sprach- oder Hörstörungen?
5. SPORT
   Welche Übungen kann das Kind mitmachen? Was muss besonders beachtet werden?
6. KLASSENVERANSTALTUNGEN
   Welche Unterstützung ist bei der Durchführung von Wandertagen, Unterrichtsgängen und Schullandheimaufenthalten nötig? Wie lässt sich das realisieren? Sind Mitschüler in der Lage, Hilfestellung zu geben?

Konzepte gemeinsamen Unterrichts

7. Pause
   Wie kommt das Kind zum Pausenhof? Kann es dort mit anderen spielen?
8. Pflege
   Wer übernimmt die hygienische Betreuung? Wo? Wo können Hilfsmittel gelagert werden?

Zu Beginn jedes Schuljahres werden vom Klassenlehrer und vom Förderschullehrer für jedes Integrationskind in Kooperation mit den Eltern Schwerpunkte des Förderplans festgelegt. Der Förderplan gilt jeweils für ein Schuljahr, die Grundlage ist der im förderpädagogischen Gutachten ermittelte Förderbedarf.

Die Schwerpunkte beziehen sich zumeist auf:
- Übungen zur Verbesserung der Fein- und Grobmotorik und zur Steigerung des Arbeitstempos
- Übungen zur Wahrnehmung, Konzentration und Ausdauer
- Verbesserung der schulischen Leistungen
- Sprachentwicklung
- Sozial- und Lernverhalten
- anzustrebende außerunterrichtliche Maßnahmen (z. B. Arbeit mit dem Elternhaus)

Während der gesamten Schulzeit des Schülers finden regelmäßige Beratungsgespräche zwischen den Eltern und den beteiligten Lehrern über den erreichten Entwicklungsstand des Kindes statt. Dabei werden auch spezielle Übungsformen, die zur weiteren Entwicklung des Kindes beitragen, abgesprochen. Erfahrungen über den Einsatz von Hilfsmitteln zum Abbau feinmotorischer Schwierigkeiten werden ausgetauscht, z. B. besondere Zirkel, Füller mit besonders stabiler Feder und mit ausgeprägten Griffrillen, Lineal mit Griff, Größe der Lineatur. Gegen Ende eines jeden Schuljahres wird gemeinsam mit Eltern, Förderschullehrern, dem Klassenleiter und dem Schulleiter über die Weiterführung der Integration beraten und das Ergebnis schriftlich festgehalten.

6.1.3 Integration (sprach)behinderter Kinder an der Regelschule – ein Erfahrungsbericht[Fn.1]

Christa Finsterbusch/Jacqueline Plaul

Erfahrungen und Erkenntnisse, die in der engen Zusammenarbeit der Sprachheilschule mit der Grundschule gewonnen wurden sowie die Einbindung in den BLK-Modellversuch „Gemeinsam handeln – einander erleben" und auch die Auseinandersetzung mit neuen Unterrichtsmethoden führten im Schuljahr 1994/95 zur Bildung der ersten Integrationsklasse an der 139. Grundschule in Dresden-Gorbitz. Im Schuljahr 1999/2000 gab es acht Integrationsklassen. Am Anfang waren Gründe wie eine wohnortnahe Beschulung, entwicklungsfördernde Reize in einer Regelschule und der Integrationsgedanke als Erziehung und Bildung ohne Ausgrenzung entscheidend für das Entstehen solcher Klassen. Heute sehen wir in den bisher gewonnen Erfahrungen und Ergebnissen unserer Arbeit vor allem auch die Chance zur Erneuerung der Grundschule als einer Schule für alle Kinder.

Wollen wir den heutigen Anforderungen gerecht werden, so müssen wir zukünftig unseren Unterricht in Bezug auf Inhalt und Umfang so gestalten, dass wir die vielfältigen Bedürfnisse unserer Kinder besser erkennen und berücksichtigen und ihren unterschiedlichen Lernstilen und Lerngeschwindigkeiten gerecht werden.

Wir erachten eine Veränderung der Grundschule wegen der immer heterogener werdenden 1. Klassen – beispielsweise sind ca. 20 Prozent der Schulanfänger sprachauffällig – sowie auch aufgrund des Entstehens sozial recht unterschiedlich strukturierter Stadtteile für dringend erforderlich. Mit der Darlegung unserer Erfahrungen möchten wir zum Nachdenken und zur Diskussion anregen sowie Mut zu Veränderungen machen.

---

1. Leicht veränderter Beitrag aus Heft 6/2000 der Zeitschrift SchulVerwaltung MO.

Konzepte gemeinsamen Unterrichts

Unser Weg zur Integration

Unsere kooperativen Beziehungen zu einer Regelschule begannen 1992 mit der Einrichtung einer Außenstelle der Sprachheilschule Dresden in der 139. Grundschule. Zunächst nahmen wir unsere Arbeit in zwei separat geführten Sprachheilklassen auf. Eine der beiden Klassen war eine Förder- und Diagnoseklasse. Zur selben Zeit begann der BLK-Modellversuch und unsere Zusammenarbeit mit den Grundschulklassen wurde recht schnell mit Inhalten ausgefüllt. Jede der Sprachheilklassen kooperierte mit einer Regelschulklasse. Die größten Aktivitäten vollzogen sich im außerschulischen Bereich. Gemeinsame Veranstaltungen am Nachmittag, Theaterbesuche und Landheimaufenthalte zeigten uns, dass es keine Berührungsängste zwischen den sprachgestörten Kindern und den Regelschulkindern gab. Auch bei gemeinsam durchgeführten Unterrichtsstunden, wie zum Beispiel in Sport, Zeichnen, Werken, Schulgarten oder an Projekttagen gab es kaum Probleme in der gemeinsamen Arbeit.

In Unterrichtsstunden, in denen mehr die kognitiven Leistungen im Vordergrund standen, wie in Deutsch, Sachkunde oder Mathematik sahen wir Förderpädagogen für unsere größtenteils schwerer lernenden Sprachheilkinder schon Probleme, da die Grundschullehrkräfte überwiegend frontal und sehr leistungsorientiert unterrichteten.

In unseren beiden Sprachheilklassen hatten wir bereits Erfahrungen mit offenem Unterricht gesammelt, zum einen durch den Leselehrgang „Lesen lernen mit Hand und Fuß", zum anderen mit Werkstattunterricht. Uns wurde in der praktischen Arbeit bewusst, dass im offenen Unterricht die individuellen Lernvoraussetzungen der Kinder am besten berücksichtigt werden können.

Der Erfahrungsaustausch zur Integration behinderter Kinder mit Lehrkräften aus Berlin-West, eine Veranstaltung mit Prof. Jutta Schöler zum gleichen Thema (SCHÖLER 1997) sowie die Auswertung des Besuches einer Delegation des Sächsischen Staatsministeriums für Kultus in Israel führten unter anderem dazu, die Bildung von Integrationsklassen in die Tat umzusetzen.

Konzepte gemeinsamen Unterrichts

Voraussetzungen für Integration

Personelle Voraussetzungen

In unseren Integrationsklassen werden in der Regel 14 Grundschulkinder gemeinsam mit sechs bis sieben Sprachheilkindern eingeschult. Je nach diagnostiziertem Förderbedarf arbeiten wir in diesen Klassen bis zu 14 Stunden in Doppelbesetzung, Grundschullehrkräfte und Förderschullehrer. Für die Förderschullehrkraft bedeutet dies, dass sie meist in zwei Integrationsklassen parallel arbeitet. Die Grundschullehrkraft fungiert damit als verantwortliche Klassenleitung. Die Lerninhalte und Erziehungsziele werden unter besonderer Berücksichtigung von förderpädagogischen Aspekten gemeinsam und in vielen Fällen sogar auf Klassenstufenbasis besprochen, festgelegt und ausgewertet.

Wichtig aus unserer Sicht ist, dass zwischen den Kollegen ein regelmäßiger Austausch über bestimmte Probleme beim Lernen oder über problematische Kinder stattfindet. Das verlangt natürlich ein offenes Aufeinanderzugehen sowie die Fähigkeit zur kritischen Auseinandersetzung auf beiden Seiten.

Der Förderpädagoge setzt zusätzlich zur Unterrichtsarbeit individuelle Förderschwerpunkte für seine Sprachheilkinder, die auch in speziellen Förderplänen festgehalten und ausgewertet werden.

Bei der Vorbereitung und Durchführung von Elternabenden, Wandertagen u. a. sind Initiativen von beiden Seiten gefragt, wobei die Klassenleitung dabei die Hauptverantwortung trägt. Beide Kollegen unterstützen sich gegenseitig in der Elternarbeit, da diese auch eine ganz besondere Rolle in unserer speziellen Tätigkeit spielt. Wichtig für das Gelingen unserer Arbeit ist, dass beide Kollegen sich für alle Kinder in der Klasse verantwortlich fühlen und hier keine Trennung in irgendeiner Hinsicht vorgenommen wird.

Der sonderpädagogische Förderbedarf sollte auch bei der Integration von Kindern mit verschiedenen Behinderungen möglichst nur von einem Förderpädagogen realisiert werden. Dabei kommt es zu einer fruchtbringenden Arbeit zwischen der Grund- und der Förderschullehrkraft, wenn mehrere Kinder integriert werden, sodass über (mind.) 10 bis 14 Wochenstunden hinweg das Zwei-Lehrer-System wirksam wird.

Konzepte gemeinsamen Unterrichts

Räumliche Voraussetzungen

Hinsichtlich der räumlichen Bedingungen haben wir im Verlauf der vergangenen Jahre fast einen Idealzustand erreicht. Unsere Klassenzimmer verfügen über einen textilen Belag und sind mit niedrigen Schränken, offenen Regalen und einem Computer ausgestattet. Die Schülerbänke und Stühle sind zu Vierer- oder Sechsertischen zusammengestellt. Wir nutzen die breiten Gänge der Schule zum Arbeiten. Die Kinder ziehen sich dorthin zurück, um gemeinsam über Aufgaben zu diskutieren, eine Zeichenaufgabe zu erledigen, einen Versuch durchzuführen oder einmal ganz für sich zu sein. Außerdem haben wir uns zwei Therapiezimmer und einen großen Raum für Psychomotorik eingerichtet. Unser sehbehindertes Kind hat einen speziellen Tisch und auch für körperbehinderte Kinder wurden mithilfe des Hausmeisters oder durch uns Lehrkräfte die notwendigen Bedingungen geschaffen.

Sächliche Voraussetzungen

Durch die Teilnahme am BLK-Modellversuch erhielten wir die Möglichkeit, an der 139. Grundschule eine Lehrerlernwerkstatt einzurichten, die wir in den zurückliegenden Jahren ständig erweiterten. Bei der Anschaffung des Materials achteten wir sehr darauf, dass sich dieses gut für eine selbsttätige Schülerarbeit eignet, möglichst die Selbstkontrolle zulässt, nicht zu einseitig die kognitive Seite anspricht, sondern viel praktisches Handeln erfordert und über verschiedene Sinne wahrgenommen wird. So verfügen wir derzeit über eine große Auswahl an Material für das Erstellen unserer Schülerwerkstätten, einen Kopierer, ein Laminiergerät und einen Computer. Auch geeignetes Material zur Realisierung des sonderpädagogischen Förderbedarfes ist vorhanden.

Werkstattarbeit

Ein für uns sehr wichtiger Aspekt für eine erfolgreiche Arbeit in unseren Integrationsklassen ist ein am Kind orientierter offener Unterricht, der es uns ermöglicht, auf die ganz individuellen Lernvoraussetzungen unserer Kinder einzugehen.

Nach einer recht intensiven Fortbildung waren wir sehr schnell von der Idee des Werkstattunterrichtes nach REICHEN begeistert und sahen gerade dieses Unterrichtsmodell als Chance, leistungsstarken

Konzepte gemeinsamen Unterrichts

wie leistungsschwachen Schülern gleichermaßen gerecht zu werden. Kinder sollen in diesem Unterricht erfahren, dass sie als Partner ernst genommen werden und dass man ihnen etwas zutraut. Sie sollen in einer lernanregenden Umgebung die Möglichkeit haben, selbstgesteuert und entdeckend zu lernen. In dieser heterogenen Gruppe von Kindern soll durch den Werkstattunterricht jedem Kind die Möglichkeit eingeräumt werden, konsequent auf der Grundlage seiner eigenen bisherigen Erfahrungen zu lernen. So können also für Kinder einer Klasse zur gleichen Zeit ganz individuelle Lernziele gelten. Der unterschiedliche Entwicklungsstand der Kinder sollte respektiert und möglichst durch vielfältige Differenzierung der Aufgaben und Lernwege berücksichtigt werden.

Da es im Werkstattunterricht vor allem auch um das selbsttätige und selbstgesteuerte Lernen der Kinder geht, werden Fehler zugelassen und als Chance für den Lernfortschritt des Kindes gesehen. Werkstattunterricht lässt Individualismus des Lernens zu, trägt aber durch die Möglichkeit der Partner- und Gruppenarbeit auch zur Gemeinschaftsbildung bei und leistet so einen wichtigen Beitrag zur Erweiterung der Sozialkompetenz unserer Kinder.

In der neuesten wissenschaftlichen Literatur wird dem Kind-Kind-Lernen eine immer größere Bedeutung zugesprochen. Innerhalb der Werkstattarbeit sind unsere Kinder ständig dazu angehalten miteinander zu kommunizieren, nachzufragen und Dinge in ihrer eigenen Sprache zu erklären. Dabei lernen sie viel mehr voneinander, als wir Erwachsenen glauben wollen. Wie im Leben der Erwachsenen sind Team- und Konfliktfähigkeit im Umgang miteinander gefragt.

Die Reihenfolge der Erledigung ihrer Aufgaben legen die Kinder selbst fest. Fast jedes Kind ist mit Begeisterung „Chef" für seine Werkstattaufgabe und somit für andere Kinder Ansprechpartner, was die Erfüllung dieser Aufgabe betrifft.

Ein weiterer wichtiger Anspruch dieses Werkstattunterrichtes ist, dass unbedingt fachübergreifend gearbeitet wird. Folglich ist es notwendig, dass recht viele Fächer und Disziplinen in den Händen der Klassenleitung und des Förderpädagogen liegen.

Sehr viel Kreativität und Gespür für die Interessen der Kinder sind von den Kollegen bei der Erstellung der Werkstätten gefragt. Die Vorbereitung findet meist im Team oder mit mehreren Teams auf Klas-

Konzepte gemeinsamen Unterrichts

senstufenbasis statt. Unter einem bestimmten Rahmenthema werden die einzelnen Lernangebote für alle einbezogenen Fächer herausgesucht und nach Förderbedarf der Kinder differenziert. Die Förderschullehrkraft hat hier sofort die Möglichkeit, nach Ansatzpunkten für ihre förderpädagogische Arbeit zu suchen sowie Einfluss auf notwendige Differenzierungen von Aufgaben zu nehmen.

Leselehrgang „Lesen durch Schreiben"

Wenn wir das Ziel verfolgen, immer besser an die individuellen Lernvoraussetzungen unserer Kinder anzuknüpfen, dann muss auch der Leselehrgang diesen Anforderungen gerecht werden. Ein herkömmlicher Fibellehrgang, bei dem man den Schülern in gleichmäßigen Abständen neue Buchstaben vorstellt, die sie sich im gleichmäßigen Zeittakt einprägen müssen, kann das unseres Erachtens nach nicht leisten. Auch der eingeschränkte Wortschatz, mit dem in jedem Fibellehrgang gearbeitet wird, steht einer gesunden Sprachentwicklung entgegen und verhindert teilweise durch das Auswendig-Merken der zu lesenden Sätze ein Erkennen des tatsächlichen Förderbedarfs der Kinder. Da beim Leselehrgang „Lesen durch Schreiben" nach REICHEN (REICHEN 1982; 1991; DÜMLER 1996) die Fähigkeit erworben wird, die gesprochene Sprache in der Schrift festzuhalten, kann das Kind von Anfang an mit dem gesamten ihm zur Verfügung stehenden Wortschatz arbeiten. Der Schüler wird befähigt, ein beliebiges Wort in seine Laufabfolge zu zerlegen und danach phonetisch vollständig aufzuschreiben. Dafür steht jedem Kind eine Buchstabentabelle zur Verfügung. Hat der Schüler das Prinzip verstanden, kann er ganz individuell arbeiten. Zum Beispiel schreiben leistungsstarke Schüler recht schnell kleine Geschichten, während der leistungsschwächere Schüler nur An-, In- oder Endlaut eines einfachen Wortes verschriftet. Kein Schüler wird zum lauten Lesen gezwungen. Die Lehrkraft wartet, bis der Schüler selbst liest. Das geschieht bei manchen Kindern schon nach zwei Monaten, bei anderen dagegen erst am Ende der Klasse 1 oder im Verlaufe des 2. Schuljahres.

Für uns Sprachheilpädagogen liegt ein großer Vorteil dieser Methode darin, dass wir die Defizite unserer sprachauffälligen Kinder und natürlich auch die der Grundschulkinder wie phonematische Differenzierungsschwäche, mangelhafte auditive und visuelle Merkfähigkeit, Mängel in der Seriation und anderes mehr recht schnell

Konzepte gemeinsamen Unterrichts

erkennen. Die offene Unterrichtsarbeit lässt es zu, dass die Schüler bei entsprechender Binnendifferenzierung Zeit und Hilfe für zusätzliche Übungen erhalten.

Das Lehrgangsmaterial enthält neben den eigentlichen Lernangeboten zum Schreiben und Lesen auch solche im Bereich von Sprache, Denken und Wahrnehmung oder kann mit entsprechendem didaktischen Material aufbereitet werden. Unsere Erfahrungen der letzten Jahre besagen jedoch auch, dass eine zu wenig tiefgründige Auseinandersetzung mit dem Lehrgangsmaterial, ungenügende lernpsychologische Kenntnisse sowie eine fehlende sonderpädagogische Ausbildung der Grundschullehrkraft ein erfolgreiches Arbeiten mit diesem Leselehrgang mitunter infrage stellt.

Schon mehrfach sahen wir uns dem Vorwurf ausgesetzt, dass am Endes des Lehrgangs eine zu große Schülerzahl zur LRS-Überprüfung gemeldet wird. Nach sechsjähriger Arbeit mit diesem Leselehrgang können wir jedoch einschätzen, dass durch eine fachgerechte Arbeit gerade Kindern mit Teilleistungsstörungen im Lesen und Schreiben geholfen werden kann und ihnen ein Wechsel in eine LRS-Klasse erspart bleibt.

Realisierung des sonderpädagogischen Förderbedarfs

Erst im Prozess der Arbeit wurde uns bewusst, wie vielfältig die Möglichkeiten sind, sonderpädagogischen Förderbedarf zu realisieren. In allen Persönlichkeitsbereichen ergeben sich zahlreiche Ansatzpunkte für eine Einflussnahme. Dabei legen wir großen Wert darauf, dass eine Förderung vorwiegend im Unterricht oder zumindest in Gruppen gemeinsam mit Regel- und Förderschulkindern geschieht. An dieser Stelle können wir nur zu einigen Beispielen Aussagen treffen:

– Beim Aufgliedern von Wörtern in eine Lautkette bemerken wir sehr schnell, was das Kind nicht kann beziehungsweise was ihm schwer fällt, zum Beispiel die richtige Artikulation, das Hören von Selbstlauten, das Differenzieren von Mitlautverbindungen, das Wahrnehmen der Reihenfolge beim Lautieren und anderes mehr. Im offenen Unterricht haben wir nun sofort Gelegenheit, individuell mit dem Kind zu arbeiten und sprachheilpädagogisch wirksam zu werden. Positiv wirkt sich auch die gute Lernmotivation der Kinder aus, denn eine Förderung geschieht beim Erfüllen der Werkstatt-

Konzepte gemeinsamen Unterrichts

aufgaben, die alle Kinder zu erledigen haben. Dabei ist es durchaus zulässig, dass wir die einzelnen Aufgaben modifizieren.
– Da unsere Schülerwerkstätten neben den Pflichtaufgaben auch Zusatzaufgaben enthalten, haben wir jederzeit die Möglichkeit, auf festgestellte Defizite in den Wahrnehmungs- und Differenzierungsbereichen sowie im Bereich der Sprache und des Denkens zu reagieren und entsprechende Lernangebote entweder sofort, für den kommenden Tag oder die nächste Werkstatt zu unterbreiten.
– Der Werkstattunterricht birgt sehr viele Möglichkeiten zur Kommunikation. Die Kinder sprechen miteinander über ihre Aufgaben oder Erlebnisse. Sie fragen den „Chef" und erklären ihren Mitschülern Aufgaben. Manchmal gibt es Streit und die Kinder lernen, ihre Konflikte zu lösen. In Kreisgesprächen kommen gezielt Sprechspiele, Reimübungen, rhythmische Übungen und anderes mehr zum Einsatz.
– Unseren Raum für Psychomotorik nutzen wir jeweils mit einer halben Klasse (Förder- und Grundschulkinder gemeinsam). Wir bemühen uns darum, Inhalte der Werkstatt durch Bewegung zu vertiefen, geben den Kindern aber auch Raum für Eigenerfahrung.
– Für Lernanfänger, bei denen es Defizite im Sozialverhalten gibt, nutzen wir die Arbeit in der Kleingruppe und arbeiten mit ca. fünf bis sieben Kindern. Gut hat sich die Arbeit mit Ton beziehungsweise Modelliermasse bewährt. Dabei setzen die Kinder mittels Kneten und Formen sowie auch ihrer Sprache Unterrichtsinhalte um und üben sich durch die gemeinsame Tätigkeit an einer Aufgabenstellung im sozialen Miteinander.
– Zum Schluss möchten wir noch erwähnen, dass wir in der Regel für jedes sprachgestörte Kind pro Woche ein bis zwei gesonderte Therapiestunden einplanen, in denen wir vorwiegend an der Sprache arbeiten.

Die veränderte Lehrerrolle

Ein wichtiger Punkt in unserer Arbeit ist die veränderte Lehrerrolle, da in unserem Unterricht viel Eigenverantwortung von den lernenden Kindern gefordert wird. Werkstattarbeit heißt natürlich schülerzentrierter Unterricht. Zwangsläufig verliert die Lehrkraft ihre Mittelpunktrolle, was nicht immer so schnell akzeptiert wird. Viele Dinge, die sonst die Lehrkraft erledigt, werden an die Schüler dele-

Konzepte gemeinsamen Unterrichts

giert. Die Lehrkraft ist nicht mehr die Belehrende, sondern wird mehr und mehr Partner/in und Berater/in für ihre Kinder. Sie hat ständig die Möglichkeit, die Kinder genau zu beobachten, nachzufragen, zu ermutigen und zu bestätigen. Sie/Er ist einfach da, wenn ein Kind Hilfe braucht und kann bei Schwierigkeiten sofort reagieren.

Die Kollegen sollten also lernen, sich selbst zurückzuhalten, um den Kindern das Lernen nicht zu nehmen. Die wohl anspruchsvollste Arbeit des Lehrers besteht in der Aufbereitung der Werkstatt als „didaktischer Selbstläufer". Dadurch gewinnt er Zeit, sich den kleinen und großen Alltagssorgen seiner Kinder zu widmen, damit diese ihren Kopf frei haben zum Lernen.

Probleme und Chancen in unserer Arbeit

Bei allen Erfolgen, die wir in unserer Arbeit schon erzielt haben, gibt es natürlich in solch einem Prozess auch Probleme. Besonders die Arbeit im Team erfordert von allen Kollegen ein hohes Maß an Offenheit und Konfliktbewältigung. Da die Lehrkraft noch überwiegend „Einzelkämpfer/in" ist und der Unterricht oft hinter verschlossener Tür stattfindet, ist das sicher ein nicht zu unterschätzendes Problem. Die Kolleg(en)/innen müssen lernen aufeinander zuzugehen, Kooperationsbereitschaft zu signalisieren sowie persönliche Offenheit einzubringen.

Meist betreten Kolleg(en)/innen bei dem Einstieg in die Integration gleichzeitig in mehreren Bereichen „Neuland":
– Arbeit mit behinderten Kindern
– Teamarbeit mit den Kollegen der jeweils anderen Schulart
– veränderter schülerzentrierter Unterricht, verbunden mit einem Neudenken der Lehrerrolle.

Wenn diese Teamarbeit gelingen soll, ist es aus unserer Sicht wichtig, dass die Kooperationspartner sich auf freiwilliger Basis zusammenfinden. Beide müssen davon überzeugt sein, dass der Weg, auf den sie sich begeben und die Mittel, mit denen sie das Ziel erreichen wollen, die richtigen sind.

Notwendig für alle beteiligten Kollegen ist auch der ständige gegenseitige Austausch, da das neue Unterrichtskonzept sowie der Umgang mit auffälligen Kindern immer wieder neue Fragen aufwirft. Natürlich ist dieses Zweipädagogensystem auch als Chance zu

Konzepte gemeinsamen Unterrichts

sehen. Die Teamarbeit erweitert gegenseitig die persönliche pädagogische Kompetenz und verbessert die Sicht auf die eigene Lehrerperson sowie die Sicht auf den anderen Kollegen. Die Arbeit hilft dabei, von eigenen festgefahrenen Gewohnheiten im Schulalltag abzugehen und sich immer wieder gemeinsam auf neue Anforderungen einzustellen. Beide Kolleg(en)/innen können gegenseitig von den Erfahrungen des/der anderen profitieren und sie für ihre eigene Arbeit nutzen.

Uns erscheint auch die regelmäßige Fortbildung der Kollegen als sehr wichtig. Gut ist, wenn man ihnen die Möglichkeit zur gemeinsamen Fortbildung geben kann und sie so beispielsweise einen Kurs zum Anfangsunterricht schon im Team absolvieren. Keine geringe Rolle spielt in diesem Prozess auch die Kompetenz der Schulleitung. Sie sollte unbedingt die Kooperationsarbeit der Kollegen als Leistung anerkennen und unterstützen sowie bei Problemen als Beratung zur Seite stehen.

Der gesamte Prozess sollte gut vorbereitet, begleitet und vom gesamten Kollegium mitgetragen werden. Wir würden uns freuen, mit Kollegen, die ebenfalls in Integrationsklassen arbeiten, in Erfahrungsaustausch zu treten. Das Regionalschulamt Dresden und die Sächsische Akademie für Lehrerfortbildung (SALF) bieten dazu Fortbildungen an, in die unsere Erkenntnisse einfließen.

Literatur:

DÜMLER, Reinhard: leichter lesen lernen, Dortmund: Verl. Modernes Lernen 1996

REICHEN, Jürgen: Lesen durch Schreiben, Zürich: Sabe 1992

REICHEN, Jürgen: Sachunterricht und Sachbegegnung, Zürich: Sabe 1991

SCHÖLER, Jutta: Leitfaden zur Kooperation von Lehrerinnen und Lehrern – nicht nur in Integrationsklassen, Heinsberg: Dieck 1997

6.1.4 „Man sieht die Behinderung nach einiger Zeit gar nicht mehr." – Schüler mit Körperbehinderungen am Gymnasium[Fn.1]

Brigitte Busse

Die Freiräume der Wendezeit nutzten wir Lehrer an der Körperbehindertenschule Hoyerswerda, um die Einbeziehung von nicht behinderten Schülern an unserer Schule zu „erproben". Von 1990 bis 1992 führte ich eine Integrationsklasse an unserer Schule mit sieben behinderten und acht nicht behinderten Schülern (Diese „umgekehrte Integration" wurde bis 1994 an der Körperbehindertenschule Hoyerswerda durchgeführt. Aus Kostengründen gestattete die Schulaufsicht dann diese Form nicht mehr.).

Da diese Integration erfolgreich verlief, suchten wir nach Regelschulen, die ebenfalls mit der Integration beginnen würden. Wir fanden ein Gymnasium mit einem aufgeschlossenen Schulleiter. Durch das Engagement der Eltern sowie auf unser Drängen gaben dann das Oberschulamt und das örtliche Schulverwaltungsamt die Erlaubnis, mit der Integration zu beginnen – allerdings nur mit dem Status von Einzelintegration. Eine Anerkennung als Integrationsgymnasium scheiterte 1994 am Einspruch des Sächsischen Kultusministeriums.

1992 wechselte ich als Förderschullehrerin und Fachlehrerin für Mathematik/Physik zusammen mit sechs behinderten Schülern in das Konrad-Zuse-Gymnasium. Ich wurde dort Integrationsbeauftragte und übernahm als Klassenleiterin eine 7. Klasse mit zwei Rollstuhlfahrern.

Zu dieser Zeit gab es noch keine entsprechenden Verordnungen, die die Integration geregelt hätten, sodass mit viel persönlichem Einsatz ein behindertengerechtes Umfeld erst geschaffen werden musste. Die Bereitstellung der materiellen Ausstattung wurde von Anfang an bis heute von den Stadtverordneten von Hoyerswerda unterstützt.

---

1. Dieser Beitrag wurde leicht überarbeitet übernommen aus: Ursula Mahnke/Landesarbeitsgemeinschaft Gemeinsam leben – Gemeinsam lernen Sachsen e. V. (Hrsg.): Ratgeber zur schulischen Integration in Sachsen, Chemnitz 1999 S. 60–63.

Konzepte gemeinsamen Unterrichts

Seit 1992 wurden am Konrad-Zuse-Gymnasium 23 Integrationsklassen geführt. Inzwischen haben 12 behinderte Gymnasiasten das Abitur bestanden und befinden sich im Studium oder in der Berufsausbildung. Im Schuljahr 2000/2001 befanden sich noch vier behinderte Schüler in vier verschiedenen Klassen am Gymnasium. Vier weitere Integrationsschüler besuchen das Leon-Foucault-Gymnasium, an dem seit der Zusammenführung unserer beider Gymnasien die Integration 2002 fortgesetzt wird.

Da wir für unsere Schule ein relativ großes Einzugsgebiet haben (ca. 50 km bis hinein nach Brandenburg), spielt für die körperbehinderten Schüler die Frage der Beförderung eine wichtige Rolle. Schüler aus weiter entfernten Heimatorten, die nicht täglich gefahren werden können, wohnen im Heim für Körperbehinderte in Hoyerswerda. Für die Transportmöglichkeiten haben wir Lösungen mit individuellem Zuschnitt gefunden: Sammeltransporte in behindertengerechten Bussen, DRK-Transporte, Taxifahrten, Elterntransporte, Linienbusse mit abgesenkten Einstiegen (Begleitung durch Zivildienstleistende), ältere Schüler fahren teilweise selbst. In allen Fällen übernimmt die Stadt Hoyerswerda die Kosten für den Transport.

Die Rahmenbedingungen an der Schule sind inzwischen recht gut:
- Zwei Zivildienstleistende übernehmen zurzeit pflegerische und betreuende Aufgaben (Lagerungsveränderungen, Entsorgung der Windeln, Essensversorgung u. a.). Sie warten das Umfeld der behinderten Gymnasiasten (Ordnung und Sauberkeit der Ruheräume, kleinere Reparaturen an den Hilfsmitteln, Einrichten von Arbeitsplätzen u. a.) und begleiten die Transporte.
- Krankenschwestern vom Mobilen Dienst katheterisieren die schwerstkörperbehinderten Schüler.
- Physiotherapeuten führen therapeutische Anwendungen in der Schule durch – während der Freistunden, während Sportstunden oder auch nach dem Unterricht. Sie werden von den Eltern beauftragt und von den Krankenkassen bezahlt.
- Notwendige Räumlichkeiten, Arbeitsmaterialien und Geräte stehen in der Schule zur Verfügung: barrierefreier Zugang zu allen Räumen (Fahrstühle, schräge Ebenen etc.), Ruheräume für Therapie, Lagerungen und differenziertes Arbeiten, Behindertentoiletten, Klassen- und Fachräume mit behindertengerechten Arbeitsplätzen,

Konzepte gemeinsamen Unterrichts

technische und behindertenspezifische apparative Hilfe und Medien (Bereitstellung, individuelle Anpassung, Einübung, Nutzung, Wartung etc.).

Die Aufnahme der behinderten Schüler erfolgt mit einer Bildungsempfehlung und mit einem von der Schulaufsichtsbehörde befürwortenden pädagogisch-medizinischen Gutachten aus dem hervorgeht, dass der Schüler auch unter förderpädagogischer Sicht im Klassenverband mit nichtbehinderten Schülern eingegliedert werden kann. Die Schüler werden nach den allgemeinen Lehrplänen des Gymnasiums unterrichtet. Die Größe der Klassen bzw. Lerngruppen ist der jeweiligen Situation der behinderten Schüler angepasst. Als Obergrenze gelten 25 Schüler. Wir hatten aber auch bisher keine Probleme, geringere Klassenstärken durchzusetzen (z. B. 19 oder 20), wenn es die Art der Behinderung, die Anzahl der Integrationsschüler pro Klasse oder die Größe des Klassenraumes erforderte.

Für eine wirkungsvolle förderpädagogische Arbeit koordiniere ich als Körperbehindertenpädagogin die erforderlichen Maßnahmen im gesamten schulorganisatorischen Ablauf:
– Organisation der Aufnahme an der Schule
– Analysieren des Förderbedarfs, Aufstellen von Förderplänen, Kontrolle des Lernprozesses in enger Absprache mit den unterrichtenden Lehrkräften (Teilnahme an Konferenzen, Dienstberatungen, Dokumentation der Förderpläne u. a.)
– Kooperation zwischen den Lehrkräften der Schule und den Eltern, Erziehern, Zivildienstleistenden u. a.
– Vorschläge für die Gestaltung des Tagesablaufes (individuelle Lern- und Ruhezeiten)
– Unterstützung bei rehabilitativen Maßnahmen (z. B. bei bevorstehenden Operationen, orthopädischen Versorgungen)
– Hilfe bei der Organisation von Wanderfahrten und Exkursionen
– Erteilung von Förderunterricht – insbesondere Funktionsschulung
– Diagnostik und Begutachtung für die jährlichen Anträge zum Förderbedarf

Für diese Aufgaben bekomme ich als Integrationsberaterin in der Regel sechs wöchentliche sog. Körperbehindertenstunden angerechnet. Über diese Stunden muss im Einzelnen eine minutiöse „Aufwandsfeststellung" geführt und beim Regionalschulamt eingereicht

Konzepte gemeinsamen Unterrichts

werden. Den Rest meiner Unterrichtsstunden erteile ich ganz „normalen" Fachunterricht (Mathematik/Physik).

Die Klassenleiter und Fachlehrer erhalten in der Regel eine Wochenstunde Ermäßigung für den Mehraufwand: für die Absprachen mit den Förderschullehrern, mit Zivis etc. sowie für die Vorbereitung der besonderen Förderung der behinderten Schüler, die sie teilweise unter Anleitung der Förderpädagogen durchführen.

In der langjährigen Arbeit habe ich durch die Integration körperbehinderter Schüler – gerade in der Sekundarstufe – sowohl bei den nichtbehinderten Schülern als auch bei den behinderten positive Wirkungen feststellen können.

Das beginnt bereits bei der Anmeldung. Häufig äußern die Eltern der nichtbehinderten Kinder den Wunsch, ihr Kind in eine Integrationsklasse aufzunehmen. Die Eltern der Abiturienten äußern, dass ihren Kindern diese Erfahrung im Umgang mit den Behinderten gut getan hat. Bei einigen Schülern wurden dadurch berufliche Ziele beeinflusst. Während eines Projektes im Gemeinschaftskundeunterricht (Klasse 12) wurde die Integration als beste Errungenschaft seit Bestehen des Gymnasiums genannt.

Insgesamt ist festzustellen, dass gerade nicht behinderte Schüler zu mehr Nachdenklichkeit angeregt werden, Berührungsängste werden abgebaut und die Achtung vor Behinderten – insbesondere vor deren Tagespensum – ist groß. Kürzlich äußerten sich Schüler vor einer Fernsehkamera: „Man sieht die Behinderung nach einiger Zeit gar nicht mehr. Es zählt nur, was der Behinderte leistet."

Bei den behinderten Gymnasiasten stellt sich zunehmend Normalität in allen Bereichen ein (Sprachgebrauch, Interessen, Lebensweise u. a.). Sie werden selbstbewusster. Es entwickeln sich Freundschaften über die Schule hinaus. Gemeinsame Unternehmungen (Discobesuche, Kegeln, Theater, Kino, Feste) sind keine Seltenheit. Es finden auch gemeinsame Urlaubsfahrten statt. Beide Seiten lernen aber auch ihre Grenzen und Schwächen kennen und damit umzugehen. Wie bei nicht behinderten Mitschülern, kommt es auch hier zu Ausgrenzung und Isolation, was aber weniger auf Berührungsängste der Mitschüler als vielmehr auf die Persönlichkeit des jeweiligen Jugendlichen mit Behinderung zurückzuführen ist.

Konzepte gemeinsamen Unterrichts

Ich selbst empfinde durch die Aufgabe der Integration eine große Zufriedenheit im Beruf. Am meisten freue ich mich, wenn Eltern und deren behinderte Kinder zur Abiturfeier glücklich ihre Zeugnisse entgegennehmen und offen bekunden, dass sie froh darüber sind, hier auf unser Gymnasium gegangen zu sein – und nicht auf eine Förderschule.

6.1.5 Konzept des Förderschulzentrums „Oberes Erzgebirge" Dippoldiswalde

Gisela Mehnert/Jörg Jacobi/Kerstin Erler

Aufgrund der demografischen Entwicklung im Freistaat Sachsen und der damit in Verbindung stehenden Festlegung von Schulstandorten ist davon auszugehen, dass für alle bisher bestehenden Förderschulen weiterhin ein öffentliches Bedürfnis besteht. Mit der bestehenden Grundstruktur kann ein regionales Bildungsangebot zur Erfüllung mehrerer sonderpädagogischen Förderschwerpunkte bedarfsgerecht und möglichst wohnortnah entwickelt werden.

Das Förderschulzentrum (FSZ) bündelt mehrere Förderschwerpunkte zu einer Organisationseinheit. Damit kann sonderpädagogische Förderung wohnortnah angeboten werden. Bei der Gestaltung des Förderschulzentrums wurde darauf geachtet, dass sich bestandssichere Grund- und Mittelschulen im Umfeld befinden. Soweit der Unterricht in der allgemein bildenden Schule der Region in kooperativer Form angeboten werden kann, stellt das Förderschulzentrum das hierfür geeignete Personal im Einvernehmen mit der örtlichen Schulleitung. Bei Einzel- und Gruppenintegration gewährleistet das Förderschulzentrum unterrichtsbegleitende Maßnahmen.

Die Arbeitsaufgaben des Förderschulzentrums bestehen also aus:
– Sicherung des Unterrichts in den Förderschwerpunkten Lernen, Sprache, geistige Behinderung sowie emotionale und soziale Entwicklung.
– Der Unterricht kann in der Förderschule und in Außenstellen an Grund- und Mittelschulen stattfinden.

Konzepte gemeinsamen Unterrichts

- Das Förderschulzentrum leistet sonderpädagogische Unterstützung bei Integrationsmaßnahmen in der allgemein bildenden Schule.
- Das Förderschulzentrum sichert die sonderpädagogische Beratung für Eltern, Lehrer und Schulträger der Region.
- Die Betreuung der Kinder in den Förderschwerpunkten Hören, Sehen und Körperbehinderung erfolgt durch das Förderschulzentrum nur dann, wenn die nötigen sächlichen, personellen und räumlichen Bedingungen gegeben sind.
- Das Förderschulzentrum sichert in besonderem Maße die Durchlässigkeit des sächsischen Schulwesens und lässt in der Einzelfallprüfung den Weg der Reintegration zu, ohne dass das Kind den Sozialraum wechseln muss.

Die konkrete Ausgestaltung des Förderschulzentrums ist maßgebend von den territorialen Bedingungen abhängig und deshalb flexibel gestaltet. Somit stellt die Struktur den gegenwärtigen Bedarf und die gegenwärtige Situation dar (siehe Abb. 1).

Eine Basisfunktion für das Förderschulzentrum hat die nunmehr sechsjährige Arbeit an der Grundschule Obercarsdorf. Dort werden Schüler der Grundschule und Schüler der Förderschule im kooperativen Unterricht beschult.

Im Schuljahr 2000/01 sind innerhalb des Weißeritzkreises 37 Kinder verschiedener Förderschwerpunkte in den allgemein bildenden Schulen integriert worden. Diese werden sowohl lernzielgleich als auch lernzieldifferenziert unterrichtet. Eine lernzieldifferenzierte Unterrichtung erfolgt zeitweise in Abhängigkeit von der individuellen Situation des Kindes. Notwendig ist in jedem Fall die Erfüllung des sonderpädagogischen Förderbedarfs.

Eine Gruppe unter Leitung der Schulaufsicht arbeitete im Rahmen der Organisationsentwicklung und in Abstimmung mit dem Sächsischen Staatsministerium für Kultus seit 1994 an der nunmehr bestehenden Struktur. Diese Arbeitsgruppe besteht aus Schulleitern, Schulträgern, dem Landratsamt und Elternvertretern.

Die Arbeitsentwürfe sind in den Schulkonferenzen, Lehrerkonferenzen, Stadtverordneten- und Gemeinderatssitzungen sowie im Landkreis beraten worden, sodass innerhalb des Territoriums ein transparentes Arbeiten ermöglicht wird und zugleich Bedingungen und Möglichkeiten benannt werden konnten. Mittlerweile sind da-

Konzepte gemeinsamen Unterrichts

raus mehrere Arbeitsgruppen zu den einzelnen Förderschwerpunkten entstanden, die sich überwiegend mit der pädagogischen Arbeit an der Schule auseinander setzen. So kann der strukturelle und inhaltliche Prozess begleitet und gegebenenfalls korrigiert werden.

Die im Förderschulzentrum Lehrenden und Lernenden erfahren trotz gegliederten Schulsystems und des damit verbundenen Erziehungs- und Bildungsauftrages immer mehr die Gleichberechtigung der einzelnen Schularten. Genau wie die allgemein bildenden Schulen haben die Förderschulen dafür Sorge zu tragen, dass sich die pädagogische Arbeit immer mehr auf die Entwicklung von Kenntnissen, Fähigkeiten und Werten orientiert und die Schüler zu eigenverantwortlichem Handeln und schöpferischem Tun befähigt werden müssen. Neben Toleranz, Achtung vor der Würde des Menschen und Respekt vor anderen Überzeugungen gilt es, ethische Normen zu vermitteln und Bereitschaft zum Handeln zu entwickeln. Maßgebend ist nicht nur der Leistungsaspekt, sondern auch die Ausbildung von emotional-sozialer Kompetenz bei allen Schülern. Darüber hinaus ist mit der Arbeit des Förderschulzentrums die Möglichkeit gegeben, dass Abschlüsse der übrigen Schularten erworben werden können.

Unter all diesen Gesichtspunkten ist zu sehen, dass sich die Förderschule gleichberechtigt neben allen anderen Schularten im Freistaat Sachsen auf dem Weg der Schulentwicklung befindet. Es gilt Wege zu finden, die diesen Gedanken reflektieren.

Immer mehr geht deshalb die sonderpädagogische Förderung vom Ansatz des Förderns aus, um nach der Schulzeit dem Jugendlichen eine entsprechend seinen Fähigkeiten und Kenntnissen mögliche Eingliederung in die Gesellschaft zu ermöglichen und damit ein selbstbestimmtes Leben führen zu können.

Die gewachsene förderpädagogische Kompetenz der Lehrkräfte ist für die Erfüllung des Förderbedarfs unerlässlich. Diese Ressourcen sind ein entscheidender Faktor bei der Gestaltung von Förderschulzentren. Ohne den Einsatz von Förderpädagogen ist eine fachgerechte Förderung behinderter oder von Behinderung bedrohter Kinder und Jugendlicher nicht möglich. Durch eine sinnvolle und zweckentsprechende Bestimmung von Standorten und Kooperationsschulen wird es möglich, Ressourcen zu bündeln und effizient einzusetzen.

Konzepte gemeinsamen Unterrichts

Der ländliche Raum bringt besondere Bedingungen mit sich. Bereits in der allgemein bildenden Schule sind weite Schulwege gegeben, und der überwiegende Teil der Schüler ist auf den Schulbusverkehr angewiesen, um die entsprechende Schule zu erreichen. Der prozentual geringe Anteil der Förderschüler würde im ländlichen Territorium nicht zur Auslastung einer Schule führen. Das würde zu einer Zentralisierung führen, die eine Heimunterbringung notwendig machen würde. Die demzufolge notwendige Einschulung an differenzierten Förderschulen außerhalb des Landkreises bedeutet für viele Schüler gleichzeitig eine zwangsmäßige Unterbringung in einem Heim. Dies führt insbesondere im jüngeren Schulalter zu einer Trennung von der Familie und dem bestehenden sozialen Gefüge. Allein das Wohnen in einem ländlichen Territorium darf nicht zur Benachteiligung von Kindern mit sonderpädagogischem Förderbedarf führen. Sie müssen unter möglichst lebensnahen Bedingungen immer besser lernen, mit ihren Erschwernissen umzugehen und sich auf die Anforderungen des Lebens einzustellen.

Ziel des Förderschulzentrums ist es aus diesem Grund, die möglichen Förderschwerpunkte im Rahmen von Außenstellenvarianten im Territorium anzubieten. Sofern es sich dabei um Außenstellen an Grund- und Mittelschulen handelt, darf in das leistungsbezogene Lernen dieser Schularten nicht eingegriffen werden.

Es ist zu beobachten, dass immer mehr Kinder wegen Förderbedarfs im Bereich der emotionalen und sozialen Entwicklung in Förderschulen aufgenommen werden müssen. Auf diese veränderte Situation muss demzufolge mit veränderten Bildungsangeboten reagiert werden. Ein wesentliches Ziel der Entwicklung eines Förderschulzentrums ist es, gerade diese Schüler nicht aus dem sozialen Umfeld zu lösen. Vielmehr geht es darum, die vorhandenen territorialen Ressourcen im Sinne der ganzheitlichen Entwicklung des Schülers zu nutzen und Rahmenbedingungen auf den Einzelfall abzustimmen.

Insofern ist eine enge Zusammenarbeit zwischen den einzelnen verantwortlichen Ämtern und Institutionen erforderlich. Nur unter den Bedingungen der kooperativen Zusammenarbeit zwischen Schulträgern, Landratsamt und Sozialamt in Verbindung mit dem Regionalschulamt ist eine sinnvolle Strukturierung möglich.

Konzepte gemeinsamen Unterrichts

Das Anliegen des Förderschulzentrums wird von den Schulträgern, von den beteiligten Schulen und der Öffentlichkeit im Territorium getragen und gestützt. Der Aufbau des Förderschulzentrums ist so angelegt, dass es neben der Stammschule an der Förderschule für Lernbehinderte Ulberndorf weitere vier Außenstellen gibt (Abb. 2).

Die bisher ausgezeichnete Kooperation zwischen der Grundschule Obercarsdorf und dem Primärbereich der Förderschule für Lernbehinderte Ulberndorf lässt erkennen, dass lernzieldifferenzierter Unterricht gestaltet werden kann, ohne dem Leistungsanspruch der jeweiligen Schulart zu widersprechen.

Unbestritten ist, dass die Arbeit im Förderschulzentrum auch eine neue Lern- und Lehrqualität sowohl in der Förderschule als auch in der allgemein bildenden Schule erfordert. Darauf müssen die Lehrkräfte vorbereitet werden. Der dazu eingerichtete Fortbildungskurs mit 160 Stunden erstreckt sich über ein Schuljahr und beinhaltet neben der Vermittlung theoretischen Wissens auch praktische Erfahrungen der allgemein bildenden Schule und der Förderschule.

Der Aufbau des Förderschulzentrums erfolgt stufenweise und soll bis zum Schuljahr 2004/05 in den Förderschwerpunkten abgeschlossen sein. Dieser Prozess erfordert ein ständiges Reagieren auf aktuelle Entwicklungen, um mögliche Korrekturen vornehmen zu können.

Konzepte gemeinsamen Unterrichts

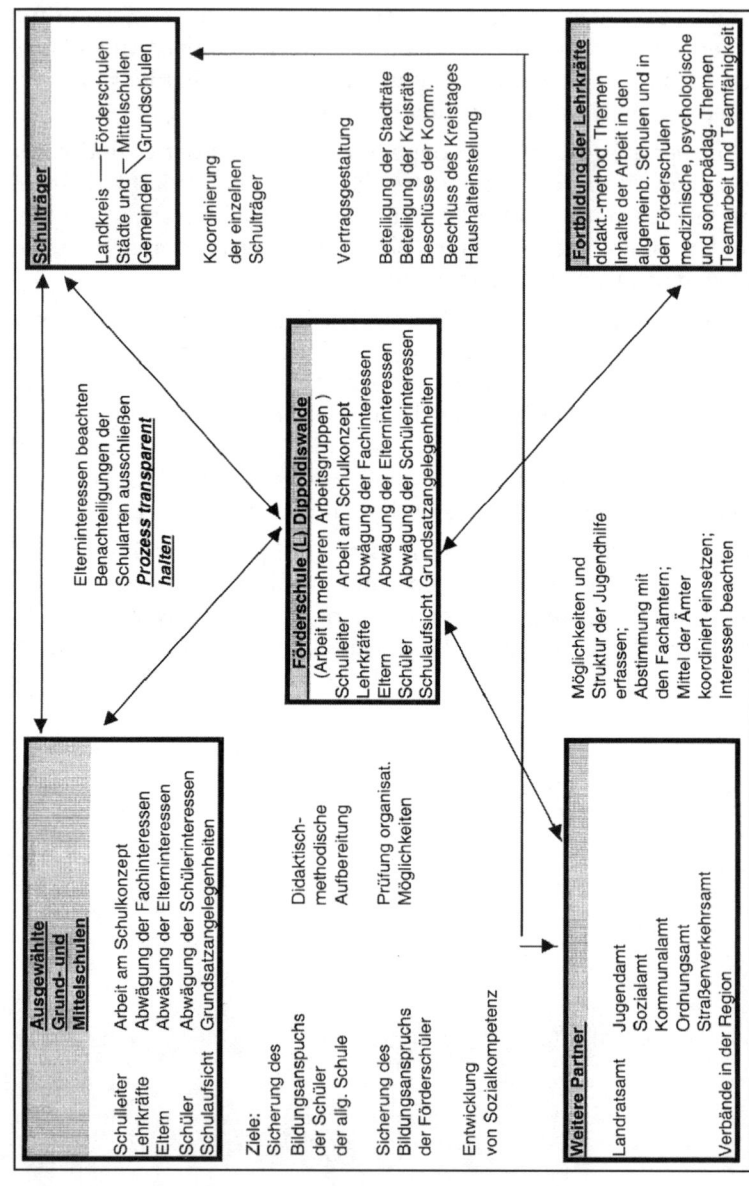

Abb. 1: Partner des Förderschulzentrums

Konzepte gemeinsamen Unterrichts

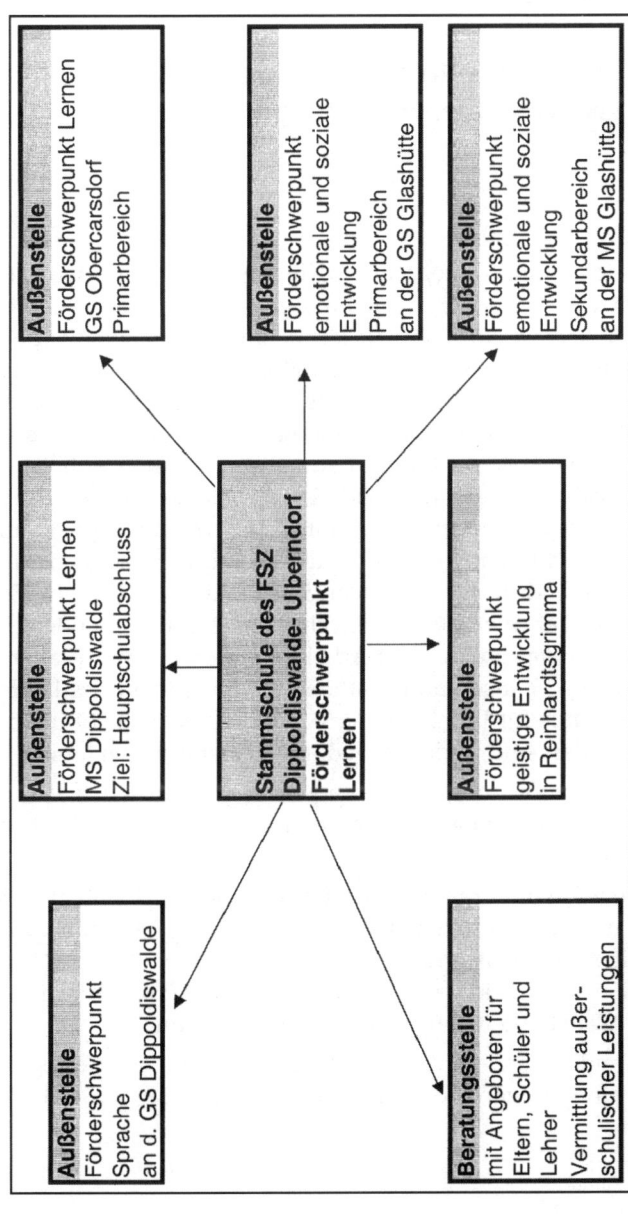

Abb.2: Struktur des Förderschulzentrums

Konzepte gemeinsamen Unterrichts

6.2 Die Unterrichtspraxis

6.2.1 Individuelle Förderung durch Montessori-Pädagogik

Kathrin Pelzl

Kai[Fn.1]

Kai besuchte einen integrativen Kindergarten. Die Eltern zeigten großes Interesse an einer Aufnahme in die Montessori-Schule. Die Vorschuldiagnostik stufte ihn als lernbehindert ein. So wurde Kai im Schuljahr 1996/97 im ersten Jahrgang als lernbehindertes Integrationskind eingeschult. Schon im Laufe der 1. Klasse fiel auf, dass Kai sehr bildhaft lernte und große Mühe hatte, höhere Denkprozesse zu vollziehen. Merkfähigkeit und Lerntempo waren ebenfalls eingeschränkt, sodass er die Ziele des Lehrplans der Förderschule für Lernbehinderte nicht erreichen konnte. Eine erneute Begutachtung in Klasse 2 erbrachte einen Förderbedarf als geistig behindertes Kind und damit ließ auch der „Lehrplandruck" nach, da für eine Bewertung nun der Lehrplan der Förderschule für geistig Behinderte maßgebend war. In der praktischen Arbeit orientierten wir uns allerdings in den Fächern Deutsch und Mathematik am Aufbau des Lehrplans der Förderschule für Lernbehinderte, da die Lernziele dort detaillierter aufgegliedert sind, sodass sich damit besser arbeiten lässt.

Von da an war es möglich, Kai noch ausgedehnter und variantenreicher zu einem Thema arbeiten zu lassen, bis er es wirklich verinnerlicht hatte.

Kai arbeitet in der Freiarbeit (jeweils die ersten beiden Unterrichtsstunden) nach einem Wochenplan. Er benötigt große Hilfe, um sich die Arbeit einzuteilen und neue Aufgaben zu verstehen. Weiterhin bedarf er durch seine schnell nachlassende Konzentration und erhöhte Ablenkbarkeit einer intensiveren Betreuung.

Kais Stundenplan enthält gegenüber den anderen Viertklässlern einige Veränderungen. So nimmt er, obwohl er im Schuljahr 2000/

---

1. Namen geändert.

Konzepte gemeinsamen Unterrichts

2001 die 4. Klassenstufe besucht, am Heimatkundeunterricht in Klasse 3 teil. Hier erhält er Hilfe durch einen Zweitlehrer. Sollte die Thematik ihn dennoch überfordern, wird er gemeinsam mit einem anderen geistig behinderten Kind herausgelöst. In der Kleingruppe wird zu dem entsprechenden Thema gegenständlicher gearbeitet.

Kai lernte lesen und das Schreiben der Schreibschrift sowie das Addieren, Subtrahieren und Multiplizieren. In Mathematik benutzte er eine eigene Fingermethode, indem er im Zahlenraum bis 100 die Finger als Einer benutzt. Die Zehner behält er im Kopf. So kommt er auch bei der Zehnerüberschreitung recht gut klar.

Er besucht 14tägig den Schwimmunterricht. Ebenfalls alle zwei Wochen erhält er je eine sprachliche und eine hauswirtschaftliche Einzelförderung. Zur Verbesserung von Konzentration und Feinmotorik besucht Kai einmal pro Woche die Ergotherapie, die nach dem Unterricht in der Schule stattfindet.

Kai bekommt in der vierten Klassenstufe keine Zensuren. Schriftliche Arbeiten werden mit Worturteilen bewertet *(siehe Kap. 6.1.1)*.

Lars

Lars kam ebenfalls aus einem Integrationskindergarten zu uns. Eltern und Erzieherinnen favorisierten gleichermaßen eine Einschulung in die Montessori-Schule. Er wurde im Schuljahr 1997/98 als lernbehindertes Integrationskind eingeschult.

Lars hat eine ausgeprägte Antriebsschwäche. Sowohl für geistige Arbeit als auch körperliche Bewegung braucht Lars regelmäßige Impulse. Seine schlaffe Muskulatur erschwert ihm sportliche Betätigung. Er hat aufgrund seiner Schwerfälligkeit im Sportunterricht und besonders beim Schwimmen große Ängste, die einen sehr behutsamen Umgang erfordern.

Lars ist auf sprachlichem Gebiet recht begabt. Er kann gut lesen und merkt sich englische Vokabeln schnell. Größere Schwierigkeiten bereiten ihm das logische Denken und das Erkennen von Zusammenhängen.

Lars arbeitet in der Freiarbeit nach einem Wochenplan. Er wird dabei von der Kolehrerin begleitet. Die Kolehrerin ist eine Erzieherin mit sonderpädagogischer Zusatzausbildung oder eine Förderschullehrerin. Diese Lehrperson konzentriert sich besonders auf die Inte-

Konzepte gemeinsamen Unterrichts

grationskinder und gibt dort verstärkt Hilfestellung, z. B. beim Auswählen einer Arbeit, beim Verstehen einer Aufgabe und beim Durchhaltevermögen.

Eine tägliche Punktebewertung stimuliert sein Arbeitstempo. Das bedeutet, Lars erhält eine Rückkopplung über seine Arbeitsweise in Form von Punkten, damit er sich selbst besser einschätzen lernt und auch seine Eltern informiert sind: roter Punkt – gut gearbeitet; grüner Punkt – es könnte besser sein; blauer Punkt – nicht so gut gearbeitet (für rote Punkte gibt es zuhause auch mal eine Belohnung).

Lars hat wöchentlich je eine Stunde Deutsch und Mathematik in einer Kleingruppe. Ansonsten entspricht sein Stundenplan dem eines Drittklässlers.

Da Lars den Lehrplan der Förderschule für Lernbehinderte bis Klasse 3 recht gut erreichte, entstand bei den Eltern der Wunsch, ihn an die Ziele des Grundschullehrplans heranzuführen. Aus diesem Grund wiederholte Lars die Klasse 3. Mit besonderen Hilfen und viel Hausfleiß sollte Lars in diesem Schuljahr die Ziele eines Drittklässlers erreichen, um dann ab Klasse 4 kein Integrationskind mehr zu sein. Dazu finden regelmäßige Abstimmungen mit dem Elternhaus statt. Die Entscheidung fällt am Endes des Schuljahres.

Alexander

Alexander wurde im Schuljahr 1999/2000 in die Montessori-Schule eingeschult. Er kam aus einem integrativen Kindergarten, den er aufgrund seiner massiven Anpassungs- und Einordnungsprobleme besuchte (mit Eingliederungshilfe).

Dessen ungeachtet ergab die Vorschuldiagnostik, dass Alexander zunächst eine „normale" Grundschule besuchen sollte. Seine sozialen Probleme setzten sich allerdings auch im Schulalltag fort. Alexander trat Mitschülern dominant und unangemessen entgegen. Oft initiierte er Streit, wobei eine zunehmende Aggression zu beobachten war. Auch das Lernen verlief problematisch. Besonders im muttersprachlichen und sportlichen Bereich verweigerte er sich häufig.

Alexander wurde noch in Klasse 1 von der Schule für Erziehungshilfe diagnostiziert und erhielt einen entsprechenden Schulfeststellungsbescheid. Die dringend erforderliche Einzelfallhilfe wurde ebenfalls beantragt, jedoch immer noch nicht genehmigt. Durch den

Konzepte gemeinsamen Unterrichts

glücklichen Umstand, dass an unserer Schule sowohl in Klasse 1 als auch nun in Klasse 2 jeweils eine Langzeitpraktikantin zur Verfügung stand, konnte Alexander seinen derzeitigen Bedürfnissen entsprechend intensiv betreut werden.

Sein Stundenplan ist wie der jedes anderen Zweitklässlers mit geringen Abweichungen. In der Freiarbeitszeit (jeweils die ersten beiden Unterrichtsstunden) arbeitet Alexander nach einem Wochenplan. Da er fast ständig eine Hilfe an seiner Seite hat und jeder Tag gesondert ausgewertet wird, erfüllt er die Aufgaben gut. Auch im Deutschbereich hat er dadurch große Fortschritte gemacht. Trotzdem befindet er sich in der zweiten Klasse noch nicht auf dem Lehrplanniveau der Grundschule. Um seine feinmotorischen Probleme auszugleichen, die ihm die Schreibschrift so erschweren, erhält Alexander einmal wöchentlich eine Förderstunde einzeln und Ergotherapie. Auch in den frontalen Unterrichtsstunden und im Nachmittagsbereich wird Alexander von seiner Einzelfallhilfe begleitet.

6.2.2 Differenzierung im integrativen Unterricht

Renate Morgenstern

Integrativer Unterricht verlangt vom Lehrer planerisch und organisatorisch eine Differenzierung von Zielen, Methoden und Medien bei gleichen Lerninhalten. Bei der Integration körperbehinderter Kinder müssen im Unterricht einige Besonderheiten berücksichtigt werden.

Es gibt verstärkt Schwierigkeiten im Bereich der visuellen Wahrnehmung, das bedeutet, dass u. a. der Leseunterricht einfacher strukturiert sein sollte. In Mathematik müssen Probleme beim Erfassen vielschichtiger Aufgaben abgebaut bzw. überwunden werden. Diese Besonderheiten können generell durch eine differenzierte Aufgabenstellung, individuelle Hilfe oder Organisationsformen des offenen Unterrichts aufgefangen werden: etwa durch Gruppen- und Partnerarbeit oder auch Wochenplan- oder Werkstattarbeit, bei der jedes Kind Umfang und Arbeitstempo selbst bestimmt. Differenzierte Ar-

Konzepte gemeinsamen Unterrichts

beitsaufträge im Unterricht und bei den Hausaufgaben motivieren alle Kinder und schaffen gleichwertige Lernbedingungen.

Vorhandene Störungen in der Bewegungskoordination der Hände führen zu großen Problemen in der Feinmotorik. Der Lehrer sollte mehr Zeit und individuelle Unterstützung etwa beim Erlernen der Schulausgangsschrift einplanen. Gleiches gilt für schriftliche Übungen und Leistungskontrollen. Zeitprobleme können durch den Einsatz zusätzlicher Arbeitsblätter, die als Vordruck dienen, stark reduziert werden. Bei starker Beeinträchtigung ist das Erlernen der Druckschrift oft eine Erleichterung für die Kinder, ebenso der Einsatz verschiedener Unterrichtsmittel, wie z. B. große Buchstabenstempel und Lerncomputer. Über den evtl. Einsatz einer Schreibmaschine bzw. eines Computers muss mit Eltern, Ärzten und Therapeuten beraten werden. Wenn ein motorisch stark beeinträchtigtes Kind mit dem Computer arbeitet, können benötigte Arbeitsblätter oder Übungen vorher auf Diskette gespeichert werden. Auch können Leistungskontrollen ausgedruckt werden.

Hier einige Beispiele aus dem Unterrichtsalltag:
– Beim Sachkundethema „Herbst" sitzen alle Kinder der Klasse im Sitzkreis auf Teppichfliesen (d. h. gleiche Bedingungen sowohl für behinderte als auch für nichtbehinderte Kinder). In der Mitte auf dem Fußboden steht eine „Schatzkiste", gefüllt mit Schätzen des Herbstes: Kastanien, Drachen, bunte Blätter, Eicheln u. a. Die Kinder dürfen nach Aufforderung zur Kiste „krabbeln" und Gegenstände herausholen. Danach sprechen die Kinder über ihre eigenen Erfahrungen oder Erlebnisse mit diesen Gegenständen.
– Bei der Einführung eines neuen Schreibbuchstabens schreiben jeweils fünf Kinder an der Tafel mit einem Pinsel den neuen Buchstaben. Das Rollstuhlkind wird auch zur Tafel geholt – allerdings nur mit drei anderen Kindern, um genügend Bewegungsspielraum für den Rollstuhl zu lassen.
– Zur Festigung des Grundwortschatzes werden Übungsformen ausgewählt, die von allen Kindern gleichberechtigt erfüllt werden können, z. B. ein Partnerdiktat: Die Kinder diktieren sich gegenseitig vorgegebene Wörter, Wortgruppen und Sätze, evtl. an differenziertem Wortmaterial. Beim „Schachteldiktat" nehmen die Kinder vorbereitetes Wortmaterial aus der Schachtel und üben die Wörter in

Konzepte gemeinsamen Unterrichts

Einzel-, Partner- oder Gruppenarbeit. Bei den Kindern mit motorischen Einschränkungen achtet der Lehrer darauf, dass vor Arbeitsbeginn die Schachteln geöffnet sind.
- Während der täglichen Übung in Mathematik ist die Klasse gewöhnt, dass immer zwei Kinder hinter der Tafel arbeiten. Heute wird dort ein Stuhl bereitgestellt, weil ein gehbehindertes Kind dort rechnen möchte.
- Bei der schriftlichen Addition kann ein Kind mit Wahrnehmungsstörungen und Problemen in der Feinmotorik nicht gleichzeitig die Rechenschritte und die richtige Schreibweise erfassen und anwenden. Der Lehrer bereitet für dieses Kind entsprechende Aufgaben vor, um ihm zunächst die Arbeit mit dem Lineal zu ersparen.
- In Geometrie wird der Umgang mit dem Zirkel durch Partnerarbeit geübt (Welches Paar erfindet das schönste Muster?). Dadurch haben auch Kinder mit feinmotorischen Schwierigkeiten Erfolgserlebnisse. Der Lehrer muss aber die Partnerarbeit geschickt lenken.
- Beim Wettrechnen zur Festigung des Einmaleins wählt der Lehrer solche Spiele aus, an denen Kinder mit Bewegungsproblemen uneingeschränkt teilnehmen können, z. B. Wettspiele im Stuhlkreis oder Mannschaftsspiele im Sitzen.
- Bei rhythmischen Bewegungen zur Musik führen die Kinder paarweise verschiedene Handlungen aus (z. B. in die Hände klatschen, mit dem Kopf nicken). Dabei ist es selbstverständlich, dass die behinderten Kinder in die Paarbildung einbezogen werden. Mit dem Rollstuhl kann sich auch das behinderte Kind zur Musik bewegen.
- Der Sportunterricht sollte nicht nur leistungs- und wettbewerbsorientiert sein, sondern auch Spielformen, unterschiedliche Aufgaben und Elemente der Psychomotorik enthalten. So können auch behinderte Kinder auf Spezialstrecken, z. B. bei einer Rollstuhlwettfahrt, zum sportlichen Vorbild werden. Ein Beispiel etwa zu Staffelspielen: Durch die ständige Begleitung des Zivildienstleistenden ist es möglich, die behinderten Kinder in viele Übungen, besonders Wettspiele einzubeziehen. Ein Rollstuhlkind verfügt über besonders starke Armkraft. Mit Hilfe des Zivildienstleistenden steigt das Kind aus dem Rollstuhl und legt sich bäuchlings auf die Turnbank. Bei der nächsten Übung sollen sich alle Kinder auf dem Bauch liegend über die Bank ziehen. Meist gewinnt das Rollstuhlkind. Solche Stärken des Kindes muss der Lehrer kennen und nutzen. Auch an den

Konzepte gemeinsamen Unterrichts

verschiedenen Ballspielen (z. B. Völkerball) nehmen die Rollstuhlkinder aktiv teil. Sie beherrschen die Handhabung ihrer Rollstühle so gut, dass sie sich voll auf das Werfen konzentrieren können. Der Lehrer muss allerdings die Platzverhältnisse beachten und evtl. weniger Kinder pro Mannschaft einteilen.

Zensuren für einzelne Aufträge sollten gegebenenfalls durch Worturteile ersetzt werden. Somit werden dem Kind Ungerechtigkeiten erspart – denn Leistungen, die aufgrund körperlicher Defizite nicht erbracht werden können, werden nicht bewertet. Hier sollte der Lehrer die Möglichkeiten seiner pädagogischen Freiheit voll ausschöpfen.

6.2.3 Unterricht mit körperbehinderten Schülern am Gymnasium

Brigitte Busse, Carola Skibba

Seit 1992 lernen an unserer Schule, dem Konrad-Zuse-Gymnasium in Hoyerswerda, Schüler mit Körperbehinderungen und werden erfolgreich zum Abitur geführt. Welche konkreten Aufgaben sich daraus für Lehrkräfte ergeben, soll an zwei Beispielen deutlich werden.

Marco

Bereits zu Beginn der Integration an unserer Schule übernahm ich als Klassenleiterin eine fünfte Klasse mit Marco, einem Rollstuhlfahrer mit Querschnittslähmung. Als Fachlehrerin für Biologie und Sport hatte ich zwar keine Ausbildung als Förderschullehrerin und bis dahin auch keinerlei Erfahrung mit Behinderten, doch ich war bereit, mich der Aufgabe zu stellen.

Um die Lernentwicklung von Marco zu planen, erhielt ich durch die Integrationsbeauftragte unserer Schule (Brigitte Busse) Auskünfte über Diagnose, Förderbedarf, therapeutische Maßnahmen u. a. Vor Beginn des Schuljahres nahm ich ersten Kontakt zu Marco und zu seinen Eltern auf, um individuelle Besonderheiten zu erfahren, die mir eine intensivere pädagogische Betreuung erleichterte.

Konzepte gemeinsamen Unterrichts

Und dann die erste Begegnung aller Schüler am ersten Schultag! Wir bereiteten die nicht behinderten Schüler auf die neue Klassensituation vor. Ich habe die Erfahrung gemacht, dass behinderte Schüler das Bedürfnis haben, sich selbst ihren Mitschülern vorzustellen und bereit sind, über die Ursachen ihrer Behinderung zu reden. Ein bedeutender Schritt, erste Berührungsängste abzubauen.

Aufgrund der Entfernung seines Heimatortes wohnte Marco an den Schultagen im Internat der Körperbehindertenschule Hoyerswerda. Die Trennung von zu Hause und die neue Wohn- und Schulumgebung verkraftete er anfänglich nur sehr schwer, man sah ihn oft weinen. Als seine Mitschüler das bemerkten, beschlossen wir ihm zu helfen. So zog ich eines nachmittags mit einer fünfköpfigen Schülergruppe Richtung Internat – angemeldet natürlich und mit Kuchen, Blumen und Kuscheltieren im Gepäck (gespendet von Eltern und Kindern meiner Klasse). Mit der Zeit knüpften wir freundschaftliche Beziehungen auch zu den anderen behinderten Kindern seiner Internatsgruppe sowie zu den betreuenden Lehrern und Erziehern. Es entwickelten sich gemeinsame Traditionen: gemeinsame Weihnachtsfeiern (abwechselnd in den Einrichtungen), personelle Hilfe unserer Schüler bei Projekten der Körperbehindertenschule (Wandertage, Schulfeste), gemeinsamer Besuch des Märchenspiels der Förderschule u. a. Schon bald erinnerte sich niemand mehr an das traurige Gesicht von Marco der ersten Schultage.

Als Sportlehrerin liegt mir sehr viel daran, behinderte Schüler im Rahmen ihrer Möglichkeiten und unserer Bedingungen in den Sportunterricht ihrer Klasse zu integrieren. Also erkundigte ich mich beim Therapeuten und holte mir spezielle Informationen zur Erstellung von Trainingsplänen ein. Sie enthielten hauptsächlich Übungen zur Stärkung schwacher Muskelgruppen, die bei zu geringem Gebrauch Haltungsschäden oder Haltungsverfall erzeugen. Nach intensiver Anleitung ausgewählter Schüler absolvierten sie abwechselnd mit Marco das einstündige Training. Die Pausen wurden dabei gern für private Gespräche genutzt und nebenbei konnten auch die nicht behinderten Schüler feststellen, dass Sport im Rollstuhl oder auf der Turnmatte sogar mit Anstrengungen und Schweiß verbunden ist – aber auch Spaß machen kann.

Konzepte gemeinsamen Unterrichts

Ich war anfangs ziemlich unsicher über das Ergebnis und das damit verbundene Urteil von Marcos Eltern. Schließlich bin ich Sportlehrkraft und kein Therapeut. So suchte ich häufiger als sonst das Gespräch mit den Eltern, um mich rückzuversichern und um nichts falsch zu machen. Es war eine große Erleichterung für mich zu erfahren, wie akzeptierend sowohl Eltern als auch die Schüler auf das Training mit Marco reagierten. Wenn Sport den Behinderten hilft und das gemeinsame Miteinander von behinderten und nicht behinderten Kindern und Jugendlichen einen positiven Einfluss auf Verhaltensweisen nimmt, kann dieses Vorgehen nur richtig sein.

Umfänglichere Überlegungen erforderte die Planung und Durchführung von Wanderfahrten. Es musste zum einen zur personellen Absicherung ein geeignetes Betreuerteam zusammengestellt werden, zum anderen die Auswahl der Herberge gezielt erfolgen, um die baulichen und hygienischen Voraussetzungen für einen Rollstuhlfahrer zu garantieren. Bei der Erarbeitung der Exkursionsprogramme wurden die Vorschläge aller Schüler gehört und es berührte mich immer wieder, wie selbstverständlich dabei die körperlichen Grenzen von Marco und die persönlichen Interessen der nicht behinderten Schüler Berücksichtigung fanden, ohne dass sich jemand benachteiligt gefühlt hätte.

Statt egoismusorientierten Denkens und Handelns erlebte ich die Fähigkeit und Bereitschaft unserer Schüler, sich gegenseitig zu achten und Rücksicht zu nehmen.

Anne

Anne kam nach einem schweren Verkehrsunfall mit einem Halswirbeltrauma und einem Jahr Rehabilitationsmaßnahmen in die 10. Klasse unseres Gymnasiums. Schwerstkörperbehindert mit einer kompletten Lähmung und mit Atemstörungen galt es, die neue Lebenssituation anzunehmen und den Verlust ihrer ehemaligen Klassenkameraden und Freunde zu kompensieren. Die geringe Belastbarkeit von Anne, die mehrmalige Katheterisierung von ca. 20 min. Dauer, die Lagerungspausen von einer Stunde während der Unterrichtszeit, das hohe Pensum an Therapie und medizinischer Pflege sowie die Ausfälle im motorischen Bereich machten eine umfassende Umorganisierung des Unterrichts notwendig. Hinzu kam, dass die anfänglich rekonvaleszenzbedingte lebensbedrohliche Situation eine

Konzepte gemeinsamen Unterrichts

äußerste Wachsamkeit aller Lehrkräfte und Betreuer erforderlich machte.

Da uns ein Stützlehrer in dieser Situation leider nicht genehmigt wurde, mussten wir mit den vorhandenen zwei Zivildienstleistenden und der mobilen Krankenschwester auskommen. Zugute kam uns meine Ausbildung als Körperbehindertenpädagogin. Sensibel suchten wir eine 10. Klasse, den Klassenleiter und die Fachlehrer aus, die mit dieser problematischen Grundsituation umgehen konnten.

In Vorbereitungsgesprächen wurden die Integrationsklasse und der Klassenlehrer auf die neue Situation eingestimmt. Klassenleiter, Beratungslehrer und Körperbehindertenpädagogin informierten die Klasse und fragten: „Wer hat im Umgang mit Behinderten schon Erfahrung?" Die neue Mitschülerin wurde vorgestellt. Eine Schweigepflichtentbindung durch die Eltern vorausgesetzt, wurden Aussagen zur medizinischen Diagnose, zum veränderten apparativen Umfeld (Stammklassenraum, Sitzplan, Hilfsmittel u. a.) und zu Verhaltensauffälligkeiten gemacht sowie bestimmte Vorlieben der Schülerin benannt. Veränderte Unterrichtsabläufe, die Arbeit von Anne mit lernunterstützenden Hilfsmitteln (Laptop, Diktiergerät, Fixierungshilfen, vorgefertigte Stundenmitschriften, Arbeitsblätter und persönliche Hilfen) wurden den Mitschülern vorgestellt und begründet.

Anne hatte die 10. Klasse vor ihrem Unfall bis zum Halbjahr in ihrem Heimatgymnasium absolviert. Sie begann bei uns das zweite Halbjahr mit der einjährigen Unterbrechung und mit dieser so schwerwiegend veränderten Lebenssituation. Wir stellten uns das Ziel, dass Anne in dieser Situation und bei ihrer Persönlichkeitslage das Ziel der Klasse unbedingt erreichen und bei Bedarf eher in der Sekundarstufe II einen Jahrgang wiederholen sollte.

Die veränderte Unterrichtssituation

Bei sämtlichen manuellen Handlungen zur Orts- und Lagerungsveränderung sowie zur Verrichtung von Alltagsleistungen benötigte Anne fremde Hilfe. Hier mussten viele Handlungen von den Lehrern und Betreuern übernommen werden. Die Stützlehrerstunden übernahmen Fachlehrer. Die Rhythmisierung des Tagesablaufs in Lern- und Ruhezeiten wurden täglich durch mich als Integrationsberaterin angewiesen. Das bedeutete für Anne Fehlstunden zwecks Lagerungs-

Konzepte gemeinsamen Unterrichts

pausen. Wenn es Annes Befindlichkeit zuließ, arbeiteten die Fachlehrer diese Fehlzeiten auch durch:
- Förderstunden am Nachmittag und am Abend im Internat, an Sporttagen und in den Ferien
- vorgefertigte Stundenmitschriften
- Training der Benutzung eines Spezialstiftes mit Haltegriff zum Schreiben und zum Arbeiten am Computer
- Reduzierung des Aufgabenumfangs bei Klassenarbeiten unter Einhaltung der geforderten Anforderungsbereiche und Bewertungsnormen.

Der sozial-kommunikative Bereich

Anne wirkte sehr verschlossen, ernst und sensibel. Sie nahm nur ganz wenig Kontakt zu gleichaltrigen Mitschülern auf. Auch Lehrern und Betreuern gegenüber war sie reserviert. Durch die sonderpädagogische Beratung der Integrationsklasse und der betreffenden Fachlehrer wurde die Zuwendung aktiviert. Anne litt besonders darunter, nicht mehr dem sportlichen und körperlich „heilen" Bild Gleichaltriger zu entsprechen. Sie achtete besonders auf kaschierende Kleidung und auf Hygiene. Besonders beschämend empfand sie die unkontrollierte Blasen- und Darmentleerung während des Unterrichts. Nur mit sensibel organisierter Zuwendung durch Lehrer und Mitschüler wurde Annes starker Isolierungstendenz begegnet. Bezugspersonen (Beratungslehrer, Krankenschwester, Zivildienstleistende, Klassenleiter, Sonderpädagoge, Eltern) zeigten ihr immer wieder Kompensations- und Orientierungshilfen auf. Anne sollte ihre Behinderung annehmen, eine soziale Handlungsfähigkeit entwickeln und ihr Umfeld organisieren lernen.

Persönlichkeitsfördernd in dieser depressiven Phase war Annes erfolgreicher Abschluss der 10. Klasse.

Die Sekundarstufe II

Mit einem etwas stabileren Gesundheitszustand begann Anne die gymnasiale Oberstufe. Neben der Betreuung als Körperbehindertenpädagogin konnte ich Anne auch als Fachlehrerin für Mathematik zum Abitur begleiten. Eine Förderstunde pro Woche nutzte ich, um Anne persönlich näher zu kommen und fachlich zu fördern. Oft

Konzepte gemeinsamen Unterrichts

kamen auch Mitschüler dazu, die ebenfalls von der Förderung im Fach Mathematik profitierten.

Die Erfahrung zeigte, dass die Integration in festen Gefügen einer Integrationsklasse leichter zu realisieren ist, als in dem anonymen Kurssystem der Oberstufe. Annes Tutorin schaffte es, Hilfeleistungen durch Mitschüler zu organisieren. Aus diesen persönlichen Hilfen entwickelten sich feste Freundschaften.

Der Mathematikunterricht

Die Anpassung des Arbeitsplatzes, die Bereitstellung und das Abräumen der Arbeitsmittel sowie die Orts- und Lageveränderung übernahmen die Zivildienstleistenden, die Fachlehrer oder die Mitschüler.

Während des Unterrichts bekam Anne in der Regel die Stundenmitschrift und konnte mit einem Spezialstift Ergänzungen vornehmen. In Übungsstunden und bei Gruppenarbeiten ermöglichte ich allen Schülern eine differenzierte Selbstkontrolle, sodass ich Anne und auch den Mitschülern allein oder in Gruppen helfen konnte.

Um Anne eine Alternative zur Arbeit an der Tafel zu ermöglichen, benutzten wir die schon im Vorfeld für andere Rollstuhlfahrer über die Förderrichtlinie *(siehe Kap. 7.1 und 7.1.1)* angeschafften Polyluxe in Sitzhöhe. Bei Schülervorträgen und anderen Demonstrationen zeigte Anne mit fixierten Folien und einer Schreibhilfe ihre Lösungsvarianten. Einen ebenfalls über die Förderrichtlinie bereitgestellter mobiler Computerarbeitsplatz mit Internetzugang nutzte Anne zum Wissenserwerb und zur Erarbeitung von Texten. Feinmotorische Handlungen wie Konstruktionen mit dem Zirkel u. Ä. übernahm ich stellvertretend mit ihren Anweisungen. Als Fachlehrer weiß man hier, wie weit man sich zurücknehmen kann und schätzt die Leistung entsprechend ein. Ein Diktiergerät half in Situationen, bei denen für Anne selbst keine manuellen Handlungen am Laptop möglich waren.

Das Abitur

Anne schaffte im ersten Anlauf die 11. Klasse. Die in den letzten Schuljahren gewährten Sondermaßnahmen bei Klausuren wurden auf die Abiturprüfungen übertragen, durch Anne selbst und durch mich beim zuständigen Regionalschulamt beantragt:

Konzepte gemeinsamen Unterrichts

- Eine verlängerte Arbeitszeit bei den schriftlichen Prüfungen um 90 min.
- Individuelle Pausen zwecks Lagerung und Katheterisierung durch eine Krankenschwester.
- Verwendung eines Computers mit Drucker bei schriftlichen Arbeiten.
- Gewährung von persönlicher Assistenz durch Fachlehrer bei experimentellen Handlungen und Konstruktionen.
- Aussetzung der Bewertung der Form bei schriftlichen Arbeiten.
- Erweiterung des Toleranzbereiches der Abweichungen bei Konstruktionen und grafischen Darstellungen.
- Zugaben von mindestens 20 % bei Bedarf in der Vorbereitungszeit zu mündlichen Prüfungen und bei praktischen Aufgaben während der Prüfung.

Durch die intensive Arbeit der Fachlehrer, Annes starken Willen und die entsprechenden Rahmenbedingungen im Ablauf der Abiturprüfungen erreichte Anne den Abschluss. Gerührt nahmen Anne und ihre Eltern das Abiturzeugnis in Empfang.

Nach dem Abitur begleitete ein Zivildienstleistender Anne nach Heidelberg, wo sie die Fahrprüfung mit einem speziell umgebauten Auto bestand, das mit einem Joystik gelenkt wird. Anne wird ihre Ausbildung in einem Berufsbildungswerk fortsetzen.

7. Pädagogische Einzelfallhilfe im integrativen Unterricht

7.1 Gewährung von Einzelfallhilfe[Fn.1]

Ursula Mahnke

Wenn die von der Schulintegrationsverordnung vorgesehenen (und bewilligten) Lehrerstunden zur integrativen Förderung eines Schülers mit Behinderungen nicht ausreichen *(siehe Kap. 2.2)*, müssen Formen zusätzlicher Unterstützung gefunden werden. In den meisten Fällen wird in Sachsen die Möglichkeit einer sog. Einzelfallhilfe erwogen (auch als Integrationshelfer, pädagogische Helfer oder auch als Integrationsassistenten bezeichnet). Mitunter werden auch Zivildienstleistende für diese Aufgabe eingesetzt *(siehe Kap. 7.2. und 7.3)*. Die Aufgaben dieser Einzelfallhilfe werden in der Regel von den jeweiligen Bedingungen (Art und Umfang der Unterstützung des Kindes, Klassen- und Schulsituation) abhängen und lassen sich nicht generell bestimmen. Doch werden sie zumeist zur Unterstützung in individuellen Lernsituationen, bei der sozialen Eingliederung des Integrationskindes in die Lerngruppe sowie zur außerschulischen Förderung eingesetzt. Der Einsatz von Einzelfallhelfern gestaltet sich in der Praxis (nach einer Einarbeitungszeit aller Beteiligten) in der Regel weniger problematisch als deren Finanzierung, um die es im Folgenden vorrangig gehen soll.

Zuständig für eine Beantragung sowie aller damit verbundenen Absprachen und Koordinierungsarbeiten ist das jeweilige Regionalschulamt. Da für Sachsen der Einsatz und die Finanzierung von Einzelfallhilfen bisher weitgehend noch Neuland darstellen, gestaltet sich die Beantragung mitunter schwierig und es wird oftmals den Eltern überlassen, die Bedingungen und Beantragungswege ausfindig zu machen.

---

1. Überarbeiteter und aktualisierter Beitrag aus: Mahnke, Ursula/Landesarbeitsgemeinschaft Gemeinsam leben – Gemeinsam lernen (Hrsg.): Ratgeber zur schulischen Integration in Sachsen, Chemnitz 1999, S. 70–75.

Pädagogische Einzelfallhilfe im integrativen Unterricht

Grundsätzlich ist die Finanzierung einer Einzelfallhilfe in Sachsen über Mittel der Förderrichtlinie sowie über die bundesweit geltende Eingliederungshilfe nach dem Bundessozialhilfegesetz (BSHG) bzw. nach dem Kinder- und Jugendhilfegesetz (KJHG) möglich. In zahlreichen Fällen werden die Kosten auch vom Schulträger übernommen. Vereinzelt werden für die schulische Einzelfallhilfe auch Heilerziehungspfleger/Heilpädagogen während ihres Praktikums eingesetzt *(siehe Kap. 7.4., 7.5 und 7.6).*

Art der individuellen Unterstützung

Sowohl in der Förderrichtlinie als auch im BSHG/KJHG ist die Art der individuellen Unterstützung nicht genau festgelegt, es bleibt somit in jedem Einzelfall für die bewilligende Behörde ein breiter Interpretationsspielraum und entsprechende Unsicherheit für die Eltern, die diese Hilfe beantragen. Gängige Praxis ist jedoch, sowohl pflegerische als auch rein schulische Aufgaben auszuschließen, was den Interpretationsspielraum aber nicht geringer macht.

So kann davon ausgegangen werden, dass beispielsweise unmittelbare Handreichungen beim Essen, beim Toilettengang oder medizinisch notwendige Hilfestellungen als pflegerische Hilfe anzusehen sind und dementsprechend durch eine mobile Krankenschwester über die Pflegeversicherung abgedeckt werden müsste (siehe Abschnitt am Ende des Kapitels). Gleichzeitig darf die individuelle Unterstützung keine im engeren Sinne „pädagogischen" Aufgaben enthalten, also nicht als schulischer Auftrag angesehen werden. Diese Abgrenzung wird insbesondere bei Kindern mit geistiger Behinderung schwierig, da der Lehrplan der Förderschule für geistig Behinderte eine Fülle von alltagspraktischen Lernzielen enthält, sodass im Grunde jede Hilfestellung im Schulalltag als schulische Aufgabe definiert werden könnte.

Zur Antragstellung sind individuelle Unterstützungsleistungen zu formulieren, die auf jedes einzelne zu integrierende Kind zugeschnitten sind – immer jedoch auch mit der Unsicherheit, dass sie für den Kostenträger als „nicht zulässige Aufgaben" angesehen werden können. Eine weitere Schwierigkeit besteht insbesondere bei Erstanträgen, wenn z. B. das Kind bisher den Kindergarten besucht hat und nun erstmals in die Schule integriert werden soll. Oftmals ist vor Beginn der Integration nicht genau festzulegen, worin eine zusätzliche

Pädagogische Einzelfallhilfe im integrativen Unterricht

Unterstützung bestehen könnte, da sie in starkem Maße auch von den jeweiligen Bedingungen abhängt. Zum Beispiel: Können evtl. Mitschüler beim Einpacken der Schultasche helfen? Welche Schwierigkeiten sind für das zu integrierende Kind bei Gang zur Toilette zu überwinden? Werden für die Frühstückspause bestimmte Regeln vorausgesetzt? Wie schnell fügt sich das Kind in Gruppennormen der Klasse ein? Welche baulichen Hürden sind beim Hofgang zu überwinden?

Hier einige Beispiele, worin die zusätzliche Unterstützung bestehen könnte:
- Einprägen bestimmter Merkmale im Klassenraum (Platz für Arbeitsblätter, Standort von Arbeitsmaterialien u. a.) – Training und Kontrolle durch wiederholtes Vormachen und gleich bleibende sprachliche Begleitung.
- Unterstützung bei der Anbahnung sozialer Kontakte zu Mitschülern – durch wiederkehrende und gleich bleibende Modelle und sprachliche Signale, Klärungshilfe bei unangemessenen Reaktionen der Mitschüler, angemessener Ausdruck von Emotionen u. a.
- Begleitung während Rückzugsphasen, die durch körperliche Erschöpfung bedingt sind – durch Vorschläge für entspannende Tätigkeiten, Unterbinden von störende Aktivitäten u. a.
- Erwerb einfacher alltagspraktischer Handlungen, die für eine Einbeziehung im Klassenunterricht notwendig sind: selbstständiges Ein- und Auspacken der Schultasche, Zuordnen der Unterrichtsmaterialien, Begleitung bei der Teilnahme an wechselnden Unterrichtsformen, Verzehr der Frühstücksbrote unter bestimmten Zeitvorgaben, An- und Ausziehen unter Zeitvorgabe (Sportunterricht, Hofpause) unter Einhaltung der richtigen Kleiderreihenfolge u. a.
- Hilfe bei der Auswahl der Nahrung, z. B. bei Nahrungsmittelallergien.

Mittel aus der Förderrichtlinie

In Sachsen gibt es seit einigen Jahren die Möglichkeit, Mittel aus der FÖRDERRICHTLINIE (... über die Gewährung einer Zuwendung für besondere Maßnahmen zur Integration von behinderten und von Behinderung bedrohten Kindern und Jugendlichen in allgemein bildenden ... Schulen im Freistaat Sachsen vom 23. Mai 1997) zu beantragen *(Abdruck der Richtlinie im Anschluss an dieses Kapitel)*. Gemäß

Pädagogische Einzelfallhilfe im integrativen Unterricht

dieser Richtlinie gewährt das Land Sachsen Zuwendungen an den Schulträger für Integrationsmaßnahmen in Höhe von 65 %. Die restlichen 35 % muss der Schulträger selbst aufbringen – in der Regel sind dies die Kommunen. Hier gilt – ebenso wie beim BSHG/KJHG – das Prinzip der Nachrangigkeit, d. h., es muss nachgewiesen werden, dass andere Kostenträger nicht zuständig sind. Da nirgends genau festgelegt ist, auf welche Rangfolge sich die Nachrangigkeit bezieht, besteht durch diese Festlegung für Eltern ein erheblicher Unsicherheitsfaktor. Ein Rechtsanspruch auf Fördermittel besteht nicht. Die Mittel müssen jedes Schuljahr neu beantragt werden. Gefördert werden können nach Abs. 5.4. der FÖRDERRICHTLINIE:

„a) Personalkosten für fachlich qualifizierte Integrationshelfer
b) Sachkosten zur Finanzierung einer besonderen behinderungsspezifischen Ausstattung und besonderer Lehr- und Lernmittel
c) Sachkosten für den besonderen Um- und Ausbau von Klassenräumen ..."

Nach Auskunft des Sächsischen Staatsministeriums für Kultus ist in den letzten Jahren von den bereitgestellten Mitteln (1995 vier Mill. DM, 1998 noch 400 TDM, 1999 350 TDM) nur jeweils ein kleiner Teil auch tatsächlich abgerufen worden. Im Jahr 1999 waren es etwa ein Drittel der angesetzten Mittel (immerhin mehr als das Doppelte als im Jahr 1998). Die hauptsächlichen Gründe dafür können in dem komplizierten Antragsverfahren vermutet werden, das viele Kommunen abschreckt.

Die größte Schwierigkeit scheint darin zu liegen, dass sowohl die Mittelzuweisung aus der Förderrichtlinie als auch der Eigenanteil der Kommunen an das Haushaltsjahr (= Kalenderjahr) gebunden ist, die Beantragung aber sich am jeweiligen Schuljahr orientiert. Im konkreten Fall bedeutet dies, dass z. B. ein Antrag auf Personalkosten oder bauliche Veränderungen bereits mehr als ein Kalenderjahr vor Beginn der Integrationsmaßnahme vorliegen muss – im Grunde lange bevor die Art und der Umfang der erforderlichen Mittel überhaupt geklärt sind.

Die Antragstellung auf Mittel aus der FÖRDERRICHTLINIE ist zwar Aufgabe des jeweiligen Regionalschulamtes, doch soll auf den Ablauf des Antragsverfahrens hier kurz eingegangen werden:

Pädagogische Einzelfallhilfe im integrativen Unterricht

1. Die mit der Integration beauftragte Schule meldet ihren Bedarf an Personalmitteln, sächlichen Hilfen oder Umbaumaßnahmen an das Regionalschulamt.
2. Das Regionalschulamt muss die Notwendigkeit dieser Hilfen bestätigen. Schwierigkeiten ergeben sich hier aus dem vorgeschriebenen Ablauf: Die erforderlichen Mittel können im Grunde erst bestätigt werden, nachdem die Integration bereits bewilligt wurde, andererseits kann eine Integrationsmaßnahme nach der Schulintegrationsverordnung (§ 4 Abs. 1) aber erst bewilligt werden, wenn die entsprechenden Bedingungen geschaffen sind, d. h. die erforderlichen Mittel vorhanden sind.
3. Der Schulträger muss nun prüfen, ob andere Kostenträger (z. B. BSHG/KJHG) herangezogen werden können, und die Gesamtkosten errechnen. Unsicherheiten und zeitliche Verzögerungen können sich hier aus der Prüfung der Nachrangigkeit (s. o.) ergeben.
4. Die für die Haushaltsmittel der Kommune zuständige Stelle (z. B. Kämmerei) prüft, ob der Eigenanteil von 35 % übernommen werden kann und meldet ihre Entscheidung dem Schulträger. Hier ergibt sich das bereits angesprochene Problem der Überschneidung von Haushaltsjahr (= bereitgestellte Mittel) und dem Zeitpunkt der Beantragung (= vor Beginn des Schuljahres).
5. Die Kommune kann nun einen Antrag auf Mittel der Förderrichtlinie beim Schulverwaltungsamt stellen.

Bisher wurden auf diesem Wege weitgehend Sachkosten für die behindertengerechte Ausstattung und den Um- und Ausbau von Klassenräumen gewährt – Personalkosten hingegen kaum.

Eingliederungshilfe nach dem BSHG/KJHG

Grundsätzlich besteht ein (einkommensunabhängiger) Rechtsanspruch auf Eingliederungshilfe für Menschen mit Behinderung nach § 39 BSHG Abs. 1: *„Personen, die nicht nur vorübergehend körperlich, geistig oder seelisch wesentlich behindert sind, ist Eingliederungshilfe zu gewähren. . . ."* Der Gesetzestext benennt außerdem klar das Ziel bzw. die Aufgaben einer Eingliederungshilfe: um *„. . . eine drohende Behinderung zu verhüten oder eine vorhandene Behinderung oder deren Folgen zu beseitigen oder zu mildern und den Behinderten in die Gesellschaft einzugliedern"* (§ 39 BSHG Abs. 3). Welcher Art die Hilfe sein kann, wird in § 40 BSHG Abs. 1 nur sehr allgemein genannt: *„. . . heilpädagogische*

Pädagogische Einzelfallhilfe im integrativen Unterricht

Maßnahmen für Kinder, die noch nicht im schulpflichtigen Alter sind . . . Hilfe zu einer angemessenen Schulbildung, vor allem im Rahmen der allgemeinen Schulpflicht und durch Hilfe zum Besuch weiterführender Schulen einschließlich Vorbereitung hierzu; . . . Hilfe zur Ausbildung für einen angemessenen Beruf oder für eine sonstige angemessene Tätigkeit, . . ." (Vergleichbare Aussagen finden sich auch im KJHG). In allen maßgebenden Kommentaren zum Gesetzestext wird hervorgehoben, dass es sich bei den benannten Hilfen nicht um eine erschöpfende Aufzählung handelt, sondern die Art der Hilfestellung jeweils an die besonderen Verhältnisse des Einzelfalles angepasst sein müssen.

Bevor Hilfe nach dem BSHG/KJHG gewährt wird, ist grundsätzlich zu prüfen, ob die beantragte Hilfe nicht von einem anderen Träger gewährt werden muss bzw. kann, d. h., wie bei der FÖRDERRICHTLINIE ist auch hier zunächst die Nachrangigkeit zu prüfen. Als weitere Kostenträger können etwa die Pflegeversicherung, die Krankenkasse, der Rentenversicherungsträger, Mittel der Förderrichtlinie (siehe oben) – oder eben auch der Schulträger infrage kommen. Mit diesem im Gesetz vorgeschriebenen sog. Nachrangsprinzip werden in vielen Fällen Anträge von Eltern auf Einzelfallhilfe für integrative Beschulung abgelehnt bzw. zwischen den verschiedenen infrage kommenden Kostenträgern hin und her geschoben.

Inzwischen liegen bundesweit gerade für den Bereich der Einzelfallhilfe bei schulischer Integration eine Reihe von Gerichtsurteilen vor, die allerdings aufgrund der landesrechtlichen Unterschiede sehr unterschiedlich ausfallen *(eine Übersicht siehe im Anschluss an dieses Kapitel)*. Als Begründung für eine gerichtliche Ablehnung der Finanzierung nach dem BSHG/KJHG wird in den meisten Fällen angegeben, dass der Schulträger der Integration zugestimmt habe und demnach auch die Kosten zu tragen habe. Bei einem Besuch der jeweiligen Förderschule würden die zusätzlichen Betreuungskosten nicht anfallen und somit der Sozialhilfeträger mit unverhältnismäßigen Kosten belastet (JURISCH 2000, S. 36 ff.).

Um nachteilige Folgen ungeklärter Kompetenzen beim Nachrangsprinzip zu vermeiden, kann der Sozialhilfeträger in Vorleistung treten (§ 44 BSHG), d. h. zunächst die anfallenden Kosten übernehmen und dann selbst klären, welcher andere Kostenträger dafür zuständig sein könnte. Da nach § 4 Abs. 1 der Schulintegrationsverordnung in

Pädagogische Einzelfallhilfe im integrativen Unterricht

Sachsen eine Integration erst dann bewilligt werden kann, wenn Zusagen weiterer Kostenträger vorliegen *(siehe Kap. 2.2)*, ist diese Möglichkeit für Eltern wichtig, damit die Integration zunächst einmal beginnen kann und nicht durch unklare Zuständigkeiten verhindert wird.

Nach bisherigen Erfahrungen wird in Sachsen für schulische Integration kaum von einer Kostenübernahme der Einzelfallhilfe nach dem BSHG/KJHG Gebrauch gemacht. Für Eltern bedeutet dies, dass eine Beantragung von Einzelfallhilfe nach dem BSHG/KJHG mit hohem Aufwand verbunden ist und in einigen Fällen auch ein Rechtsbeistand herbeigezogen werden muss.

Einsatz von Zivildienstleistenden

Grundsätzlich können Zivildienstleistende auch bei der integrativen Unterstützung von Kindern mit Behinderungen eingesetzt werden – in Förderschulen werden sie ja schließlich auch eingesetzt *(siehe Kap. 7.1.3)*.

Zivildienstleistende werden entweder von einem Freien Träger an die Schule abgeordnet *(siehe Kap. 7.2)* oder die Schule bzw. der Schulträger kann auch selbst eine Stelle für einen Zivildienstleistenden beantragen, was aber nur bei mehreren zu betreuenden Schülern mit Behinderung sinnvoll erscheint. Dazu muss vom Schulträger der Einsatzbereich und die Aufgabenstellung beschrieben werden. Ratsam ist hier der Kontakt zum Regionalbetreuer für Zivildienst. Der Antrag wird über die zuständige Verwaltungsstelle für Zivildienst an das Bundesamt für Zivildienst gestellt. Rechtsträger für die Zivildienststelle bei öffentlichen Schulen ist dann das jeweilige Schulverwaltungsamt.

Krankenschwester an der Schule

Für pflegerische Aufgaben (Beschreibung und Abgrenzung siehe oben) kann eine Krankenschwester bei der zuständigen Krankenkasse beantragt werden. Diese wird über die Pflegeversicherung finanziert. Der Antrag wird über den Hausarzt im Rahmen einer „Verordnung häuslicher Krankenpflege" gestellt. Günstig ist es, eine Pflegestelle zu wählen, die mit der zuständigen Krankenkasse eine Vertragspartnerschaft hat. Die Verrechnung der Kosten wird dann für die Eltern

Pädagogische Einzelfallhilfe im integrativen Unterricht

wesentlich einfacher. Andernfalls rechnen die Pflegestellen die Kosten über den Versicherten ab.

Hinweise zum Vorgehen

Unabhängig von der Form der Finanzierung ist in jedem Fall sowohl von der Schule, die für die Integration vorgesehen ist, als auch vom Regionalschulamt die Erfordernis einer Einzelfallhilfe festzustellen. Erst danach kann die Finanzierung geklärt werden. Ratsam für Eltern ist ein Kontakt zu freien Trägern, die bereits Erfahrung mit dem Einsatz von Integrationshelfern bzw. Zivildienstleistenden haben bzw. die Bereitschaft bei freien Trägern zu erkunden, eine solche Aufgabe zu übernehmen *(siehe Kap. 7.2)*.

Literatur:

JURISCH, Ralph J.: Die Kosten des Integrationshelfers – Überblick über die bisherige Rechtsprechung. In: Gemeinsam leben 8 (2000) 1, S. 36–40

Pädagogische Einzelfallhilfe im integrativen Unterricht

7.1.1 Förderrichtlinie

**Förderrichtlinie
des Sächsischen Staatsministeriums für Kultus**

über die Gewährung einer Zuwendung für besondere Maßnahmen zur Integration von behinderten und von Behinderung bedrohten Kinder und Jugendlichen in allgemein bildenden und berufsbildenden Schulen im Freistaat Sachsen

Vom 23. Mai 1997

1 Zuwendungszweck, Rechtsgrundlage

Der Freistaat Sachsen gewährt für die Förderung von besonderen Maßnahmen zur Integration von behinderten und von Behinderung bedrohten Kindern und Jugendlichen in allgemein bildenden und berufsbildenden Schulen Zuwendungen an Schulträger. Die Zuwendungen werden nach Maßgabe dieser Förderrichtlinie und § 44 der Vorläufigen Haushaltsordnung des Freistaates Sachsen (Vorläufige Sächsische Haushaltsordnung – SäHO) vom 19. Dezember 1990 (SächsGVBl. S. 21) sowie der dazu erlassenen Vorläufigen Verwaltungsvorschriften im Rahmen verfügbarer Haushaltsmittel gewährt. Ein Rechtsanspruch auf Gewährung der Zuwendung besteht nicht. Ist für ein Haushaltsjahr eine Zuwendung bewilligt worden, wird dadurch für die Folgejahre weder dem Grunde noch der Höhe nach ein Rechtsanspruch auf Zuwendung begründet.

2 Gegenstand der Förderung

Gegenstand der Förderung sind:
a) Integrationsmaßnahmen, die sich auf die Förderung des gemeinsamen Unterrichtes von behinderten und nicht behinderten Schülern in Integrations- und Kooperationsklassen beziehen;
b) die Errichtung von Lernwerkstätten;
c) Kooperationsmaßnahmen, die sich auf den Begegnungsbereich behinderter und nicht behinderter Kinder und Jugendlicher beziehen.

Der Gegenstand der Förderung muss im Einzelfall aus Sicht der Bewilligungsbehörde pädagogisch besonders förderungswürdig sein.

3 Zuwendungsempfänger

Zuwendungen können folgende Träger öffentlicher Schulen, die Kosten von Integrationsmaßnahmen nach Nummer 2 tragen, erhalten:
a) Gemeinden;
b) Landkreise;
c) Kreisfreie Städte.

4 Zuwendungsvoraussetzungen

Integrationsmaßnahmen werden nur gefördert, wenn eine Förderung nach § 35a Kinder- und Jugendhilfegesetz und nach § 39 Bundessozialhilfegesetz aus-

Pädagogische Einzelfallhilfe im integrativen Unterricht

geschlossen und die Gesamtfinanzierung des Vorhabens nachgewiesen ist. Eine Zuwendung kann grundsätzlich nur bewilligt werden, wenn zum Zeitpunkt der Bewilligung noch nicht mit der Ausführung begonnen worden ist. Ausnahmen bilden die bisher staatlicherseits genehmigten Integrations- und Kooperationsmaßnahmen.

5 Art, Umfang und Höhe der Zuwendungen

5.1 Die Zuwendung erfolgt als Projektförderung.

5.2 Die Zuwendung erfolgt als Anteilsfinanzierung und kann bis zu 65 vom Hundert der zuwendungsfähigen Gesamtkosten betragen.

5.3 Die Zuwendung erfolgt als nicht rückzahlbarer Zuschuss.

5.4 Zuwendungsfähige Kosten von besonderen Integrationsmaßnahmen sind:
a) Personalkosten für fachlich qualifizierte Integrationshelfer;
b) Sachkosten zur Finanzierung einer besonderen behindertenspezifischen Ausstattung und besonderer Lehr- und Lernmittel;
c) Sachkosten für den besonderen Um- und Ausbau von Klassenräumen und die Errichtung von Lernwerkstätten.

6 Sonstige Zuwendungsbestimmungen

Bei der Vergabe der Fördermittel ist die Schulnetzplanung des Freistaates Sachsen in ihrer jeweils gültigen Fassung zu berücksichtigen. Der Förderzeitraum ist auf die Dauer eines Haushaltsjahres begrenzt. Die Förderung der Fortsetzungsmaßnahme ist durch den Schulträger jährlich neu zu beantragen.

7 Verfahren

7.1 Der Antrag ist zu begründen (Kosten- und Finanzierungsplan) und schriftlich bei der Bewilligungsbehörde bis spätestens 31. Juli des laufenden Haushaltsjahres für zukünftige Integrationsmaßnahmen einzureichen. Erstreckt sich eine Maßnahme über mehrere Jahre, so ist dies im Kosten- und Finanzierungsplan darzustellen.

7.2 Bewilligungsbehörden sind die Oberschulämter *[Regionalschulämter – d. Hsg]*.

7.3 Für die Bewilligung, Auszahlung und Abrechnung der Zuwendung sowie für den Nachweis und die Prüfung der Verwendung und die gegebenenfalls erforderliche Aufhebung des Zuwendungsbescheides und die Rückforderung der gewährten Zuwendung gilt die Vorläufige Verwaltungsvorschrift des Sächsischen Staatsministeriums der Finanzen für die Bewilligung staatlicher Zuwendungen nach § 44 Abs. 1 der Vorläufigen Sächsischen Haushaltsordnung (Vorl. VV zu § 44 SäHO) vom 13. Mai 1992 (ABl.SMF Nr. 5/1992 S. 1), soweit in dieser Förderrichtlinie keine Abweichungen zugelassen worden sind.

Pädagogische Einzelfallhilfe im integrativen Unterricht

8 In-Kraft-Treten

Diese Förderrichtlinie tritt am Tag nach ihrer Veröffentlichung in Kraft. Gleichzeitig tritt die gleichnamige Förderrichtlinie des Sächsischen Staatsministeriums für Kultus vom 6. Juli 1995 (Amtsblatt des SMK S. 293) außer Kraft.

Dresden, den 23. Mai 1997

Der Staatsminister für Kultus
In Vertretung
Günther Portune
Staatssekretär

7.1.2 Urteile zur Kostenübernahme von Integrationshelfer(n)/innen[Fn.1]

1. BVerwG 5 C 72.84 vom 16.1.86
(N DV 1986, 291: NVwZ 1987, 412)

„Am Nachrang der Sozialhilfe (§ 2 BSHG) unter dem Aspekt, dass der Kläger eine Sonderschule hätte besuchen können oder gar müssen, scheitert das Klagebegehren – entgegen der Ansicht des Bekl. – nicht. Die Entscheidung darüber, ob ein schulpflichtiges Kind eine Sonderschule besucht (besuchen muss) fällt nicht in die Kompetenz des Klägers oder der Beklagten ... Solange die zuständige Schulbehörde eine solche Entscheidung nicht trifft und mithin der Meinung ist, ein Hilfesuchender sei geeignet, eine Grundschule zu besuchen, darf der Träger der Sozialhilfe nicht darauf verweisen, er könne eine Sonderschule besuchen, um so die Gewährung von Eingliederungshilfe überflüssig zu machen, unterstellt, dass die Voraussetzungen hierfür vorliegen."

2. OVG Lüneburg 4 B 94/88 vom 11.2.88

Verpflichtung, Eingliederungshilfe zu gewähren. Bezug auf BVerwG, Urt. v. 16.1.86 s. o.

„Der Antragsteller kommt seiner Schulpflicht nach, indem er die Grundschule besucht. Er kann die Grundschule nur besuchen, wenn er die streitige Hilfe erhält. Solange die Schulbehörden der Meinung sind, er sei geeignet, eine Grundschule zu besuchen, muss dies der Antragsgegner hinnehmen und im Wege der Eingliederungshilfe die Hilfen gewähren, die notwendig sind, damit der Antragsteller diese Schule besuchen kann, ohne dass es auf das Einkommen seines Vaters ankommt (§ 43 Abs. 2 Satz 1 Nr. 2 BSHG)."

---

1. Pos. 1–15: Nachdruck aus „Gemeinsam Leben" 7 (1999) 2, S. 95/96 mit freundlicher Genehmigung des Luchterhand-Verlags und der BAG Gemeinsam Leben – Gemeinsam Lernen.

Pädagogische Einzelfallhilfe im integrativen Unterricht

3. VG Bremen 3 A 142/90 vom 28.6.90
Leitsätze:
2. Behinderte Kinder, die zum Personenkreis des § 39 BSHG gehören und von der zuständigen Schulbehörde der Grundschule zugewiesen sind, haben im Rahmen der Eingliederungshilfe Anspruch auf die ihre Integration in der Grundschule ermöglichenden Hilfen.

3. Der Anspruch auf Eingliederungshilfemaßnahmen besteht auch dann, wenn die angemessene Schulausbildung durch Besuch der Sonderschule sichergestellt werden könnte.

4. VG Kassel 513 E 730/90 vom 11.6.92
Verpflichtung, Eingliederungshilfe zu einer angemessenen Schulbildung gemäß § 40 Abs. 1 Nr. 3 BSHG in Form der Übernahme der Kosten für einen Zivildienstleistenden für ein schwerbehindertes Kind in einer Gesamtschule zu bewilligen.

Abgrenzung „Eingliederungshilfe im Rahmen der Hilfe zu einer angemessenen Beschulung" und „Hilfe zur Pflege", zur Frage, ob Eingliederungshilfe nicht deswegen verweigert werden könne, weil der Schule zur schulischen Betreuung des Kindes bereits eine Sonderschullehrkraft zugewiesen worden sei:

„Es ist davon auszugehen, dass diese zusätzliche Lehrkraft allein für die besondere pädagogische Betreuung der Klägerin zuständig ist. Hieraus folgt jedoch nicht, dass die Tätigkeiten des Zivildienstleistenden allein personenbezogener pflegerischer Leistungen dienten. Vielmehr sind seine Hilfeleistungen für die Klägerin erforderlich, damit diese die schulischen Anforderungen und auch die zusätzliche pädagogische Betreuung überhaupt in Anspruch nehmen kann. Die Tätigkeiten des Zivildienstleistenden haben daher nicht primär ‚bewahrende Funktion' im Rahmen der Hilfe zur Pflege, sondern offenkundig die Aufgabe, bei der Eingliederung der Klägerin in die Gemeinschaft durch Teilnahme des Unterrichts an der Regelschule sicherzustellen."

5. BVerwG 5 C 50/91 vom 2.9.93
„Leitsatz: im Rahmen der Eingliederungshilfe scheiden Betreuungseinrichtungen, deren Inanspruchnahme durch den Behinderten nicht ohne gravierende Beeinträchtigung des Eingliederungshilfeerfolges möglich ist, als Alternativen der Bedarfsdeckung i. S. des § 3 Abs. 2 BSHG aus."

6. OVG Schleswig (5. 39/93) vom 14.2.94
„Der Sozialhilfeträger ist zur Übernahme der nicht gedeckten Kosten eines Integrationshelfers aus Eingliederungshilfe verpflichtet, die dadurch entstehen, dass das Schulamt die Beschulung des Eingliederungshilfeberechtigten in einer I-Klasse der Grundschule und nicht in einer Sonderschule verfügt hat."

7. VG Göttingen 12/M 6181/94/OVG Lüneburg 2/B 2277/94 vom 16.2.95
Integrationshelfer in der Sonderschule für Körperbehinderte

Pädagogische Einzelfallhilfe im integrativen Unterricht

8. VG Hannover 9 B 821/95 vom 17.3.95 und 9 B 2611/95 vom 11.5.95.

Verpflichtung der Sozialbehörde im Landkreis Diepholz, Eingliederungshilfe durch Übernahme der Kosten für einen Integrationshelfer für ein Kind mit Down-Syndrom in einer Integrationsklasse zu leisten (pädagogische Assistenz).

9. OVG Lüneburg 4 M 3255/95 u. 9 B 1431/95 vom 4.8.95.

Verpflichtung des Sozialamtes Eingliederungshilfe durch Übernahme der Kosten für eine pädagogische Unterrichtshilfe in einer allgemeinen Schule zu gewähren.

Darin heißt es:

„... unzutreffend ist die Auffassung des Antragsgegners, dass das Land Niedersachsen Haushaltsmittel für die Einrichtung neuer Integrationsklassen nicht bereitstelle, könne nicht den Sozialhilfeträger zur Leistung verpflichten. Er übersieht dabei, dass das BSHG einen individuellen Anspruch auf Hilfe einräumt und diesen nur dann ausschließt, wenn der Hilfesuchende die notwendige Hilfe von anderer Seite erhält (§ 2 Absatz 1 BSHG)."

10. VG Frankfurt am Main 7 G 2569/95(2) vom 15.11.95

Verpflichtung der Sozialbehörde, Eingliederungshilfe zu einer angemessenen Schulbildung durch Übernahme der Kosten eines Integrationshelfers (Zivi) für ein geistig behindertes Kind in einer Grundschule, in der behinderte und nicht behinderte Kinder gemeinsam unterrichtet werden, zu bewilligen.

11. OVG Münster 8 B 122/96 vom 28.6.96

12. VGH Baden-Württemberg 6 S 1709/97 vom 17.9.97

13. VG Hannover 3 A 7360/97, 3 B 7017/97 vom 10.2.98

Das Sozialamt wird verpflichtet, die Kosten einer Stützkraft beim Besuch einer integrativen Klasse zu übernehmen.

14. VG Amsberg 9 K 157/97 vom 18.2.98

Zuständig für Finanzierung des Integrationshelfers ist der Schulträger. Weigert er sich, die Kosten zu übernehmen, so hat das Kind keine Anspruchsgrundlage, die Leistung gegenüber dem Schulträger einzuklagen. Es muss dann den Sozialhilfeträger um die Leistung angehen, der zur vorläufigen Hilfeleistung verpflichtet sei (Quelle: „zusammen:", Heft 1/1999).

15. VG Minden 3 K 4762/97 vom 18.3.98

Der Sozialhilfeträger kann aus keiner der einschlägigen landesrechtlichen Bestimmungen einen Erstattungsanspruch für die Kosten eines Integrationshelfers gegen den Schulträger ableiten. Der Hilfebedarf, der durch einen Integrationshelfer abgedeckt werde, würde auch ohne den Schulbesuch anfallen und könne daher nicht dem Aufgabenbereich des Schulträgers zugeordnet werden (Quelle siehe Pos. 14).

Pädagogische Einzelfallhilfe im integrativen Unterricht

16. OVG Münster 16 A 3108/99 vom 15.6.2000

„Hat die Schulaufsichtsbehörde eine Grundschule zum Förderort für die sonderpädagogische Förderung eines behinderten Kindes bestimmt, kann das Sozialamt gegenüber dem Kind die Übernahme der Kosten für den betreuenden Zivildienstleistenden im Wege der Eingliederungshilfe nicht unter Berufung auf den Nachranggrundsatz des § 2 Abs. 1 BSHG mit der Begründung ablehnen, es könne anstelle des Integrativen Unterrichts eine Sonderschule besuchen."

7.1.3 Merkblatt für den Einsatz von Zivildienstleistenden – ISB und ISB-K

Merkblatt ISB-K für den Einsatz von Zivildienstleistenden in integrativen Kindergärten und Schulen (Individuelle Schwerstbehindertenbetreuung bei Kindern – ISB-K) Bundesamt für den Zivildienst 11 – 72.01/72.22.09 (Stand: April 1993)

Für die Betreuung von behinderten Kindern durch Zivildienstleistende gelten im Rahmen der Individuellen Schwerstbehindertenbetreuung bei Kindern die Regelungen entsprechend, die in der Individuellen Schwerstbehindertenbetreuung Anwendung finden (s. ISB-Merkblatt).

Darüber hinaus gelten folgende Besonderheiten:
1. Abweichend von Ziffer 2.1 des ISB-Merkblattes können die Einsatzstellen (integrative Kindergärten und Schulen) nicht selbst als Beschäftigungsstelle des Zivildienstes anerkannt werden. Andere geeignete Einrichtungen können dagegen als Träger derartiger Betreuungen anerkannt werden. Bei den anerkannten Beschäftigungsstellen werden spezielle Zivildienstplätze (Tätigkeitsgruppe 45 = ISB-K) eingerichtet.
2. Zivildienstleistende dürfen neben der Betreuung schwerstbehinderter Kinder auch zur Betreuung anderer behinderter Kinder herangezogen werden, nicht jedoch zur Betreuung und Beaufsichtigung von nicht behinderten Kindern.
3. Bei entsprechender Notwendigkeit dürfen die Zivildienstleistenden auch außerhalb der integrativen Einrichtung zu Betreuungsdiensten an den betreuten Kindern herangezogen werden. Der vorübergehende Einsatz der Zivildienstleistenden ausschließlich im häuslichen Bereich der bisher betreuten Kinder ist zulässig, wenn die Einsatzstelle vorübergehend geschlossen oder das Kind krank ist.
4. Die Beschäftigungsstelle kann in notwendigem Umfang das fachliche Weisungsrecht gegenüber den Zivildienstleistenden – nach Absprache und unter Einschaltung der Einsatzstelle – auf geeignete Mitarbeiter der Einsatzstelle übertragen. Für Betreuungsdienste außerhalb der integrativen Einrichtung kann das Weisungsrecht auf die Eltern bzw. mitbetreuende Fachkräfte übertragen werden.

Pädagogische Einzelfallhilfe im integrativen Unterricht

Merkblatt
Die Individuelle Schwerstbehindertenbetreuung – ISB – durch Zivildienstleistende
Bundesamt für den Zivildienst
1 1/111 – 72.01/72.22.19 (Stand: Dezember 1997)

0 Vorbemerkung

Der Einsatz von Zivildienstleistenden in der Individuellen Schwerstbehindertenbetreuung richtet sich nach dem „Leitfaden für die Durchführung des Zivildienstes", soweit sich aus diesem Merkblatt nichts anderes ergibt. Den Leitfaden erhalten die Beschäftigungsstellen bei ihrer Anerkennung.

1 Allgemeines

1.1 Ziel des Einsatzes

Der Einsatz von Zivildienstleistenden in der Individuellen Betreuung von Schwerstbehinderten soll es diesen ermöglichen oder erleichtern, in ihrer privaten häuslichen Umgebung zu verbleiben und am allgemeinen Leben (Beruf, Freizeit) teilzunehmen.

Der Einsatz in der Betreuung eigener Familienangehöriger ist nicht zulässig (vgl. § 19 Abs. 3 des Zivildienstgesetzes – ZDG –).

1.2 Freiwilligkeit

Für diese Aufgaben kommen nur Zivildienstleistende in Betracht, die sich zu diesem Einsatz freiwillig melden und damit zeigen, dass sie das notwendige soziale Engagement mitbringen.

1.3 Arten der Hilfen

Zivildienstleistende können mit folgenden Verrichtungen betraut werden:
– Pflegerische Hilfen (z. B. beim Aufstehen, Waschen, Zähneputzen, Kämmen, Benutzen der Toilette, Anziehen),
– Hilfen im Haushalt (Reinigen der Wohnung, Zubereitung der Mahlzeiten),
– Hilfe außer Haus (Einkäufe, Erledigungen bei Behörden, Geschäftsgänge u. Ä., und zwar allein oder als Begleitperson des Schwerstbehinderten),
– Hilfen zur vorschulischen Betreuung, zur schulischen Aus- und Weiterbildung, zur beruflichen Aus- und Fortbildung, zur beruflichen Rehabilitation, zur Aufnahme und zur Ausübung einer beruflichen Tätigkeit (Begleitung zur Einrichtung, zur Ausbildungs- bzw. Arbeitsstätte, Hilfen in der Einrichtung, am Ausbildungs- bzw. Arbeitsplatz), soweit diese Hilfen nicht durch die Einrichtung bzw. den Arbeitgeber zu erbringen sind,
– Hilfen im Rahmen der Freizeitgestaltung (z. B. Hilfeleistung bei sportlicher Betätigung, Begleitung zu Veranstaltungen),
– Studienbegleitung im Inland, soweit der Zivildienstleistende nicht derselben Fachrichtung wie der Behinderte angehört und nicht an derselben Hochschule immatrikuliert ist.

Mit Verwaltungsarbeiten der Beschäftigungsstellen dürfen die Zivildienstleistenden nicht betraut werden.

Die von den Zivildienstleistenden wahrzunehmenden Tätigkeiten richten sich im Übrigen nach den Bedürfnissen der zu betreuenden Personen. Eine vollständige Aufgabenbeschreibung ist daher nicht möglich.

7.2 Dienstleister einer integrativ orientierten Behindertenhilfe

Kerstin Keller

Ob sie sich nun Ambulanter Dienst, Assistenzdienst, Familienentlastender oder Familienunterstützender Dienst nennen, alle diese Institutionen der so genannten Offenen Behindertenhilfe agieren mit dem Ziel der *Selbstbestimmung* und *Integration* in der Vielfalt ihrer begrifflichen Inhalte. Der Familienentlastende Dienst (FED) Leipzig hat dabei in der praktischen Umsetzung inzwischen fünf Jahre Erfahrungen gesammelt – keineswegs immer die angenehmsten.

Im Bewusstsein um die Notwendigkeit einer intensiven individuellen Förderung von Menschen mit Behinderung sehen wir Dienstleister einer modernen Behindertenarbeit nach unseren Erfahrungen die Notwendigkeit der Förderung aller Projekte, die neue Wege beschreiten, um Toleranz und „Soziale Hilfe" anzubahnen und um Inselexistenzen und Pflegekategorien wirksam entgegenzutreten.

Im Sommer 1999 wurde an uns die Anforderung herangetragen, die integrative Beschulung eines neunjährigen Mädchens mit Behinderung personell zu unterstützen *(siehe Kap. 8.2)*. Die Bereitstellung eines Zivildienstleistenden im Rahmen der Individuellen Schwerbehindertenbetreuung (ISB) war für uns sowohl organisatorisch als auch inhaltlich völliges Neuland. Die Auswahl eines jungen Mannes für diese Aufgabe war im Grunde einem Roulette-Spiel gleichzusetzen. Welche Kriterien sollten eigentlich gelten für eine Auswahl, wenn man als verantwortliche Zivildienststelle die Bedingungsfaktoren am Einsatzort nicht genau kennt? Wir beneideten damals jeden Personalleiter einer stationären Einrichtung: Gleiche, immer wiederkehrende Bedingungen für Zivildienstleistende, die sich stets eines wachen Auges bei jedem ihrer Schritte sicher sein dürfen!

Und wie war es bei uns? Zu viele Fragen, auf die wir nicht plausibel antworten konnten – angefangen vom Umfang des organisatorischen Aufwandes bis hin zur Verantwortung für die Tätigkeit des jungen Mannes. Hauptproblem war dabei folgende Frage:

Pädagogische Einzelfallhilfe im integrativen Unterricht

Wie vermittelt man einem jungen Mann, der bis dahin keine oder kaum Kontakte zu Menschen mit Behinderung hatte, dass er auf mehreren Ebenen würde wirken müssen:
– auf der Beziehungsebene zu dem Kind, zu dessen Wohl er in erster Linie wirksam werden muss,
– auf der Beziehungsebene des psychosozialen Umfeldes, das dem Gemeinsamen Leben, Spielen und Lernen (auch nach jahrelangem Ringen darum) noch sehr skeptisch verhalten gegenübersteht.

Allerdings sprachen eine ganze Reihe von Überlegungen FÜR EINE Entscheidung zu diesem ersten von uns begleiteten Einsatz der Individuellen Schwerbehindertenbetreuung: Unvoreingenommenheit gegen Fachlichkeit, Laienhelfer gegen Denken in Förderschulkategorien, Versuch-Irrtum-Lernen gegen Zöglingsmanier, Initiative gegen Abwartehaltung, Expansion gegen Depression u. a.

Die Unterstützung durch das Bundeszivilamt in Köln erfolgte dann völlig unproblematisch. Wie oft haben wir uns eine solche Zusammenarbeit mit manch' einem anderen Amt schon gewünscht.

Und welche Fähigkeiten sollte er nun mitbringen, der Laien- und Einzelfallhelfer *Zivildienstleistender*? – Eine Person, die obendrein auch zur beispielhaften Realisierung der Integration von Kindern mit geistiger Behinderung im Regelschulbereich dienen sollte.

Soll er groß sein und schlaksig? Abiturient und Frühaufsteher? Handwerklich geschickt und Startrek-Fan? Vielleicht auch das, aber vor allem: Interessiert und mit Durchsetzungsvermögen, teamfähig und mit beiden Beinen in dieser Welt stehend, sozial denkend und (noch) nicht allzu abgeschlossen in seiner Persönlichkeitsreife. Wir haben eine solche Person gefunden, und Sylvio hat seine Aufgabe gut gemeistert *(siehe Kap. 7.3)*. Inzwischen agiert Daniel als sein Nachfolger, nicht als Kopie, wohl aber mit dem Rucksack der Erfahrungen seines Vorgängers.

Uns scheint an dieser Stelle eine Bemerkung zum Umfeld wichtig. Dass der durch uns begleitete erste Einsatz eines Zivildienstleistenden in der schulischen Integration erfolgreich war, liegt entscheidend an der Tatsache, dass er an seinem Einsatzort (der Grundschule) angenommen wurde und als wichtiger Vermittler zwischen den verschiedenen Akteuren agieren konnte. Er war eben nicht nur Handlanger oder Notnagel.

Pädagogische Einzelfallhilfe im integrativen Unterricht

7.3 „Es war eine große Herausforderung für mich" – als Zivildienstleistender in der schulischen Integration

Sylvio Nenne

Als ich erfuhr, dass ich ein Mädchen mit Down-Syndrom in einer Grundschule betreuen sollte, klang diese Aufgabe zunächst ziemlich einfach. Ich hatte die Vorstellung, ich betreue sie in den Pausen und im Hort und beeinflusse sie dabei in der schulischen Integration nicht so sehr durch meine Person, d. h., ich wollte Anja und den anderen Kindern nicht das Gefühl geben, eine Sonderrolle zu spielen. Nach einigen Wochen der Behindertenbetreuung (Betreuer während einer Ferienfahrt mit behinderten und nicht behinderten Kindern und Jugendlichen), die gleichzeitig als Einführung in meinen Zivildienst stattfand, war mit meinem Einsatz in der schulischen Integration von Anja alles geklärt *(siehe Kap. 7.2)*.

Bei einem ersten Gespräch mit dem Förderpädagogen und der Klassenlehrerin wurden mir meine Aufgaben erläutert. So sollte ich z. B. Anja im Unterricht betreuen. Ich war mir anfangs gar nicht sicher, ob ich dies überhaupt mit meinem bisherigen Wissen bewältigen konnte. Doch andererseits war es auch eine sehr große Herausforderung für mich – ich merkte erst später, dass es ein wunderbares Gefühl ist, einem Menschen etwas vermittelt zu haben.

Der für Anja zuständige Förderpädagoge war nur für fünf Unterrichtsstunden in der Woche im Unterricht anwesend. Für die restlichen Stunden erhielt ich von ihm Hinweise zur Unterstützung von Anja.

Ich erfuhr schnell, dass auch behinderte Menschen einen „Neuling" erst einmal austesten. Da ich für Anja ja nicht autoritär erscheinen und eigentlich einfach nur ihr „Freund" sein wollte, war in der ersten Zeit der Umgang mit ihr nicht einfach. Ich versuchte daher Anja zu beobachten, wie sie sich gegenüber Personen verhält, die ihr vertraut waren. Ich orientierte mich dabei an Anjas Vater: Anja befolgte stets seine Anweisungen, während sie bei anderen Personen schon versuchte, sich vor Anforderungen „zu drücken". Ich erkannte, dass

Pädagogische Einzelfallhilfe im integrativen Unterricht

Anja jemanden braucht, der einerseits streng ist, andererseits ihr aber auch Liebe und Geborgenheit entgegenbringt. An diesen alltäglichen Situationen konnte ich mich orientieren, indem ich versuchte, die Art des Umgangs und Handelns für mich zu nutzen. Dies gelang mir im Laufe der Zeit zunehmend besser. Ich lernte schnell, dass man sich Anja gegenüber stets konsequent verhalten musste.

Mein richtiges Handeln spiegelte sich in Anjas Verhalten mir gegenüber wieder. Ich verspürte immer wieder kleine Erfolgserlebnisse. Dazu ein Beispiel: Wir hatten uns als (Lern-)Ziel gesetzt, dass Anja es schafft, sich selbst die Schnürsenkel zuzubinden. Anfangs versuchte sie, schnell in ihre Schuhe hineinzuschlüpfen und sie meinte, es würde nicht bemerkt, dass sie nicht zugebunden waren. Auf meine Frage hin „Hast du dir die Schuhe zugebunden?" antwortete sie immer treuherzig mit „Ja!". Mein fragender Blick ließ sie dann doch mit dem Zubinden beginnen. Mit der Zeit entwickelte Anja den Ehrgeiz, sich die Schuhe selbstständig zuzubinden und wollte sich auch von mir nicht mehr helfen lassen. Anja hat eben auch als behindertes Kind ihren eigenen Kopf.

Wenn ein Themengebiet Anja interessierte, so war es leicht, ihre Aufmerksamkeit zu erlangen. Aber wie für alle Kinder, gab es auch für Anja Unterrichtsstunden, die sie nicht interessierten – dann versuchte ich es auf spielerische Weise. Manchmal versuchte Anja aber auch einfach nur vom Unterricht abzulenken, z. B. durch Fragen, die nicht zum Thema passten. Dabei durchschaute ich Anja immer mehr und kam zunehmend zu der Erkenntnis, dass Anjas Verhalten eigentlich dem eines „normalen" Kindes entspricht, das eben mal keine Lust auf Unterricht hat.

So wurde ich in meiner Rolle als Begleitperson immer sicherer, auch in Bezug auf die notwendige Distanz. Mit der Zeit wurde Anja für mich so etwas wie eine kleine Schwester (und ich für sie wie ein großer Bruder). Da meine Tätigkeit aber zeitlich begrenzt war, wollte ich sie gefühlsmäßig nicht zu sehr an mich binden.

Dieses Bemühen um Distanz wurde deutlich daran, dass ich mich in den Pausen bewusst zurückhielt. Anja sollte sich in den Pausen und auch im Hort verstärkt mit ihren Klassenkameraden beschäftigen. Durch gelegentliche Gruppenspiele konnte ich dies fördern. Die anderen Kinder haben Anja nicht ausgeschlossen, sondern sie auch in ihre Spiele einbezogen. Doch sie konnte es auch gut zum Ausdruck bringen, wenn sie darauf keine Lust hatte.

Was mir bei meiner Arbeit deutlich geworden ist: Behinderte Menschen sollten in ihrer Umwelt nicht zu „Behinderten gemacht" werden. Davon sind wir aber noch weit entfernt.

7.4 Einsatz von Heilerziehungspflegern/ Heilpädagogen in der schulischen Integration

Elke Stodolka

An der Fachschule für Heilerziehungspflege und Heilpädagogik in Beutha haben wir in den letzten Jahren gute Erfahrungen mit dem Einsatz von Praktikanten zur Einzelfallbetreuung in der schulischen Integration gemacht.

Dabei wurden sowohl Praktikanten als auch Absolventen unserer Fachschule eingesetzt. Diese Einzelfallbetreuung ist ein Arbeitsfeld sowohl der Heilerziehungspfleger als auch der Heilpädagogen. Sie stellt also innerhalb der Ausbildung eine gute Möglichkeit dar, dieses Arbeitsfeld kennen zu lernen. Dabei kann der Fachschüler/die Fachschülerin über einen relativ langen Zeitraum innerhalb der Heilerzieherischen Übungen oder der Heilpädagogischen Übungsbehandlung mit dem Kind in der Integration tageweise (während der Vollzeitausbildung) oder auch stundenweise (während der Teilzeitausbildung) arbeiten. Außerdem gibt es in der Heilerziehungspflegeausbildung die Möglichkeit, in der berufspraktischen Ausbildungsphase über ein gesamtes Schuljahr den Schüler/die Schülerin zu begleiten.

Dabei hat der Fachschüler/die Fachschülerin wie in jedem anderen Arbeitsgebiet die Aufgabe, den Ist-Zustand des Betreuenden zu erfassen, über eine ganzheitliche Langzeitbeobachtung Stärken, Fähigkeiten und Lernkanäle herauszufinden und genau zu erkennen, welche Problembereiche vorhanden sind. Dies stellen die Fachschüler durch die heilerzieherische Diagnostik sicher, indem sie von der ärztlichen Diagnose als Primärschädigung ausgehen und dieser Behinde-

Pädagogische Einzelfallhilfe im integrativen Unterricht

rungsarten und Ausprägungsgrade zuordnen. Davon werden dann durch intensive Beobachtungen Folgebehinderungen abgeleitet. Diese Folgebehinderungen abzubauen bzw. zu verhindern ist die vordringliche Aufgabe des Heilerziehers. Sie erheben auf dieser Grundlage den Förderbedarf des Schülers und können somit gezielt arbeiten. Der Förderplan, der im Ergebnis aufgestellt wird, muss mit dem Lehrerteam abgestimmt werden. Somit wird sichergestellt, dass im Team gearbeitet wird und alle Kollegen an einem Strang ziehen. Die Arbeit in Regelschulen bietet für die Aufgabenstellung im integrativen Arbeitsfeld gute Möglichkeiten für den Fachschüler, Besonderheiten behinderter Kinder und Jugendlicher zu erfassen, vor allem aber ihre Fähigkeiten zu erkennen und Methoden zu finden, um einen besonderen Zugang zu finden.

Gerade Heilerziehungspfleger und Heilpädagogen verfügen über Fähigkeiten, diesem Anspruch gerecht zu werden. In der Ausbildung wird einer ganzheitlichen Betrachtungsweise ein großer Wert beigemessen. Das heißt, Heilerziehungspfleger/Heilpädagogen gehen nicht in erster Linie von dem aus, was der Schüler nicht kann, sondern sie suchen ganz bewusst nach Fähigkeiten und Stärken. Sie holen den Schüler/die Schülerin dort ab, wo er/sie steht.

Durch die Tätigkeit der Einzelfallhilfe gelingt es den Heilerziehungspflegern/Heilpädagogen außerdem genau zu erkennen, was der Schüler/die Schülerin tatsächlich allein kann. Sie können damit Hilfe zur Selbsthilfe geben. Sie beherrschen die kleinschrittige Arbeit, können kleinste Erfolge sehen und dokumentieren. Außerdem verfügen Heilerziehungspfleger und Heilpädagogen über ein breites Spektrum an Methoden, die sicherstellen, dass der Schüler/die Schülerin gut motiviert an der Arbeit dranbleibt. Solche Methoden sind beispielsweise das heilpädagogische Spiel oder Werken und Gestalten, Musik- und Rhythmikangebote und Psychomotorik. Maßnahmen wie Lob, Ermutigung und Schaffen von Erfolgserlebnissen unterstützen die Motivation in der gemeinsamen Arbeit.

In beiden Ausbildungsberufen werden während der Ausbildung didaktische Fähigkeiten erworben, die bei der Vermittlung von Lerninhalten angewendet werden können. Dies hilft in der integrativen Arbeit, insbesondere in der Einzelfallhilfe.

Pädagogische Einzelfallhilfe im integrativen Unterricht

Ein Beispiel soll das unterstützen:

So konnte eine Fachschülerin der Heilpädagogik einen Schüler mit einem Aufmerksamkeits-Defizit-Syndrom (ADS) ein Schuljahr lang durch Einzelfallhilfe unterstützen. Die Fachschülerin war Staatlich anerkannte Erzieherin und befand sich zu diesem Zeitpunkt am Anfang des 3. Ausbildungsjahres als Heilpädagogin. Damit verfügte die Fachschülerin über erforderliche Fähigkeiten und Vorerfahrungen, um den Schüler bei der Integration zu unterstützen.

Ihr Auftrag bestand darin, in den Stunden, die der Schüler beschulbar war, ihm entsprechende Hilfe anzubieten, z. B. ihn bei auftretenden Schwierigkeiten aus der Klasse herauszunehmen, um in Einzelförderung auf Stärken aufbauend Krisensituationen zu vermeiden. Über Verhaltensmodifikation gelang es ihr, erwünschte Verhaltensweisen zu trainieren und damit sicherzustellen, dass diese Verhaltensweisen auch im Alltag Anwendung finden konnten.

In den Fördereinheiten konnten auch Fähigkeiten entwickelt werden, die für die schulische Arbeit von großem Nutzen waren, zum Beispiel bestimmte Aufgaben zu kontrollieren oder einzuhalten und abzuwarten, bis die gesamte Aufgabe gestellt wurde. Das „Sich-Einbremsen-Können" spielt beim ADS eine entscheidende Rolle und es konnte durch Einzelförderung besonders gut entwickelt werden. Ein gewünschtes Förderziel, bei dem uns die Mutter des Kindes sehr stark unterstützte, war die Förderung der Konzentrationsfähigkeit. Durch ein stufenweises Training gelang es, bei dem Schüler die Konzentrationsfähigkeit innerhalb des Schuljahres auf 45 Minuten zu steigern. Ein großer Erfolg, wenn man bedenkt, dass der Ausgangswert bei ca. 5–7 Minuten lag. Außerdem spielte in der Förderung eine entscheidende Rolle, den Ordnungssinn des Kindes zu entwickeln.

Gemeinsam mit der Mutter kam es in diesem Prozess darauf an, Unterrichtsmaterial vollständig vorhanden zu haben, dieses sorgfältig zu behandeln und Ordnung sowohl am Arbeitsplatz als auch im Ranzen herzustellen. Der Ordnungssinn konnte trainiert werden. Hilfsangebote wurden gemacht, z. B. konnte die Fachschülerin mithilfe von Stickern Erinnerungshilfen schaffen, um Ordnung auf dem Platz zu gewährleisten. Im Laufe der Zeit konnte immer mehr auf Sticker verzichtet werden. Durch diese Erfolge gelang es zunehmend,

Pädagogische Einzelfallhilfe im integrativen Unterricht

bereits zerstörtes Selbstbewusstsein wieder aufzubauen und die Persönlichkeit des Kindes zu stärken.

Aus den bisherigen Erfahrungen können wir feststellen, dass durch den Einsatz von Heilerziehungspflegern/Heilpädagogen in jedem Fall dem jeweiligen Schüler in der Bewältigung des Unterrichtsalltags wichtige Impulse gegeben und das Selbstbewusstsein gestärkt werden konnten. Im Mittelpunkt einer erfolgreichen Arbeit steht jedoch die Kooperation mit allen Beteiligten:

1. Bei guter Kooperation mit den Lehrkräften konnte für die unterstützten Schüler der Anschluss an den Unterrichtsstoff der Klasse sichergestellt werden.
2. Durch eine intensive Zusammenarbeit der Einzelfallhilfe mit Eltern und anderen Bezugspersonen konnte der Kontakt des familiären Umfeldes zur Schule stabilisiert werden.
3. Bei Akzeptanz der Arbeit der Einzelfallhelfer durch die Lehrer der Regelschule ist die Chance eines Kompetenztransfers zwischen den Pädagogen gegeben, z. B. beim Wahrnehmungstraining, bei der Verbesserung der sensorischen Integration oder der Psychomotorik, bei der ganzheitlichen (nicht defizitären) Betrachtungsweise des Kindes oder bei der Wertung kleinster Erfolge.
4. Der Erfolg jeder schulischen Integration steht und fällt mit dem Engagement und der Kooperationsfähigkeit der Eltern – darauf ist die Einzelfallhilfe angewiesen.

Für die Absolventen unserer Fachschule bedeutet der Einsatz in der schulischen Integration eine positive und umfassende Erfahrung in der ganzheitlichen Betrachtung und Förderung des Kindes im Schulbereich und stellt in der Ausbildung eine Bereicherung dar, denn Arbeitsfelder der Einzelfallhilfe sind in der Tätigkeit von Heilerziehungspflegern und Heilpädagogen eher selten. Das Ziel der Ausbildung, die Arbeit am Förderbedarf des Kindes zu orientieren, kann hier besonders erkannt und realisiert werden.

7.5 „Der Abstand zu Linda ist das Wichtigste" – Einzelfallhilfe im integrativen Unterricht

Kathleen Pahlke

Während meines Praktikums als Heilerziehungspflegerin betreute ich ein Mädchen mit Down-Syndrom (Linda) in der 1. Klasse der Grundschule in Mügeln im integrativen Unterricht. Für diese Aufgabe wurde ich von der Förderschule für geistig Behinderte in Wiederroda für ein sog. „Außenprojekt" an die Grundschule Mügeln abgeordnet. Nach einer kurzen Kennenlernphase vor der Einschulung, in der ich Linda mehrmals zu Hause besuchte, begann meine Tätigkeit in der Schule im September 1999.

Grundlage meiner Arbeit ist, Linda im Unterricht entsprechend ihren Möglichkeiten, Rechnen, Schreiben und Lesen zu vermitteln, damit sie später die Chance hat, ihr Leben möglichst selbstständig zu gestalten. Linda soll so weit wie möglich am Unterricht teilnehmen, was ihr an „guten Tagen" auch über die gesamte Unterrichtszeit gelingt. Positiv ist, dass die Hauptfächer in der ersten Klasse in den ersten drei Stunden unterrichtet werden.

In der Klasse sitze ich zwar in der Nähe von Linda, aber nicht unmittelbar neben ihr, sondern an einer eigenen Bank, sodass zwischen mir und Linda ein räumlicher Abstand ist. Dadurch kann ich Linda genauer beobachten und rechtzeitig erkennen, wenn sie Hilfe benötigt. Sie hat dadurch auch die Möglichkeit, selbstständiger arbeiten zu können.

Linda bekommt in den einzelnen Fächern Aufgaben, die ihren Fähigkeiten entsprechen. Es ist in der Regel ähnlicher Unterrichtsstoff wie der Rest der Klasse, nur mit Abweichungen im Umfang und in den Methoden. So macht Linda beispielsweise im Schreibunterricht Schwungübungen, schreibt vorgepunktete Buchstaben nach oder übt anhand einfacher Buchstaben die Einhaltung der Zeilen. Linda erlernte insbesondere durch kinästhetische Wahrnehmung alle Buchstaben und kann sie in Druckschrift mit Bleistift in ein Schreibheft

Pädagogische Einzelfallhilfe im integrativen Unterricht

übertragen. Seit Beginn der 2. Klasse beginnt Linda, die Druckbuchstaben in Schreibschrift wiederzugeben.

In Mathematik braucht Linda sehr viel Zeit und Geduld und vor allem viel Anschauung. Zunächst konnte sie bis 10 zählen und die Zahlen bis sieben schreiben. Schrittweise wurde sie an die Addition und Subtraktion herangeführt, zu Beginn des 2. Schuljahres konnte sie mit dem Zahlenstrahl bis 20 einfache Aufgaben durch Abzählen sicher rechnen. Diese Zahlenkenntnisse wandte Linda dann auch bei Gesellschaftsspielen an.

Wegen Lindas geringem Spasmus in den Oberarmen bis zu den Händen fällt es ihr schwer, längere Zeit einen Stift oder einen Pinsel zu halten. Erleichterung bringen Auflockerungsübungen (Fingerspiele u. a.), die wir oftmals während des Werkens oder Zeichnens durchführen. Durch die Verkrampfung der Hand musste für Linda zu Beginn des Schuljahres der Zeilenabstand sehr viel größer sein als bei den anderen Kindern. Inzwischen ist der Abstand wieder kleiner.

Wenn Linda in der Unterrichtsarbeit Unlust zeigt, gehe ich damit unterschiedlich um. Manchmal versuche ich durch Gespräche, sie wieder zu motivieren. Ich erzähle ihr dann von vertrauten Personen oder Tieren, die sie mag. Diese Gespräche haben oft eine sehr positive Wirkung. Mitunter versuche ich ihr aber auch durch Strenge klarzumachen, dass sie weiterarbeiten muss. Hilfreich ist hier die enge Zusammenarbeit mit den Eltern (Mitteilungen durch das Hausaufgabenheft, regelmäßige Elterngespräche u. a.).

In der dritten Stunde ist Linda oft erschöpft – ihre Konzentration lässt nach und ihre Unlust wird größer. Wir gehen dann in diesen Stunden oft in einen anderen Raum, dort gelingt es ihr besser, weiterzuarbeiten. Während des Schuljahres hat sich Lindas Belastungsfähigkeit erheblich verbessert. War es zu Beginn des Schuljahres noch notwendig, zwischendurch Pausen auf einer Matte bei Entspannungsmusik einzulegen, so kommt das gegen Ende des ersten Schuljahres nur noch selten vor.

Anfangs war es für Linda besonders schwierig zu lernen, sich über einen längeren Zeitraum zu konzentrieren und gleichzeitig ihre Aufmerksamkeit auf neuen Unterrichtsstoff zu richten. Die Begleitung während der Unterrichtsstunden musste somit immer gleichzeitig beide Schwerpunkte berücksichtigen. So werden immer wieder in

Pädagogische Einzelfallhilfe im integrativen Unterricht

spielerischer Weise Entspannungs- und Konzentrationsübungen in den schulischen Lernstoff eingefügt. Hinzu kommen konkrete Unterstützung und konsequente Anleitung bei einzelnen Handlungen verbunden mit motivierenden Gesprächen. Hieran wird die Bedeutung der Einzelfallhilfe besonders deutlich.

In den Fächern Werken und Zeichnen zeigte Linda häufig Unlust, möglicherweise spürte sie in diesen Fächern ihre Lerngrenzen im Vergleich zu ihren Mitschülern. Sie bekam von mir Unterstützung beim Einhalten der Arbeitsschritte und sie lernte, auch Arbeiten zu verrichten, die ihr weniger Spaß machten. Musikunterricht macht Linda besonders Freude. Sie singt sehr gerne, hört gern Musik in ihrer Freizeit und trägt auch gern Lieder vor der Klasse vor. Im Sportunterricht hatte Linda durch ihre jahrelangen Erfahrungen in der Physiotherapie einen großen Vorteil. Sie ist stolz darauf, zeigen zu können, was sie kann und schaut sich die Sportübungen teilweise von ihren Mitschülern ab, ohne meine Hilfe in Anspruch nehmen zu müssen.

Meine Aufgabe ist Lindas Fortschritte richtig einzuschätzen und ihr entsprechende Aufgaben zu geben. Dabei stelle ich mir oft die Frage, welche Gründe ihre Unlust hat. Wird sie überfordert? Schöpft Linda ihre Leistungsmöglichkeiten wirklich voll aus? Sicherheit darüber bekam ich erst im Laufe der Zeit: Linda ist in den meisten Situationen nicht überfordert, sondern ihre Arbeitshaltung wird sehr stark durch das Lustprinzip gesteuert (d. h., sie hat keine Lust und versucht, ihren Willen durchzusetzen). Viele Gespräche mit ihr waren notwendig, um ihr Verständnis vom schulischen Lernen dahin zu steuern, dass sie auch so etwas wie ein „Pflichtgefühl" entwickeln konnte. Im Nachhinein kann ich feststellen, dass ich anfangs im Umgang mit Lindas Verweigerungen zu nachsichtig war – es wäre für uns beide leichter gewesen, wenn ich mich von Beginn an ihr gegenüber konsequenter verhalten hätte!

Am Nachmittag im Hort nutzt Linda die Zeit, um von mir auch einmal „Abstand" zu bekommen. Dann kann ich mich auch anderen Kindern widmen. Ich beobachte sie aber weiterhin. Manchmal beteiligt sich Linda, wenn ich mit anderen Kindern bastele oder Gesellschaftsspiele spiele. In Phasen des Freispiels soll Linda allmählich an den Umgang mit den anderen Kindern herangeführt werden. Rollenspiele spielt sie meist allein, gesellt sich aber auch zu anderen Kindergruppen hinzu. Wenn sie beginnt, die anderen Kinder zu ärgern, so ist das meist ein Zeichen, dass sie mit anderen Kindern spielen möchte, sich aber nicht anders ausdrücken kann. Dann braucht sie meine Hilfe als Vermittlerin. Hierbei ist die Beobachtung „aus der Ferne" besonders wichtig, damit ich rechtzeitig eingreifen kann.

Ich empfinde diesen Teil des Tages, in dem ich Linda im sozialen Miteinander mit anderen Kindern beobachte, ohne ihr ständig zur Seite zu sein, als den wichtigsten Teil meiner Arbeit, da hier die Grundlage für eine erfolgreiche Integration gelegt wird.

7.6 Einzelfallhilfe bei der schulischen Integration aus Elternsicht

Bärbel Stein

Der Einsatz einer Praktikantin in der Ausbildung zur Heilerziehungspflegerin als Ganztagsbetreuung unserer Tochter Linda war für uns als Eltern auf dem steinigen Weg der Integration geistig behinderter Kinder in die Grundschule ein große Hilfe.

Sicherlich stellt dieser von uns beschrittene Weg noch lange keine Lösung aller mit der Integration im Zusammenhang stehenden Probleme dar, aber unserer Meinung nach doch eine praktikable Möglichkeit in der derzeitigen Situation in Sachsen.

Unsere Tochter Linda wurde im April 1992 mit dem Down-Syndrom geboren (Freie Trisomie 21). In den ersten 3 Lebensjahren wurde sie von uns zu Hause betreut. Von Anfang an nahmen wir alle in unserem Umkreis angebotenen Möglichkeiten der Förderung wahr, wie z. B. Ergo-Therapie und die Hausbetreuung durch die Frühförderstelle der Lebenshilfe Oschatz. Durch den guten Kontakt, den wir durch die Frühförderung der Lebenshilfe bekamen, lag es nahe, Linda ab August 1995 im integrativen Kindergarten der Lebenshilfe in Oschatz betreuen zu lassen. Im Kindergarten entwickelte sie sich zu unser aller Freude sehr gut. Schnell bekam sie Kontakt zu den anderen Kindern. Linda lernte enorm viel, entwickelte ihre Spra-

Pädagogische Einzelfallhilfe im integrativen Unterricht

che für Down-Syndrom-Kinder überdurchschnittlich gut und fühlte sich einfach wohl.

In dieser Zeit wuchs in uns der Wunsch, Linda auch nach ihrer Kindergartenzeit integrativ unter „normalen" Kindern aufwachsen zu lassen. Um sie in ihrer bisherigen sehr guten Entwicklung weiter zu unterstützen und alle Möglichkeiten auszuschöpfen, damit sie später einmal weitgehend selbstständig im Leben zurecht kommt, wollten wir Linda integrativ in die Grundschule (möglichst in ihrem Heimatort) einschulen.

Zunächst nahmen wir Kontakt zur Schulleiterin der Grundschule unseres Heimatortes Mügeln auf. Da unsere große Tochter schon ihre Grundschulzeit an dieser Schule absolvierte, kamen wir nicht als Unbekannte und fanden sofort offene Ohren für unser Anliegen.

Die Schulleiterin erzählte uns, dass an der Schule bereits ein körperbehindertes Kind integrativ beschult wird und war der Meinung, dass die Einschulung eines geistig behinderten Kindes eine weitere interessante Herausforderung für alle betroffenen Lehrer darstellen würde. Diese Maßnahme konnte auch für die anderen Kinder der Klasse nur von Vorteil sein, da sie doch von Kindheit an lernen, den täglichen Umgang mit behinderten Menschen als ganz normal anzusehen.

Nach diesem Gespräch stellten wir dann (1 Jahr vor der geplanten Einschulung) einen formlosen schriftlichen Antrag auf integrative Einschulung unserer Tochter an das Staatliche Schulamt Grimma. In diesem Antrag legten wir sehr ausführlich dar, weshalb wir für Linda den integrativen Schulweg möchten und machten Vorschläge, wie diese Integration unserer Meinung nach durchführbar wäre. Ebenfalls haben wir in diesem Antrag vermerkt, dass wir als Eltern eine Integration unserer Tochter nur wollen, wenn es möglich ist, eine Betreuerin für sie bereitzustellen. Uns war allerdings von vornherein klar, dass wir diese Betreuungsperson nicht automatisch vom Regionalschulamt gestellt bekommen würden, sondern uns selbst darum würden kümmern müssen.

Wir mussten dann das übliche Verfahren zur Feststellung des sonderpädagogischen Förderbedarfs durchlaufen. Alle Gutachten wurden sehr schnell und unproblematisch erstellt und fielen sehr positiv aus. Das größte Problem war, wie schon vermutet, die Bereitstellung

Pädagogische Einzelfallhilfe im integrativen Unterricht

einer Betreuungsperson durch den Schulträger. Eine Finanzierung durch die Förderrichtlinie scheiterte daran, dass der Anteil des Schulträgers (35 %) von unserer Stadtverwaltung nicht aufgebracht werden konnte *(siehe Kap. 7.1 und 7.1.1).*

Vom Schulpsychologen erhielten wir dann den Tipp, mit Schulen in Verbindung zu treten, in denen Heilerzieher ausgebildet werden, um evtl. eine Praktikantin für die Ganztagsbetreuung von Linda zu finden. Nach vielen Telefonaten fanden wir dann endlich eine Schule, in der die Praktikumsdauer ein Jahr beträgt (Berufliches Schulzentrum Eilenburg Rote Jahne in Mörtitz). Die Schulleiterin trug unser Anliegen an die Studentinnen heran, und zu unserer großen Freude meldete sich auch kurz darauf eine Studentin, die Interesse an der Tätigkeit einer Einzelfallhilfe hatte.

Bereits beim ersten Besuch von Kathleen Pahlke *(siehe Kap. 7.5)* bei uns zu Hause im Frühjahr 1999 wurde uns sofort klar, dass wir mit ihr die richtige Person zur Betreuung Lindas gefunden hatten. Sie hatte sofort einen ganz besonders innigen Kontakt zu Linda; der bewusste Funke sprang sofort über, was bei Linda sehr wichtig ist, da sie in ihrer unvoreingenommenen, unkomplizierten Art ein ganz feines Gespür für Ehrlichkeit im Umgang miteinander entwickelt hat. Schon bei diesem ersten Besuch entschied sich Kathleen Pahlke dafür, ihr Praktikum in Lindas Klasse zu absolvieren.

Für uns bedeutete dies nach langer Zeit einmal wieder Aufatmen zu können und ein Stück zurückzulehnen. Durch die wöchentliche Arbeitszeit der Betreuungsperson von 40 Stunden (einschließlich Vorbereitungszeit von fünf Std./Woche) war gleichzeitig auch die Betreuung Lindas im Hortbereich abgesichert.

Nachdem wir dem Schulamt alle Gutachten eingereicht und ihnen mitgeteilt hatten, dass wir eine Praktikantin für die Betreuung von Linda gewinnen konnten, begann wieder eine lange Wartezeit bis wir dann endlich im Juli 1999 den positiven Bescheid zur integrativen Einschulung vom Regionalschulamt Leipzig erhielten. Für alle staatlichen Stellen bedeutete diese Lösung eine Integration ohne zusätzliche Kosten, da die Einzelfallhilfe ihre Ausbildungsbeihilfe bezog und damit von niemandem finanziert werden musste.

Der Praktikantenvertrag wurde zwischen dem Freistaat Sachsen (Regionalschulamt Leipzig) und der Praktikantin geschlossen. Als

Pädagogische Einzelfallhilfe im integrativen Unterricht

Arbeitsort wurde die Förderschule für geistig Behinderte in Wiederoda festgelegt. Zusätzlich zu diesem Vertrag wurde in einem gesonderten Vertrag die Betreuung unserer Tochter als Hauptbestandteil der Praktikumsaufgaben festgelegt. Die Praktikantin hatte somit jederzeit die Möglichkeit, mit allen auftretenden Fragen und Problemen der integrativen Förderung Lindas mit der Förderschule in Kontakt zu treten.

Anfangs kam für einige Stunden wöchentlich eine Lehrerin der Förderschule zusätzlich in die Klasse. Da sich Linda in ihrer Anwesenheit jedoch sehr unkooperativ zeigte, wurden diese Förderstunden in gegenseitigem Einverständnis nicht mehr durchgeführt. Dafür wurde vereinbart, dass die Praktikantin einen Tag in der Woche in der Förderschule zu Konsultationszwecken verbrachte, ebenso die Ferienzeiten von Linda.

Zurückblickend können wir heute angesichts unserer glücklichen Tochter sagen, dass es richtig war, den integrativen Schulweg für Linda zu wählen.

7.7 Als Integrationsassistentin an der Regelschule[Fn.1]

Christina Rosenberger

Im Rahmen meiner Ausbildung zur Staatlich anerkannten Heilpädagogin wurde ich in meinem Praktikum an der Regelschule Wüstenbrand als Integrationsassistentin eingesetzt.

Die Erfahrungen der Eltern von Anne-Maria – einem Mädchen mit Down-Syndrom –, die sie im Zusammenleben in einer großen Familie und im Umfeld bis zum Zeitpunkt der Einschulung sammelten, bestärkten sie in der Absicht, Anne-Maria integrativ in die Regel-

---

1. Der Beitrag enthält überarbeitete Auszüge aus der unveröffentlichten Facharbeit zum Heilpädagogen: „Die Entwicklung der Integrationsfähigkeit von Bildungsinstituten, dargestellt am Beispiel der Grundschule Wüstenbrand" Fachschule für Sozialwesen Zwickau, Zwickau 2000.

Pädagogische Einzelfallhilfe im integrativen Unterricht

grundschule am Wohnort einschulen zu lassen. Die Entwicklung des Kindes hatte gezeigt, dass durch eine gezielte Förderung und das Vorbild von gesunden Kindern die auch bei einem Kind mit Down-Syndrom vorhandenen Gaben und Möglichkeiten weiterentwickelt und Fortschritte auf dem Weg zu einer selbstständigen Lebensführung erreicht werden können. Als wichtige Faktoren sind dabei zu nennen: Liebe, Geduld, Zuwendung, bedingungslose Annahme und Integration in den Lebensalltag statt Ausgrenzung. Integration begann für die Eltern von Anne-Maria somit vom Zeitpunkt der Geburt.

Vor Beginn der Einschulung im Juli 1999 lernte ich Anne-Maria kennen. Ich besuchte sie in ihrer vertrauten Umgebung (Kindergarten, Familie), beobachtete sie und führte mit ihren Eltern Gespräche.

Die Voraussetzungen dafür waren, dass eine Integrationsklasse an der Grundschule in Wüstenbrand eingerichtet wurde und Anne-Maria durch eine zusätzliche pädagogische Kraft unterstützt werden konnte. In Zusammenarbeit mit der Fachschule für Sozialwesen in Zwickau (Bereich Heilpädagogik), den Eltern, dem Regionalschulamt Chemnitz und dem örtlichen Schulträger wurde die Möglichkeit gefunden, durch eine Integrationsassistentin mit heilpädagogischer Ausbildung die integrative Unterstützung von Anne-Maria sicherzustellen.

In dieser Funktion arbeitete ich in der individuellen Förderung sowohl unterrichtsintegriert als auch im außerunterrichtlichen Bereich.

Schaffen einer integrativen Umgebung

Der Anfang war schwer, denn zunächst mussten viele Dinge gemeinsam mit Lehrern, Schulleitung, den Hortmitarbeiterinnen und dem Schulträger geklärt werden, vor allem in Bezug auf materielle und räumliche Bedingungen. Gleichzeitig mussten Absprachen über die Gestaltung des Unterrichts geführt werden.

Da die Schule nicht über freie Räume verfügte, war es anfangs sehr schwierig, einen Rückzugs- und Förderraum zu bekommen. Die Lösung war dann ein Hortraum, der vormittags nicht genutzt wurde. Später bekam ich dann ein zweites Zimmer zur Verfügung gestellt, das ich für Bewegungsspiele, Entspannungsübungen, Förderstunden und zum Spielen am Nachmittag nutzen konnte. In diesen Räumen

Pädagogische Einzelfallhilfe im integrativen Unterricht

können die Kinder auch in den Pausen spielen – in Absprache mit den Lehrern, Horterziehern und mir. Bei der Ausstattung (Fußboden, Schränke, Regale, Tische, Stühle u. a.) waren mir der Hausmeister und andere Lehrkräfte in der Schule sehr behilflich. In der Schule war viel Material für meine heilpädagogische Arbeit bereits vorhanden, anderes habe ich mir selbst beschafft.

Meine Hauptaufgabe an der Grundschule besteht in der individuellen Lernunterstützung von Anne-Maria im Unterricht. Damit sie nicht einen Sonderstatus innerhalb der Klasse erhält, gebe ich auch anderen Schülern und Schülerinnen ihrer Klasse Lernunterstützung. Die Arbeit der Integrationsassistentin beschränkt sich jedoch nicht nur auf Anne-Maria mit dem formalen Status als „Integrationskind", sondern bezieht auch andere Schüler ein, die präventiv heilpädagogischer Unterstützung bedürfen, z. B. bei Problemen in der Fein- oder Grobmotorik. In Zusammenarbeit mit Lehrern und Eltern erhalten einzelne Schüler einmal pro Woche Einzelförderung, die sich gezielt auf Konzentration, Wahrnehmung, Kommunikation, Fein- und Grobmotorik richtet.

Darüber hinaus gestalte ich als Integrationsassistentin Pausenangebote. Die Schüler werden beispielsweise in der Hofpause zum gemeinsamen Spielen angeregt, indem Spielgeräte zur Verfügung gestellt (Bälle, Seile, Reifen, Wurfscheiben, Ballancierhalbkugeln, Luftballons u. a.) und deren Verwendung angeleitet werden. In den kleinen Pausen werden den Schülern Geschichten vorgelesen, Musik gehört oder kleinere Spiele mit Bewegung gemacht.

Die Bewegungsspiele werden aber auch in den Unterricht einbezogen. Sie kommen allen Schülern der jeweiligen Klasse zugute, sprechen alle Sinne an und erleichtern damit die Erschließung der kognitiven Inhalte. Die Bewegung schafft einen guten Ausgleich und eine Entlastung nach Phasen angespannten Arbeitens und Stillsitzens. Auch Entspannungsübungen während des Unterrichts oder etwa Rückenmassagen gehören dazu.

Zusammenarbeit mit Lehrkräften

Zur sonderpädagogischen Unterstützung von Anne-Maria kommt für drei Stunden pro Woche eine Förderschullehrerin aus der Förderschule für geistig Behinderte in Hohenstein/Ernstthal zur Einzelförderung in die Grundschule. In einer Stunde pro Woche bin ich hospi-

Pädagogische Einzelfallhilfe im integrativen Unterricht

tierend dabei und halte damit den Kontakt zur Förderpädagogin, die mir bei Anfragen unterstützend zur Seite steht. Mit der Klassenlehrerin von Anne-Maria arbeite ich eng zusammen. Ich mache Vorschläge für Bewegungs- und Entspannungsangebote und sie stimmt dann gemeinsam mit mir die Grobplanung ab. Nach einer kurzen Einarbeitungszeit wurde meine Arbeit als Integrationsassistentin akzeptiert und stellt nun eine Bereicherung der täglichen Unterrichtsarbeit dar.

Ich konnte feststellen, dass Lehrer und Lehrerinnen sich bemühten, Schüler mit Lernschwierigkeiten vor den anderen Schülern der Klasse nicht bloßzustellen, sondern diesen Kindern ihre Lernfortschritte bewusst zu machen, ohne dabei auszusondern. Sie verfügen damit über die wichtigste innere Voraussetzung für die Integration von Schülern mit Behinderung an Regelschulen. Andererseits sind Lehrer Teamarbeit oder unmittelbare Zusammenarbeit vor Ort nicht gewohnt. Mit der Entscheidung, sich an der Integration eines Schülers oder einer Schülerin mit Behinderung zu beteiligen, ist aber gleichzeitig die Bereitschaft verbunden, wenigstens teilweise gemeinsam mit einem zweiten Pädagogen im Klassenraum zu kooperieren. In Gesprächen mit Lehrerinnen habe ich den Eindruck gewonnen, dass manche Lehrkräfte mehr Angst vor dem zweiten Pädagogen in der Klasse haben als vor dem behinderten Schüler selbst. Diese Ängste müssen ernst genommen werden. Lehrkräfte müssen Hilfe und Unterstützung erhalten, damit sie die notwendigen Fähigkeiten erlernen können, die für eine Teamarbeit notwendig sind, z. B. sich vor Beginn der Arbeit kennen zu lernen, gemeinsame Absprachen treffen zu können oder sich gemeinsam über methodisches Vorgehen sachkundig machen. Vor allem wenn die zweite Pädagogin nur stundenweise im Unterricht ist, wird eine gute Absprache noch viel wichtiger als beim durchgängigen Zweipädagogenprinzip.

Die heilpädagogische Förderung eines Mädchens mit Down-Syndrom

Ohne auf behinderungsspezifische Einzelheiten des Down-Syndroms an dieser Stelle näher einzugehen, sind neben Kenntnissen über die Eigenheiten der Behinderung für eine integrative heilpädagogische Förderung folgende Gesichtspunkte leitend:
– **individuelle** physische und psychische Belastbarkeit des Kindes beachten

Pädagogische Einzelfallhilfe im integrativen Unterricht

- ausgehen vom **jeweiligen Entwicklungsstand**
- Lernziele der Förderung überschaubar gestalten
- Forderungen stellen ohne zu überfordern
- methodisches Handeln auf den Grad der Beeinträchtigung abstimmen
- **Vertrauensbasis** zwischen Kind und dem Heilpädagogen herstellen
- ganzheitliche Betreuung gewährleisten (physische, psychologische, soziale)
- vorbehaltlose Annahme des Kindes mit seiner Behinderung

Die Schwerpunkte der Förderung von Anne-Maria lagen in den Bereichen Motorik (Fein- und Grobmotorik), Wahrnehmung und Sprache.

Ich habe festgestellt, dass es bei der Gestaltung der Förderung von Kindern mit Down-Syndrom unbedingt notwendig ist, sich von gängigen Lern- und Verhaltensnormen zu lösen und sich in die Probleme der Kinder hineinzuversetzen. Es müssen alle Stärken des Kindes erkannt und alle Störungen des Lernprozesses beseitigt werden. Die Kinder sind sehr beeinflussbar, vor allem dann, wenn ihre Umwelt sie nicht versteht und ihren Bedürfnissen nicht gerecht wird. Die Lernmöglichkeiten von Kindern mit Down-Syndrom sind in ganz entscheidendem Maße davon abhängig, wie man mit ihnen umgeht.

Ein strukturierter Tagesablauf sowie eine gewohnte Umgebung, bei der sie viele vertraute Situationen erleben, kommen diesen Kindern zugute. Das Geben von vielen Anregungen sowie stützendes Eingreifen in Gruppenprozesse sind wichtig, da viele Kinder mit Down-Syndrom sich nicht zu regulieren wissen. Das Kind sollte Schritt für Schritt Erfolg erleben. Dafür ist die emotionale Zuwendung durch Pädagogen unumgänglich.

Hinzu kommt die Notwendigkeit, dass die Ansprüche an die Fähigkeiten des Kindes angepasst sind, damit Situationen auch allein bewältigt werden können. Das Kind gewinnt dadurch Sicherheit im Umgang mit anderen Personen und Situationen und wird dadurch zur höheren Selbstständigkeit und zu stärkerem Selbstbewusstsein befähigt.

Ein Kind mit Behinderung muss wie jedes andere Kind auch in seiner Individualität, mit seinen Fähigkeiten, seinen Bedürfnissen und seinen besonderen Interessen erkannt sowie in seinem individuellen

Pädagogische Einzelfallhilfe im integrativen Unterricht

Lernvermögen akzeptiert und optimal gefördert werden. Bei einem Kind mit Behinderung von **normal** oder **unnormal** zu sprechen hängt auf jeden Fall davon ab, wie hoch die Wertenorm angesetzt wird.

Der Weg zur Integration hängt von einer Vielzahl von Faktoren ab. Im Wesentlichen sind dies folgende:
– Elternhaus bzw. familiäres Umfeld
– Wille und Risikobereitschaft der Grundschule und deren Lehrerschaft
– rechtliche Voraussetzungen
– Entscheidung des Regionalschulamtes
– Entscheidung des örtlichen Schulträgers
– Akzeptanz durch das allgemeine Umfeld in Schule und Wohnort.

Der Erfolg einer Integration ist jedoch abhängig vom positiven Zusammenwirken aller Beteiligten. Dabei ist besonders auf die eigene Bereitschaft und die Grenzen des zu integrierenden Kindes zu achten.

Im vorliegenden Fall ist es bisher gelungen, dass sowohl nicht behinderte Kinder als auch das behinderte Kind von der Integration profitieren.

8. Unterstützung durch „integrative Netzwerke"

8.1 „Gemeinsam Türen öffnen" – Integration durch Kooperationspartner voranbringen

Ursula Mahnke

Der Wunsch nach Integration für ein Kind mit Behinderungen, für das das deutsche Schulsystem die Sonderschule vorsieht, bedeutet in jedem Fall einen gravierenden Eingriff in ein Schulsystem, in dem alle Systemmerkmale in unmittelbarer Wechselwirkung zueinander stehen *(siehe Kap. 5.1)*. Zentrale Säulen unseres Schulsystems werden durch die Aufnahme eines Kindes/eines Jugendlichen mit Behinderungen in die Regelschule infrage gestellt: die Konstruktion der Schulreife; das Prinzip der Jahrgangsklassen; die Lerninhalte der Lehrpläne; Bewertungsnormen, die von einer homogenen Lerngruppe ausgehen usw.

Wenn Eltern (oder Lehrer, Erzieherinnen u. a.) sich für die Aufnahme eines Kindes mit besonderen Lernbedürfnissen in die Regelschule einsetzen, stellen sie zwangsläufig viele dieser Systemmerkmale infrage. Zumindest wird es von denen, die dieses System vertreten, so gesehen – und das nicht ganz zu Unrecht. Denn in der Tat sind bei integrativer Beschulung einige Bedingungen zu schaffen, die Integration erst ermöglichen – und damit einige der Systemmerkmale zu verändern, z. B. durch verbale Beurteilungen, durch einen abweichenden Lehrplan, durch die Aussetzung von Versetzungsregeln. Wer auch immer sich für die Integration in der Schule einsetzt, wird somit zunächst mit dem Widerstand „des Systems" rechnen müssen – konkret erfahrbar in Bedenken von Lehrkräften, im Aufzeigen von räumlichen Barrieren in der Schule oder auch in einer ablehnenden Haltung des Schulamtes.

Aus der Sicht der Organisationsentwicklung sind Widerstände gegen Neuerungen – und Integration stellt in Sachsen eine gravie-

Unterstützung durch „integrative Netzwerke"

rende Veränderung dar – ein zu akzeptierender Teil eines Entwicklungsprozesses (DALIN/ROLFF 1990). Die Motive für Widerstand können in unterschiedlichen Werten und Normen liegen (insbesondere bei zieldifferenter Integration), in der Verteilung von Macht in einer Institution (etwa die Rolle des Schulleiters bei der Übernahme eines Integrationsvorhabens) oder auch in psychischen Barrieren (etwa beim Umgang mit bestimmten Behinderungen). Diese Widerstände sind zunächst ein wichtiger Bestandteil der Vorbereitung einer Schule auf ein Integrationsvorhaben. Sie sind jedoch überwindbar, wenn sie offen angesprochen werden (können) und von Informationsbeschaffung, Besinnung auf die eigenen Ressourcen sowie vielfältiger Unterstützung von außen (Fortbildung der Lehrkräfte, personelle Unterstützung, Schaffen erforderlicher Rahmenbedingungen) begleitet werden.

Da in Sachsen die meisten Integrationsvorhaben von Eltern initiiert werden, ist zu fragen, welchen Einfluss Eltern auf diesen Prozess nehmen können. Dazu zunächst zwei Beispiele, die in dieser Konstellation konstruiert sind, doch auf realen Erfahrungen beruhen. Sie sollen auch deutlich machen, wie unterschiedlich die Chancen der Realisierung von Integration derzeit in Sachsen aussehen können und welche Gründe es dafür geben kann.

Im **ersten Beispiel** geht es um die Eltern von Katja, die für ihre Tochter – sie ist 6 Jahre alt – die Einschulung in die Grundschule ihres Wohnortes realisieren möchten. Katja ist ein Kind mit Down-Syndrom und sie hat bereits mehrere Jahre einen integrativen Kindergarten besucht und dort gute Fortschritte gemacht.

Die Eltern gehen den in Sachsen üblichen Weg: Sie suchen und finden eine Grundschule, die Katja aufnehmen würde; die Schulrätin gibt nach einigen Gesprächen mit den Eltern ihre Vorbehalte gegen eine Integration auf und stellt fünf Förderschullehrerstunden bereit; für die Einzelbetreuung wird ein Zivildienstleistender eingestellt, der über einen freien Träger beschäftigt wird; die Bewilligung der Mittel dafür erfolgt von der entsprechenden Behörde relativ problemlos. Katja wird eingeschult.

Unterstützung durch „integrative Netzwerke"

Im **zweiten Beispiel** geht es um die Eltern von Oliver. Auch sie wünschen sich für ihren Sohn die Einschulung in die Grundschule am Wohnort. Auch Oliver ist ein Kind mit Down-Syndrom, er ist wie Katja in einen integrativen Kindergarten gegangen.

Auch die Eltern von Oliver gehen den Weg, den Katjas Eltern gegangen sind. Die Schule ihres Wohnortes ist zwar anfangs skeptisch, vor allem wegen der befürchteten Mehrarbeit, gibt dann aber doch eine mündliche Zusage. Auch Oliver wird – genau wie Katja – ein sonderpädagogischer Förderbedarf von fünf Wochenstunden zugestanden. Letztlich scheitert die Integration aber daran, dass keine Möglichkeit geschaffen werden kann, eine Einzelfallhilfe für Oliver zur Unterstützung in der Grundschule zu finden. Die Schulrätin – übrigens eine andere als bei Katja – ist der ganzen Sache zwar aufgeschlossen, doch lehnt sie letzten Endes die Integration ab – mit der Begründung, dass eine ausreichende Einzelbetreuung nicht gesichert werden könne.

Wie kann das passieren? – Sowohl für Katja als auch für Oliver gelten doch die gleichen rechtlichen Bedingungen (Schulintegrationsverordnung, Förderrichtlinie, Eingliederungshilfe nach dem Bundessozialhilfegesetz usw.)? In beiden Fällen ist eine Einzelfallentscheidung getroffen worden.

Für diese Einzelfälle könnten sicherlich viele Gründe ausgemacht werden, die letztlich zu diesem unterschiedlichen Ergebnis geführt haben. Der Entscheidungsablauf im Falle von Oliver könnte genauer untersucht werden, um einen Schuldigen auszumachen, der sich an der entscheidenden Stelle „falsch" verhalten hat. (Schuldige zu finden ist aber nie besonders produktiv, weil man daraus keinen Nutzen für zukünftiges Verhalten ziehen kann.) Anhand der beiden Beispiele soll vielmehr die Bedeutung von Unterstützung und Kooperation deutlich gemacht werden – die Bedeutung „integrativer Netzwerke".

Neben dem Ergebnis wird im Ablauf der beiden Beispiele als der entscheidende Unterschied deutlich, dass es im Fall von Katjas Eltern ein unterstützendes Netzwerk gab – im Fall von Oliver nicht! Die Eltern von Katja haben sich schon frühzeitig ein „Netzwerk" schaffen können, das ihnen half, einige hemmende Bedingungen des Schulsystems zu überwinden:

Unterstützung durch „integrative Netzwerke"

- Sie haben etwa eine fachkompetente Person gefunden, die sie zunächst zu ihren Gesprächen mit der Schulrätin begleitet hat. Später sind dann Gespräche nur noch „strategisch" vorbereitet worden und die Eltern haben selbst erfolgreich ihr Anliegen vorbringen können – etwa indem mögliche Konfliktpunkte vorher durchgesprochen und Argumentationshilfen entworfen wurden.
- Sie haben mit jeder Person, die an der Entscheidung direkt oder indirekt beteiligt war, persönlich Kontakt aufgenommen und dafür gesorgt, dass alle auch untereinander in Kontakt treten konnten: die zukünftige Klassenlehrerin von Katja, die Schulleiterin, mögliche Kandidaten für eine Einzelfallhilfe, die Sachbearbeiterin, die die Mittel für die Einzelfallhilfe bearbeitete u. v. a. – übrigens alles schon zu einer Zeit, bevor die Entscheidung über Integration überhaupt gefallen war.
- Die Eltern haben auch mit Mitarbeiterinnen von verschiedenen Diensten Kontakt aufgenommen und diese haben sich in den Entscheidungsprozess einbringen können: etwa das Sozialpädiatrische Zentrum, der Familienunterstützende Dienst u. a.
- Sie haben mit anderen Eltern Kontakt aufgenommen, die in ähnlicher Situation waren und Informationen ausgetauscht, Strategien entwickelt – aber auch: sich gegenseitig psychisch unterstützt in schwierigen Situationen.

(Siehe auch Kap. 8.2.)

Wie ist es beim zweiten Beispiel gelaufen? Auch die Eltern von Oliver waren nicht untätig: Sie haben mit der Schulleiterin der betreffenden Grundschule gesprochen. Sie hatten Gespräche mit der Schulrätin und mit den Kindergartenerzieherinnen ihres Sohnes. Der entscheidende Unterschied zu Katjas Eltern war jedoch, dass die entscheidenden Personen nicht zueinander gefunden haben und dass sie nicht unterstützend im Sinne der Eltern wirken konnten – oder auch wollten. Gehen wir davon aus, dass zunächst weder die Schule noch die Schulrätin oder die Kindergartenerzieherinnen das Anliegen nach Integration direkt zurückgewiesen haben – letztlich unterstützt haben sie es nicht. Als es beispielsweise darum ging, eine Möglichkeit für die Einzelfallhilfe zu finden, türmten sich auf einmal riesengroße Schwierigkeiten auf. Und die Eltern standen plötzlich allein vor der Aufgabe, diese Schwierigkeiten aus dem Weg zu räumen. In gewissem Sinne gab es zwar auch hier ein Netzwerk, nur eben kein die

Unterstützung durch „integrative Netzwerke"

Eltern unterstützendes. Man kann auch sagen, es gab ein systemerhaltendes Netzwerk.

Aus diesen Beispielen ist als wichtigste Erkenntnis festzuhalten: Wir brauchen in Sachsen ein unterstützendes „integratives" Netzwerk. Wie könnte sich dieses Netzwerk entwickeln?

– **Unterstützung wird immer nur wirksam durch konkrete Personen und durch konkrete Handlungen**

Absichtserklärungen, Satzungen oder Grundsatzerklärungen nutzen nichts, wenn im konkreten Einzelfall nichts Konstruktives passiert. In Sachsen wird zunächst noch auf die Unterstützung von Einzelpersonen mit Integrationserfahrung zurückgegriffen werden müssen. Das können Eltern mit Integrationserfahrung sein oder auch engagierte Lehrkräfte, Schulleiter, Schulräte u. a.

– **Unterstützung will aufgespürt werden**

Unterstützung gibt es nicht „von allein", sondern muss (oft sehr mühsam) aufgespürt werden –, solange in Sachsen noch nicht auf „integrative Strukturen" zurückgegriffen werden kann (etwa auf vom Schulamt eingesetzte Integrationsberater, auf Beratungsstellen für Integration).

Das heißt, dass Eltern, Lehrer, Erzieher u. a. in die Lage versetzt werden müssen, sich diese Unterstützung zu holen. Das kann etwa durch schriftliche Informationen, durch Veranstaltungen oder auch durch die Möglichkeiten der neuen elektronischen Medien geschehen. Als ein Ansprechpartner sei hier die LANDESARBEITSGEMEINSCHAFT GEMEINSAM LEBEN – GEMEINSAM LERNEN (LAG) genannt, die seit Herbst 1998 Aktivitäten in diese Richtung entwickelt hat. Das Beratungsangebot der LAG ist jedoch bei weitem nicht umfassend genug und wird es in absehbarer Zeit auch nicht sein (können), um landesweit den Beratungsbedarf decken zu können. Vielmehr wird die Hauptaufgabe der LAG in den nächsten Jahren in erster Linie darin bestehen, den Aufbau eines integrativen Netzwerks zu fördern *(siehe Kap. 8.3)*. Mit zunehmender Verbreitung integrativer schulischer Förderung werden sich allerdings weitere Verbände (Behindertenverbände, Lehrerorganisationen u. a.) und auch die Schulbehörden dem Anliegen integrationsorientierter Eltern (Lehrer, Schulleiter u. a.) öffnen müssen.

Unterstützung durch „integrative Netzwerke"

- **Unterstützungsangebote müssen integrationsorientiert sein**

  – und nicht systemerhaltend in dem Sinne, wie es oben erläutert wurde. Woran ist das zu erkennen? Von zentraler Bedeutung ist die Grundhaltung zur Integration: Wird das Gemeinsame Lernen akzeptiert aufgrund persönlicher Interessen? Wird es als Ausnahme angesehen, die den Eltern, dem Lehrer oder der Schule zuliebe unterstützt wird? Oder: Wird das Gemeinsame Lernen als ein berechtigtes Interesse, als ein elementares Menschenrecht von Kindern mit Behinderungen angesehen (siehe dazu: ROSENBERGER 1998; SCHÖLER 1999; ROEBKE u. a. 2000)? Um das zu erkennen sollte der Grundsatz leitend sein: Wer Integration nicht will, sieht überall nur Steine! Wer Integration will, sieht Türen, die geöffnet werden können. Das bedeutet: Werden in erster Linie nur die Schwierigkeiten benannt? Wird Integration nur unter dem Gesichtspunkt von fehlenden Ressourcen betrachtet? Oder: Schwierigkeiten und zu schaffende Bedingungen werden zwar benannt, aber es werden auch Wege gesehen bzw. initiiert, wie Schwierigkeiten zu überwinden bzw. förderliche Bedingungen zu schaffen sind.

- **Wirksame Unterstützung muss sich vernetzen.**

  Soll Integration in Sachsen sich tatsächlich weiterentwickeln (nicht nur quantitativ, sondern auch qualitativ), kann sie nicht auf den Einzelfall beschränkt bleiben. Das bedeutet, einzelne Personen, die im Land erfolgreich initiativ geworden sind, müssen anderen ihre Informationen und positiven Erfahrungen – aber auch negative – weitergeben können. Sie müssen vor allem andere finden, die sie auf ihrem Weg bestätigen. Das gilt sowohl für Eltern als auch für Lehrkräfte und andere Berufsgruppen. Für eine Unterstützung von Eltern ist mit den derzeit bestehenden drei regionalen Arbeitskreisen der LAG ein erster Anfang gemacht. Auch für Lehrkräfte sollte es regionale Arbeitskreise geben, wie etwa die positiven Erfahrungen im Land Brandenburg zeigen (HEYER u. a. 1997).

  Die bisherigen Ansätze einer schulischen Integration in Sachsen werden nur weiterentwickelt werden können, wenn sich alle darüber einig sind, dass das Grundanliegen sein muss: „Gemeinsam Türen öffnen." Integration ist nur durch Kooperationspartner, durch ein Netzwerk voranzubringen. Ein Netzwerk insofern, als einzelne Personen nicht isoliert etwas ausrichten können, sondern sich immer auf

Unterstützung durch „integrative Netzwerke"

andere beziehen, sich mit anderen austauschen und voneinander profitieren müssen.

Literatur:

DALIN, Per/ROLFF, Hans-Günter: Institutionelles Schulentwicklungsprogramm. Eine neue Perspektive für Schulleiter, Kollegium und Schulaufsicht. Eine Veröffentlichung des Landesinstituts für Schule und Weiterbildung, Soest, und von IMTEC/Oslo. Soest: Soester Verlagskontor 1990

HEYER, Peter u. a.: „Behinderte sind doch Kinder wie wir!" Gemeinsame Erziehung in einem neuen Bundesland. Berlin: Wissenschaft und Technik 1997

ROEBKE, Christa u. a.: Leben ohne Aussonderung. Eltern kämpfen für Kinder mit Beeinträchtigungen. Neuwied; Kriftel; Berlin: Luchterhand 2000

ROSENBERGER, Manfred (Hrsg.): Ratgeber gegen Aussonderung. Heidelberg: Programm Ed. Schindele 1998 (2. überarb. Auflage)

SCHÖLER, Jutta: Integrative Schule – Integrativer Unterricht. Ratgeber für Eltern und Lehrer. Neuwied; Kriftel; Berlin: Luchterhand 1999

Zum Weiterlesen:

HEIMLICH, Ulrich (Hrsg.): Sonderpädagogische Fördersysteme. Auf dem Weg zur Integration. Stuttgart; Berlin; Köln: Kohlhammer 1999

MEISTER, Hans/KRÄMER, Herbert: Innovation als Aufgabe, Voraussetzung und Wirkung integrativer Pädagogik. In: EBERWEIN, Hans (Hrsg.): Handbuch Integrationspädagogik. Kinder mit und ohne Behinderung lernen gemeinsam. (Neuausgabe) Weinheim; Basel: Beltz ^{4}1997, S. 404–410

8.2 „Wir wollten für Anja den integrativen Weg" – aber ohne Unterstützung geht es nicht

Andrea Risch

Unsere Tochter Anja ist ein Kind mit Down-Syndrom. Seit Anjas fünftem Lebensjahr beschäftigen wir uns als Eltern mit dem Thema Schule. Für uns war von Anfang an klar, dass wir den integrativen Weg wenigstens versuchen wollten, da Anja seit ihrem 9. Lebensmonat integrativ aufgewachsen ist. Bis zu Anjas erstem Schultag in einer Integrationsklasse der Grundschule war es ein langer und beschwerlicher Weg. Wir haben diesen Weg allerdings nur durch intensive Unterstützung gehen können.

Zunächst erfuhren wir über den „Arbeitskreis Down-Syndrom" in Bielefeld, dass es an der Universität Leipzig jemanden gäbe, der Erfahrungen mit dieser Problematik hatte. Im November 1997 nahmen wir erstmals Kontakt zu Ursula Mahnke vom Institut für Förderpädagogik an der Universität Leipzig auf und konnten im Januar 1998 erste Schritte besprechen.

Über Ursula Mahnke erfuhren wir, wie die Bedingungen in Sachsen waren: Zum damaligen Zeitpunkt gab es noch keine gesetzlichen Regelungen über die Integration von Kindern wie Anja. Für Kinder mit geistiger Behinderung war es damals formal noch nicht möglich, an einer Regelschule integrativ unterrichtet zu werden. Es lag zwar eine Integrationsverordnung im Entwurf vor, aber damals konnte noch niemand sagen, wann sie denn in Kraft treten würde und ob mit dieser neuen Verordnung auch die zieldifferente Integration möglich sein würde. Rechtliche Grundlage unseres Integrationswunsches waren damals also nur die Förderschulverordnung und die Förderrichtlinie über die Finanzierung von Integration *(siehe Kap. 2.2 und 7.1)*. Auf dieser unsicheren rechtlichen Grundlage formulierten wir im Februar 1998 unseren Antrag an das damals zuständige Staatliche Schulamt Leipzig.

Parallel dazu versuchten wir Kontakt zu Eltern aufzunehmen, die schon Erfahrungen mit dem Schulamt hatten und Integration für ihr

Unterstützung durch „integrative Netzwerke"

Kind durchsetzen konnten. Silke Kühlborn, die Mutter eines Mädchens mit Körperbehinderung *(siehe Kap. 3.1)*, war für uns eine wertvolle Unterstützung. Sie zeigte uns die dicke Akte über die Integration ihrer Tochter und so erfuhren wir, welche Gutachten wir benötigen würden und was uns noch alles bevorstand, wenn das Verfahren zur Feststellung des sonderpädagogischen Förderbedarfs von Schulamtseite in die Wege geleitet wird. Wir erfuhren auch, dass es günstiger wäre, wenn man dem Schulamt schon eine Schule benennen kann, die bereit wäre, ein Kind mit Behinderung aufzunehmen.

Die für uns zunächst zuständige Grundschule im Wohngebiet hatte die Integration von Anja abgelehnt. Also begaben wir uns auf die Suche. Es lag nahe, aufgrund der damals gültigen rechtlichen Bedingungen, sich zunächst an Freie Schulen zu wenden. Leider verschlossen diese sich, als sie erfuhren, dass es um die Integration eines geistig behinderten Mädchens gehen sollte. Es folgten dann Kontakte zur Sprachheilschule und zur Lernbehindertenschule – jeweils erfolglos. Überall klangen eher die Befürchtungen durch, dass niemand so recht wüsste, wie man mit solchen Kindern umgehen müsste, dass es an Erfahrungen fehle etc.

Da wir zum damaligen Zeitpunkt schon die Absicht hatten, noch vor Beginn von Anjas Schulzeit von der Leipziger Innenstadt in einen Vorort Leipzigs – nach Liebertwolkwitz – zu ziehen, versuchten wir es schließlich an der Grundschule in Leipzig-Meusdorf, die nur etwa 10 Minuten von unserer zukünftigen Wohnung entfernt lag. Mit gemischten Gefühlen gingen wir zum ersten Gespräch mit der Schulleiterin, wir nahmen sogar Anjas Kindergärtnerin als Unterstützung mit – um eventuelle Ängste vor Anja aus dem Wege zu räumen. Aber das war gar nicht notwendig. Wir trafen auf eine Schulleiterin, die Verständnis für unsere Situation zeigte, vor allem Anja in erster Linie als ein Kind sah wie jedes andere auch – ein Kind mit individuellen Bedürfnissen, Fähigkeiten und Fertigkeiten.

Bereits im Februar 1998 (also ein halbes Jahr vor Schuljahrbeginn) stand dann auch schon fest, welche Lehrerin die Klasse von Anja übernehmen würde, sodass wir auch frühzeitig zu ihr Kontakt aufnehmen konnten. Die Frage nach der Schule, die Anja nehmen würde, hatte sich für uns nun geklärt. Jetzt konnten wir nur noch die formalen Entscheidungen abwarten.

Unterstützung durch „integrative Netzwerke"

Zu den ersten Anhörungen mit der Schulrätin begleitete uns Ursula Mahnke – später bereiteten wir uns nur noch gemeinsam auf die Gespräche vor. In den Kontakten mit dem Schulamt wurden uns immer wieder Bedenken entgegengebracht, ob denn die Förderstunden, die zur Verfügung gestellt werden könnten, überhaupt ausreichen würden und ob wir unserer Tochter die Regelschule wirklich „zumuten" wollten. Es war schwer, gegen diese Argumente standhaft zu bleiben, aber durch die Unterstützung, die wir von vielen Seiten erhielten – durch das „Netzwerk", das wir zu diesem Zeitpunkt schon aufgebaut hatten, waren wir in unserem Wunsch nach Integration sehr sicher geworden *(siehe Kap. 8.1).*

Unserem Antrag auf Integration wurde schließlich im Juli 1998 – sechs Wochen vor Schuljahresbeginn – entsprochen, ohne zeitliche Beschränkung der Dauer der Integration. Allerdings wurde die Entscheidung mit der Maßgabe gefällt, dass außer der sonderpädagogischen Förderung von 10 Lehrerwochenstunden keine weiteren Mittel beansprucht werden würden. Wir haben dann unsere Tochter selbst täglich 20 km von Leipzig nach Meusdorf gefahren und teilweise Unterrichtsmittel selbst bereitgestellt. Zusätzliche Betreuungsaufgaben wurden im ersten Schulhalbjahr durch eine Praktikantin abgedeckt, für die wir selbst gesorgt hatten. Durch einen glücklichen Zufall hatten wir von einer Absolventin der Fachschule für Sozialwesen in Bad Lausick erfahren, die noch einen Praktikumsplatz suchte.

Nachdem das Praktikum nach einem halben Jahr auslief, entfiel die Einzelfallhilfe für Anja und vom Regionalschulamt wurde verfügt, dass die Integration nun zu beenden sei. Festzuhalten ist, dass diese Entscheidung ohne Anhörung der Beteiligten (Eltern, Lehrkräfte) mitten in den Winterferien getroffen wurde. Trotz unseres Einspruchs wurde Anja der Schulbesuch an der Grundschule zu Beginn des zweiten Halbjahres der ersten Klasse untersagt.

Nach unserem massiven Einsatz und in konstruktiver Zusammenarbeit mit dem Sozialamt konnte die zusätzliche Betreuung schließlich doch noch abgesichert werden, indem eine Betreuungsperson als Honorkraft (zum Stundensatz eines Zivildienstleistenden) zur Verfügung gestellt wurde. So konnten wir Anja schließlich eine Woche nach Beginn des Schulhalbjahres wieder in ihre vertraute Schule schicken.

Unterstützung durch „integrative Netzwerke"

Uns war klar, dass sich das Problem einer zusätzlichen Betreuung in der zweiten Klasse, also im Schuljahr 1999/2000 wieder stellen würde, sodass wir uns schon frühzeitig um eine Lösung bemühten. Da in der Förderschule für Geistigbehinderte auch Praktikanten üblich sind, nahmen wir Kontakt zu einer Erzieher-Praktikantin auf, die bereit war, ihr Praktikum in der Schule in Meusdorf zu absolvieren. Allerdings wurde diese Lösung vom Schulamt grundsätzlich abgelehnt.

Stattdessen wurde uns kurz vor Schuljahresschluss mitgeteilt, dass für Anja eine Weiterführung der Integration in der Förderschule für Geistigbehinderte in Leipzig vorgesehen sei (Das entspricht der in der Schulintegrationsverordnung § 3 enthaltenen Form 3 – *siehe Kap. 2.2*). Sie solle dort für fünf Stunden pro Woche in den Fächern Musik, Zeichnen und Sport am Unterricht der benachbarten Grundschule teilnehmen. Begründet wurde dies mit dem Argument, dass nach der seit März 1999 geltenden Schulintegrationsverordnung für Kinder mit geistiger Behinderung nur noch fünf Lehrerwochenstunden für Integration gewährt werden könnten. Mit diesen fünf Stunden sonderpädagogischer Förderung in der Grundschule würde Anja wahrscheinlich den Lehrplan der Geistigbehindertenschule nicht erfüllen können. Dieses Argument war uns allerdings nicht einsichtig, da in der Geistigbehindertenschule schließlich auch kein Kind ausgesondert wird oder die Klasse wiederholen muss, weil es den Lehrplan nicht erfüllt.

Wir haben diese Form der „Integration" auch abgelehnt, weil wir darin das gemeinsame Lernen mit nicht behinderten Kindern nicht ausreichend verwirklicht sehen. Anja hatte in ihrer Klasse an der Grundschule in Meusdorf Freunde gefunden, zu denen nach unserem Umzug im Oktober 1998 (etwa 6 Wochen nach Schuljahresbeginn) in Schulnähe auch intensive außerschulische Kontakte bestanden. Sie fühlte sich sehr wohl in ihrer Klasse und ging gern in die Schule. Anja hatte gelernt, um Hilfe zu bitten, wenn sie diese benötigt. Sie ging auf ihre Mitschüler zu und suchte sich bei ihnen Ansporn. Als Kind mit Down-Syndrom lernt sie ganz besonders durch Nachahmen. Das alles sollte beendet werden?

Auch die unmittelbar beteiligten Lehrerinnen bekundeten ihre Bereitschaft, die Integration auch mit einer verminderten sonderpä-

Unterstützung durch „integrative Netzwerke"

dagogischen Förderung von fünf Stunden weiterzuführen, wenn eine zusätzliche Betreuung gesichert sei.

Da bereits im Vorfeld vonseiten des Regionalschulamtes die Variante einer Erzieherpraktikantin von vornherein ausgeschlossen wurde und es für den Träger der Schule nicht zu realisieren war, in der Kürze der Zeit eine Zivildienststelle zu schaffen (wir hatten gerade noch sechs Wochen Zeit, eine Stelle für einen Zivildienstleistenden braucht ein Jahr Vorlauf), machten wir uns selbst auf die Suche nach einer zusätzlichen Betreuung von Anja. Wir mussten einen Träger finden, der Zivildienststellen zur Verfügung hatte und der auch bereit war, uns in unserem Vorhaben zu unterstützen. Im „Familienentlastenden Dienst Leipzig" fanden wir einen aufgeschlossenen Partner, der uns sowohl tatkräftig unterstützte als auch von der Integration überzeugt war *(siehe Kap. 7.2)*. Dieser Träger sicherte uns zu, dass zum Beginn des zweiten Schuljahres ein Zivildienstleistender zur Betreuung von Anja bereitgestellt werden könne. Diese Zusicherung legten wir zu Beginn der Sommerferien dem Regionalschulamt vor.

Damit war aber leider die Fortführung der Integration von Anja nicht geklärt. Wir als Eltern wurden nun vor weitere Aufgaben gestellt: Wir sollten uns jetzt um die Finanzierung dieses Zivildienstleistenden zu kümmern. Die Beantragung von Mitteln aus der Förderrichtlinie *(siehe Kap. 7.1 und 7.1.1)* haben wir zwar umgehend mit dem Schulverwaltungsamt (SVA) erörtert, mit dem Ergebnis, dass Anjas Integration von Seiten des SVA nur zugestimmt werden könne, wenn keine personellen und sächlichen Ausgaben entstehen. Den Antrag müsse die Schule stellen. Wie sollte das aber gehen in den bereits begonnenen Schulferien? Ein paar Tage später teilte uns das Regionalschulamt mit, dass die Stadt Leipzig bis zum 31.7.1999 einen Antrag auf Fördermittel beim Regionalschulamt stellen könne. Für uns stellte sich jetzt die Frage, ob und vor allem wie wir das auch noch innerhalb weniger Tage auf den Weg bringen sollten. Besonders schlimm haben wir in dieser Situation empfunden, dass wir zwar die Bewilligung zur Fortsetzung der Integration hatten, die Lehrer die Integration fortsetzen wollten und auch – zumindest formal – eine Möglichkeit der Einzelfallhilfe bestand, das alles aber an zu kurzen

Unterstützung durch „integrative Netzwerke"

Fristen zur Beantragung der Mittel scheitern sollte. Wir kamen nicht mehr weiter.

In dieser Situation haben wir buchstäblich „Himmel und Hölle" in Bewegung gesetzt. Wir haben damals sämtliche Unterstützer und Kontakte, die wir in den letzten Jahre aufgebaut hatten, aktiviert. Wir wandten uns schließlich auch an den Beigeordneten für Jugend, Schule und Sport in der Stadt Leipzig. Wir als Eltern konnten lediglich noch einen Antrag auf Eingliederungshilfe beim Sozialamt stellen, doch eine Bewilligung war äußerst unklar und würde einige Zeit dauern.

Ende Juli – also mitten in den Sommerferien – erhielten wir schließlich vonseiten des SVA telefonisch die Zusicherung, dass Anja im zweiten Schuljahr weiterhin nach Meusdorf gehen könne und dass die Finanzierung des Zivildienstleistenden kein Problem wäre, auch ohne einen Antrag auf Finanzierung aus der Förderrichtlinie. Welche unserer Aktivitäten letztlich zur Lösung des Problems geführt hat, können wir bis heute nicht genau sagen.

Im August 1999 – also kurz vor Beginn des Schuljahres – erhielten wir dann auch den offiziellen Bescheid vom Regionalschulamt, dass Anja im 2. Schuljahr die Heinrich-Mann-Grundschule in Meusdorf mit fünf Wochenstunden sonderpädagogischer Förderung und in Begleitung eines Zivildienstleistenden besuchen darf. Welch eine Erleichterung!

Im Schuljahr 2000/2001 besucht Anja die 3. Klasse. Der Übergang zur Klasse 3 verlief glücklicherweise nicht mit solch massiven Problemen wie im Vorjahr. Bereits im Frühjahr 2000 (also ein halbes Jahr vor Beginn des neuen Schuljahres) trafen sich die Entscheidungsträger. Vonseiten der Stadt Leipzig wurde schon in diesem Gespräch zugesichert, dass die Gelder für den Zivildienstleistenden zur Verfügung stehen würden und vonseiten des Regionalschulamtes die fünf Stunden sonderpädagogischer Förderung abgesichert seien. Wir mussten allerdings bis Mai 2000 noch einmal eine Reihe von Gutachten (vom Amtsarzt, vom Psychologen u. a.) über Anja anfertigen lassen. Kurz vor Schuljahresende 1999/2000 erhielten wir den Bescheid, dass Anja auch im Schuljahr 2000/2001 weiterhin integrativ beschult wird.

Betonen möchten wir, wie wichtig während der ganzen Zeit der Kontakt zu anderen betroffenen Eltern war. Im Arbeitskreis Integra-

Unterstützung durch „integrative Netzwerke"

tion Leipzig (von der Landesarbeitsgemeinschaft Eltern für Integration Sachsen e. V.) *(siehe Kap. 8.3)* fanden wir Gleichgesinnte, darunter auch Pädagogen, die uns in der ganzen Zeit sowohl moralische Unterstützung als auch konkrete Hinweise geben konnten. Ohne diese Unterstützung hätten wir es nicht geschafft, dass Anja – ebenso wie ihre jüngere Schwester – jeden Tag den kurzen Schulweg gemeinsam mit ihren Klassenkameraden zu ihrer Grundschule gehen kann.

8.3 Wir haben eine Vision – Eltern gegen Aussonderung in Sachsen

Heike Schölla

Wie alles anfing

Ausgangspunkt des Wirkens der LANDESARBEITSGEMEINSCHAFT GEMEINSAM LEBEN – GEMEINSAM LERNEN – ELTERN GEGEN AUSSONDERUNG SACHSEN E. V. (LAG) waren im Wesentlichen verschiedene örtliche Initiativen, die sich etwa seit 1993 (ROEBKE u. a. 2000, 165) für das gemeinsame Leben, Spielen und Lernen von behinderten und nicht behinderten Kindern formiert hatten. Auslöser für dieses Engagement war zum einen die oft monatelange zermürbende Ungewissheit von Eltern behinderter Kinder bezüglich der Weiterführung der Integration in der Schule, zum anderen die erfolgreiche Arbeit engagierter Kindergärtnerinnen in Gruppen mit behinderten und nicht behinderten Kindern. Diese Erzieherinnen wollten die Früchte ihrer Arbeit des gemeinsamen Spielens und Lernens „ihrer" Kinder gern fortgesetzt sehen. Für sie war unverständlich, warum in der Schule nicht auf den positiven Erfahrungen aufgebaut und die erworbenen Kompetenzen der so genannten Integrativkinder ausgebaut werden konnten.

Bei denen, die diese bitteren Erfahrungen machten und auch bei denen, die das beobachteten bzw. davon hörten, reifte die Erkenntnis, dass es so nicht weitergehen konnte. Für Kinder mit Behinderungen war es ungeheuer wichtig, mit Kindern ohne Behinderung zusammen zu sein, mit ihnen zu spielen und von ihnen zu lernen, von anderen Kindern Bewegungsabläufe oder richtiges Sprechen nachzuah-

Unterstützung durch „integrative Netzwerke"

men, zu lernen auf nicht behinderte Personen zuzugehen und zum Beispiel auch, um Hilfe zu bitten. Andererseits war bzw. ist es auch für die nicht behinderten Kinder wichtig, Rücksichtnahme und Toleranz zu erleben und zu praktizieren *(siehe Kap. 3).*

Vor dem Hintergrund dieser Erkenntnisse fand im Herbst 1998 die erste große Veranstaltung zur schulischen Integration in Sachsen statt („Integration in Sachsen – endlich auch in der Schule"). Veranstalter waren eine Chemnitzer Gruppe, bestehend aus Eltern und Kindergärtnerinnen, sowie der Leipziger Arbeitskreis Integration, der seit September 1998 bestand. Ziel der im November 1998 stattfindenden Fachtagung war es, durch ein Aufzeigen rechtlicher Möglichkeiten für Eltern auf der Suche nach einem Integrationsplatz in einer Schule sowie pädagogischer Wege für Lehrkräfte der Diskussion neue Impulse zu geben. Ein entscheidender Schritt war die Gründung der LANDESARBEITSGEMEINSCHAFT GEMEINSAM LEBEN – GEMEINSAM LERNEN. ELTERN GEGEN AUSSONDERUNG SACHSEN E. V. zum Ab-schluss der Tagung, durch die eine formal anerkannte und öffentlichkeitswirksame Organisationsform für alle an Integration Interessierten geschaffen werden konnte, da es in Sachsen offensichtlich nur einen sehr zaghaften politischen Willen zur schulischen Integration gab.

Was daraus gewachsen ist

Unsere LAG gibt es jetzt – zu Beginn des Jahres 2001 – zwei Jahre und wir sind ein gutes Stück vorangekommen. Wir haben bisher eine Reihe von Fachveranstaltungen organisiert: zwei landesweite Fachtagungen, drei Arbeitsgruppen-Treffen, zwei landesweite Elternseminare. Es waren durchweg informative Veranstaltungen mit hohem fachlichem Anspruch, mit kontroversen Diskussionen und mit vielen hundert Teilnehmern. Diese Veranstaltungen wurden teilweise für ein sehr spezifisches Publikum gestaltet. Die Lehrerfachtagung im Juli 2000 etwa wandte sich speziell an Pädagogen oder die Seminare im Herbst 1999 und 2000 hauptsächlich an Eltern.

Im November 1999 erschien ein von URSULA MAHNKE und der LANDESARBEITSGEMEINSCHAFT herausgegebener „Ratgeber zur schulischen Integration in Sachsen" – gerichtet speziell an Eltern. Bereits ein halbes Jahr später (Sommer 2000) waren die ersten 400 Exemplare vergriffen und wir mussten den Ratgeber nachdrucken. Für uns als Verein ist dieses Buch gleichzeitig ein wichtiges Material für unsere

Unterstützung durch „integrative Netzwerke"

Öffentlichkeitsarbeit, mit dem wir unser Anliegen und unsere Arbeit besser präsentieren können.

Gleichzeitig war von Anfang an das Anliegen der LAG, die Arbeit auch regional zu orientieren. Dazu bildeten sich regionale Arbeitskreise in Chemnitz, Leipzig und Dresden – mit unterschiedlichen Teilnehmerzahlen und mit unterschiedlichen organisatorischen Konzepten.

In Leipzig etwa treffen sich jeden Monat betroffene Eltern, Lehrer und andere Interessierte, um sich über aktuelle Probleme zu informieren (z. B. über Elternrechte, Testverfahren, Verfahrensfragen). In Dresden werden 3–4-mal im Jahr gut besuchte Abendveranstaltungen mit namhaften Referenten organisiert, die sich ähnlichen Themen widmen.

Wer selbst von Berufs wegen publikumswirksame Veranstaltungen organisiert bzw. wer selbst ehrenamtlich tätig ist, hat eine Vorstellung davon, welchen hohen persönlichen Einsatz Arbeitskreise und erfolgreiche Seminare erfordern. Wir können also mit Recht stolz sein auf das bisher Erreichte. Vieles haben wir geschafft. Wir haben dieses wuchtige Gefährt „Integration" angeschoben, aber – um mit einem Bild von Ursula Mahnke zu sprechen – wir haben diesen Koloss noch nicht ins gleichmäßige Rollen gebracht. Dafür bedarf es mehr ...

Die Netzwerkidee

Der Wunsch nach Integration für ein Kind mit Behinderungen, für das unser Schulsystem gewöhnlich die Sonderschule vorsieht, bedeutet einen gravierenden Eingriff in dieses System.

Veränderungen können nicht von Einzelnen allein bewirkt werden *(siehe Kap. 8.1)*. Wir sind beim Anschieben der Integration in Sachsen auf ein Netzwerk angewiesen, das aus vielen (einzelnen) Unterstützern besteht. Ein Netzwerk insofern, als einzelne Personen nicht isoliert etwas ausrichten können, sondern sich immer auf andere beziehen, sich mit anderen austauschen und voneinander profitieren müssen. Wer in ROEBKE u. a. (2000) die Geschichte der integrativen Elternbewegung der BRD nachliest, wird feststellen, dass Eltern immer dann mit ihrem Wunsch nach schulischer Integration ihres Kindes scheiterten, wenn sie allein und vereinzelt ihr Anliegen durchzusetzen versuchten.

Unterstützung durch „integrative Netzwerke"

Die Netzwerkidee ist nicht neu; wir wissen, dass es erfolgreiche Netzwerke in allen gesellschaftlichen Bereichen gibt: in der Wirtschaft, in der Verwaltung, in den politischen Parteien. Das zentrale Instrument, um mit den entscheidenden Leuten etwas zu erreichen, ist also ein funktionierendes Netzwerk.

Wir brauchen auch in Sachsen ein funktionierendes integratives Netzwerk, wir brauchen ein Netzwerk, das in Sachen Integration <u>unterstützend wirkt</u>. Das heißt, neben Eltern müssen alle an der Integration Mitwirkende in die Lage versetzt werden, sich Unterstützung zu holen, wenn sie diese für die Umsetzung integrativer Konzeptionen benötigen.

Die ersten Knoten für ein Netzwerk im Bereich schulischer Integration sind bereits geknüpft: Mitglieder der LAG sind willkommene Gesprächspartner und Berater zu integrationsspezifischen Fragestellungen in Schulen, bei freien Trägern und in unterschiedlichen Gruppierungen (Arbeitskreise u. a.). Es gibt Kontakte zum Jugendamt (z. B. zur Integration im Hort), zum Sozialamt (z. B. zur Finanzierung von Einzelfallhelfern). Eine enge Zusammenarbeit besteht zur Universität Leipzig (Ursula Mahnke und Prof. Ulrich Heimlich), durch die wir bei der Organisation unserer Veranstaltungen und auch bei der Konzipierung unserer ehrenamtlichen Arbeit unterstützt werden. Und schließlich sind wir auch im Gespräch mit dem Sächsischen Kultusministerium – ein Kontakt, der zunächst vieles hoffen lässt *(siehe Kap. 2.3)*.

Daneben haben wir in den zurückliegenden Jahren eine umfangreiche Datenbank aufgebaut, mit zurzeit mehreren hundert Personen, Vereinen, Schulen und anderen Institutionen, die die LAG in irgendeiner Form zum Thema „Integration" kontaktiert haben – sei es durch den Besuch einer unserer Veranstaltungen, durch die Bestellung des Ratgebers oder eine Beratung per Telefon. Diese Datenbank allein kann natürlich die inzwischen entstandenen zahlreichen persönlichen Kontakte nicht ersetzen, doch ist auch damit der Grundstock eines integrativen Netzwerkes gelegt.

Das Wichtigste war jedoch, durch unsere Veranstaltungen Personen mit verschiedenen Intentionen zusammenzubringen. Wir halten es für außerordentlich wichtig, dass Eltern oder Kindergärtnerinnen, die Integration in der Schule fordern, mit DEN Pädagogen zusam-

Unterstützung durch „integrative Netzwerke"

menkommen, die dies letztlich im schulischen Alltag umsetzen. Nur wenn Pädagogen und Eltern an „einem Strang ziehen" können gegenseitige Ansprüche und Erwartungen geklärt und Missverständnisse beseitigt werden.

Letztlich muss es Ziel von unterstützenden Netzwerken sein, den Bedürfnissen aller an der Integration Beteiligten gerecht zu werden.

Eine Vision

Wir brauchen eine andere Schule. Mit „wir" meine ich uns Eltern, mit „wir" meine ich unsere Pädagogen und mit „wir" meine ich dieses Land (d. h. über Sachsen hinausgehend). Wir Eltern brauchen eine integrative Schule, damit wir bei der Einschulung unserer Kinder mit Behinderungen nicht mehr vor dem Dilemma stehen müssen: entweder Förderschule (die wir gar nicht wollen, weil wir Aussonderung ablehnen) oder das Wagnis einer nach wie vor nicht abgesicherten Integration. Allerdings wird diese Entscheidung Eltern oft auch (schmerzlicherweise) abgenommen.

Unsere Lehrerinnen und Lehrer brauchen eine andere Schule! Oder: Braucht unsere Schule andere Lehrerinnen und Lehrer? Um mit JUTTA SCHÖLER zu argumentieren (unveröff. Vortrag vor sächsischen Eltern im Februar 2000 in Berlin): „Wenn in eine Schule Ausländerkinder kommen oder Kinder alkoholkranker Eltern, oder nehmen wir an, direkt in der Nachbarschaft einer Schule entsteht ein Heim für russische Aussiedler, deren Kinder kein Wort Deutsch sprechen. Dann hat kein Lehrer das Recht zu sagen: Die nehme ich nicht. Das mache ich nicht! – Und Lehrer sind meines Wissens darauf in der Regel <u>nicht</u> vorbereitet. Aber wenn ein Kind mit dem Etikett ‚Behinderung' kommt, dann kann es abgelehnt werden!"

Dieses Land braucht letztendlich eine andere Pädagogik: Wir brauchen eine integrative Schule sowie eine Pädagogik, die sich an den Bedürfnissen **aller** Schüler orientiert. Das ist für behinderte und nicht behinderte Kinder gleichermaßen wichtig. In unserem Land regiert zunehmend das Mittelmaß. Unseren Schülern wurden in wissenschaftlichen Vergleichsuntersuchungen sinkende Leistungen in den naturwissenschaftlichen Fächern nachgewiesen – vom Schulfach Deutsch ganz zu schweigen – international gemessen ergab das Mittelmaß. Die Green-Card-Diskussion im Land der großen Dichter und Denker, im Land mit Millionen Arbeitslosen zeigt: Wir brauchen auch

Unterstützung durch „integrative Netzwerke"

wieder mehr Spitzenkräfte. Da wird es höchste Zeit, in den Schulen anzufangen, mit differenziertem Unterricht, mit differenzierender Pädagogik. Die (zwanghaft) angestrebte Homogenität ist ein Wunschtraum, wenn nicht gar ein pädagogischer Trugschluss *(siehe Kap. 5)*.

Wirkliches Ausschöpfen pädagogischer Kompetenzen bedeutet, jedem Kind (jedem Schüler) entsprechend seinen Entwicklungsmöglichkeiten Angebote zu unterbreiten und es zu fördern. JUTTA SCHÖLER: „In einer kindgerechten Schule kann ein Kind mit Behinderung nicht störend sein" (Quelle: s. o.). In einer kindgerechten Schule ist Platz für alle Kinder, denn Verschiedenheit gehört zur Normalität, Verschiedenheit gehört zu unserem Alltag.

Literatur:

ROEBKE, Christa u. a.: Leben ohne Aussonderung – Eltern kämpfen für Kinder mit Beeinträchtigungen. Neuwied; Kriftel; Berlin: Luchterhand 2000

Kontakt:

(Stand: Frühjahr 2002)

LANDESARBEITSGEMEINSCHAFT GEMEINSAM LEBEN – GEMEINSAM LERNEN. ELTERN GEGEN AUSSONDERUNG SACHSEN E. V.
c/o Familie Wunsch
An der Hole 28
09114 Chemnitz
Tel.: 03 71/4 79 29 47
Fax.: 03 71/4 58 68 39
http://www.glgl-sachsen.de

ARBEITSKREIS INTEGRATION LEIPZIG

Andrea Risch
Tel.: 0 342 97/4 02 85
E-Mail: *Aaffrisch@planet-interkom.de*

Ursula Mahnke
Tel.: 03 41/97 23 15 32
E-Mail: *Mahnke@rz.uni-leipzig.de*

Unterstützung durch „integrative Netzwerke"

ARBEITSKREIS INTEGRATION CHEMNITZ

Heike Schölla
Tel.: 03 71 / 4 04 01 36
E-Mail: *heike.schoella@t-online.de*

Julia Wunsch
Tel.: 03 71 / 4 79 29 47
E-Mail: *Th.Wunsch@t-online.de*

ARBEITSKREIS INTEGRATION DRESDEN

Barbara von Heereman
Tel.: 03 51 / 8 58 10 38
E-Mail: *RAin.vonHeereman@gmx.de*

Hannelore Muskulus
Tel.: 03 51 / 4 41 35 77
E-Mail: *Hannelore_Muskulus@onlinehome.de*

Persönliche Erfahrungen mit schulischer Integration

9. „Die sollen von mir lernen." – Persönliche Erfahrungen mit schulischer Integration

Gesche Meeder/Kathrin Ajhar

Kathrin ist 16 Jahre alt. Sie lebt mit ihren Eltern in Leipzig und besucht eine Förderschule für Lernbehinderte. Ihre Hobbies sind ganz „normal" für eine 16-Jährige: *„Musik hören, Poster sammeln, Fernsehen, Bravo und CDs sammeln, Supernintendo spielen."* Aber nicht alles in Kathrins Leben ist so „normal": Kathrin ist eine junge Frau mit Down Syndrom.[Fn.1]

Vor einigen Monaten besuchte ich zusammen mit ihr und ihren Eltern einen Vortrag über die Integration von Kindern und Jugendlichen mit einer Behinderung. Kathrin erfuhr an diesem Abend einiges über die Situation Riekes, einer jungen Frau ebenfalls mit Down Syndrom (BOBAN 1996; 1998). Sichtlich angeregt und ermutigt äußerte Kathrin am Ende des Vortrags den Wunsch, auch einmal etwas über sich und ihre Erfahrungen, die sie in unterschiedlichen Schulen (in Kanada und Deutschland) gemacht hat, anderen „normalen" Menschen mitteilen zu wollen.

Kathrin und ich haben gemeinsam ihre Gedanken zusammengetragen. Wir treffen uns seit einiger Zeit zweimal wöchentlich, um ihre Hausaufgaben zu erledigen – und auch, um über Dinge zu sprechen, die Kathrin beschäftigen und sie interessieren. Manchmal unternehmen wir allerdings auch etwas, was mehr Spass macht als Lernen. Dann gehen wir z. B. Eis essen. Und so hat sich meine Rolle als Nachhilfelehrerin mittlerweile zur engen Vertrauten gewandelt.

Neulich zeigte Kathrin mir ein Foto. *„Das waren meine Freunde. Die alle. Die haben mich eingeladen zum Geburtstag. Wir haben miteinander gespielt."* Dieses Foto ist in Kanada entstanden. Dort hat Kathrin zusammen mit ihren Eltern und ihren zwei Brüdern bis zu ihrem ach-

---

1. Wörtliche Zitate von Kathrin Ajhar sind kursiv gesetzt. Der Text ist aus zahlreichen Gesprächen zwischen Kathrin und Gesche Meeder entstanden.

Persönliche Erfahrungen mit schulischer Integration

ten Lebensjahr gewohnt. Ihre Erinnerungen an diese Zeit machen starke Gefühle von Geborgenheit und Akzeptanz deutlich: *„Die Schule hat mich eingeladen zum Essen und zum Schlafen. Wir haben Hefepizza gemacht und Video geguckt. Ich will gerne, dass ich dorthin zurückgehe. Kanada ist meine Heimat, da sind meine Freunde. Die Schule war gut für mich, da. Wir haben Lesen und Schreiben gelernt und wir hatten Computer. Dann hatten wir in der Schule ein Sommerfest. Wir mussten unsere Fahrräder mitnehmen. Dann gab's ein Wettrennen. Da hat niemand zu mir gesagt, ich gehör' hier nicht her. Niemals. Die sagen nur: ‚Du bist nett!' Ein Team war das da!"*

Diese positiven Erfahrungen hat Kathrin in einer Schule und in einem Land gemacht, in der die Integration von Kindern mit einer Behinderung Normalität ist. Kathrins Mutter erklärte mir, dass es ganz selbstverständlich war, dass auch Kathrin den in ihrem Wohngebiet gelegenen Kindergarten und später dann die Vorschule und Schule besuchen durfte. Neben Kathrin war noch ein weiteres „special need child" in Kathrins Klasse. Die Klassenlehrerin erhält in Kanada in dieser Situation automatisch die Unterstützung eines „learning assistant", der die Klasse begleitet und in bestimmten Situationen speziell für die Kinder mit sonderpädagogischem Förderbedarf zuständig ist (OERTEL 1998; PORTER/RUTTE 1995). Kathrin hat in Kanada sicherlich ihre positivsten Schulerfahrungen sammeln können. Dass sie im Rückblick auf ihre gesamte Schulzeit auch schwierige, negative und traurige Dinge erlebt hat, wird schon daran deutlich, dass sie in ihren Beschreibungen von Kanada so sehr betont, dort akzeptiert worden zu sein.

Nachdem Kathrins Familie wieder zurück nach Deutschland kam, fanden Kathrins Eltern die Möglichkeit, sie (im Bundesland Niedersachsen) an einer Sonderschule für Lernbehinderte einzuschulen. Kathrin wurde hier zum ersten Mal damit konfrontiert, dass es in ihrem Umfeld auch Kinder geben kann, die sie nicht akzeptieren, die sie als „anders" ansehen. Wenn Kathrin über ihre Zeit an dieser Schule spricht, merkt man ihr immer noch ihre Kränkungen an, die sie dort erlebt hat.

Manchmal hat Kathrin auch geweint, wenn wir über diese Zeit sprachen: *„Ein Junge aus meiner Klasse hat gesagt: ‚Kathrin ist behindert. Warum bist du hier in diesem Klassenraum? Warum lernst du nie?' Ich*

Persönliche Erfahrungen mit schulischer Integration

hatte Angst. Mein Herz hat gepocht. Ich hab geweint, geweint, geweint. Ein Mädchen hat mich getröstet, mich gestreichelt." Kathrin überlegt, warum ihre Mitschüler so etwas sagen: *„Aus Spaß! Die wollen mich ärgern, aus Spaß und dann hat mein Herz gepocht."* Diese Erinnerungen sind für Kathrin besonders schmerzhaft, weil es hier einen Lehrer gab, der diese – im Rahmen von Integration ganz normalen Situationen der Konfrontation – nicht auffangen konnte. In der Schule gab es niemanden, der Kathrin half, diese Situationen zu verarbeiten und zu verstehen. Aus den Berichten von Kathrin wird deutlich, dass sie sich von ihrem Lehrer bewusst ausgeschlossen fühlte, anstatt einbezogen zu werden.

Sie berichtet von ihrem damaligen Lehrer: *„Ich fand meinen Lehrer blöd! ‚Ich komme nicht!', hat er gesagt, wenn ich wollte, dass er mir hilft. Er hat sich nur um die anderen gekümmert. Er hat mich vor der ganzen Klasse geärgert. Wir wollten spielen, und was macht er? - Er sagt: ‚Kathrin, du spielst nicht mit!' Ich will nicht so gern über den Lehrer sprechen. Er hat mich wie ein Stück Dreck behandelt. Wenn ich seinen Namen schon höre, krieg ich sofort wieder meine Magenbeschwerden."*

Während unserer Gespräche möchte Kathrin sehr schnell ihre Berichte über diese Schule und diese Zeit beenden und wendet sich bald Erlebnissen zu, die sie an der nächsten Schule gemacht hat: *„Mir war unheimlich an der nächsten Schule. Ich hatte Angst da. Ich hab' die Kinder gesehen – und mich. Die können nichts allein machen. Die Lehrer haben ihnen geholfen beim Essen. Ich war geschockt, die haben Behinderungen!!"* So beschreibt Kathrin ihre Mitschüler an einer Schule für Geistigbehinderte, die sie für zwei Monate besuchte, nachdem sie mit ihren Eltern nach Leipzig gezogen war.

Besonders bedeutsam scheint mir, dass Kathrin auch hier von Ängsten spricht. Ich hake nach: *„Was ist das, wenn man Angst hat? Was ist Angst?"* Kathrin beschreibt: *„Angst ist unheimlich, ängstlich, erstaunt. Man ist traurig."* Dann erklärt Kathrin mir den Unterschied zwischen der Angst, die sie hatte, als der Junge (an der Sonderschule in Niedersachsen) sie *„behindert"* genannt hat und der Angst, die sie hier (an der Förderschule für Geistigbehinderte) erlebte, in einem Klassenraum mit Kindern, die sehr viel stärker auf individuelle Hilfestellungen angewiesen sind als sie selbst: *„Der Junge hat mich geärgert. Die Kinder hier sind lieb und nett. Mir kann hier nichts passieren, aber wenn ich*

Persönliche Erfahrungen mit schulischer Integration

die Kinder anschaue, habe ich Angst gehabt. Was die haben, davor habe ich Angst gehabt."

Kathrin berichtet aber auch von Momenten, die angenehm für sie waren, in denen sie helfen konnte: *„Ich habe Marcus' Rollstuhl geschoben. Marcus kann nicht laufen, nicht stehen. Er kann essen, sprechen, lernen. Er tat mir immer sehr leid. Er hat zu mir immer gesagt: ‚Das ist meine Freundin, die mir hilft.' Ich finde die Kinder o. k. und es war gut, dass sie Fortschritte gemacht haben."*

Generell fühlte sich Kathrin an dieser Schule jedoch sehr unwohl und deplatziert. Ihren Eltern gegenüber äußerte Kathrin ihr Bedauern darüber, dass es hier keine Bücher gebe, aus denen sie lernen könne. Kathrin sprach den Wunsch nach einem Schulwechsel sehr bald ganz direkt aus und machte dies sehr anschaulich deutlich: *„Ich steige nicht mehr jeden Morgen in den Bus mit dem roten Kreuz drauf! – Ich bin doch nicht krank!"*

Mittlerweile konnte Kathrin die Schule wechseln und besucht seit einiger Zeit eine Förderschule für Lernbehinderte in Leipzig. Hier fühlt Kathrin sich wohl. Sie hat eine ungeheure Lernmotivation entwickelt und eine große Selbstständigkeit und Selbstbewusstsein erlangt. Kathrin erlebt auch hier Reibereien und kleinere Konflikte. Sie profitiert aber in ihrem momentanen Umfeld sehr von der allgemeinen Akzeptanz und Hilfe vonseiten ihrer Mitschüler und Lehrer, sodass sie Konfliktsituationen viel besser verstehen und verarbeiten kann.

Kathrin erzählt gern von dieser Schule: *„Die Kinder sind o. k. Die haben mir geholfen. Jemand kommt zu mir. Und die Lehrer sind auch o. k., besonders meine Klassenlehrerin. Das ist gut da, weil die gute Klassen haben. Es ist gut, dass sie lernen müssen. Lernen macht Spass. Wir machen Projekte und Freiarbeit. Manchmal gehen wir auch zum Projekt, und zwar zum Museum oder zum Rathaus."*

Ich frage Kathrin, ob ihre Mitschüler sie auch manchmal nach ihrer Meinung fragen: *„Ja, die sagen: ‚Das ist richtig, was sie gesagt hat.' Wir lernen über Politik und die sind auch meiner Meinung. Die sagen dann: ‚Richtig, richtig, stimmt!' Ich kämpfe halt. Die sollen von mir lernen. Ich will, dass sie meiner Meinung sind."*

Persönliche Erfahrungen mit schulischer Integration

„Wie sieht Deine Traumschule aus?", fragte ich Kathrin vor einigen Wochen. Sie beschrieb mir daraufhin ganz detailliert ihre imaginäre Super-Schule: *„Sie muss groß werden, viel Steine, viele Kinder. Und in der Nähe einen Sportplatz und Swimmingpool und Kino."*
„Was wären da für Kinder?", fragte ich. – *„Normale, normale Jungs!"*
Das möchte ich genauer erklärt bekommen: „Was meinst du mit „normal"?" – *„Normale Kinder sind: Die müssen gut lernen können! Auch Französisch und Arabisch."* (Kathrin lebt in einem mehrsprachigen Elternhaus.) Ich will es noch genauer wissen und bringe den Vergleich zu Marcus, dem Jungen im Rollstuhl an der Förderschule für Geistigbehinderte, von dem Kathrin bereits berichtete: „Sind ‚normale' Kinder auch solche wie Marcus?" – *„Nein! Das hab ich doch gesagt. Der hat doch eine Behinderung."* „Warum darf Marcus nicht in deiner Traumschule sein?" – *„Weil er nicht normal ist und eine Behinderung hat!"*

Zum Weiterlesen:

BOBAN, Ines: „Ist es Liebe, wenn man ganz nahe bei einem sein will?" Ein Rückblick auf sechs Jahre Integration an einer Hamburger Gesamtschule. In: Behinderte in Familie, Schule und Gesellschaft 19 (1996) 3, S. 5–12

BOBAN, Ines: „Voll peacy!?!" – Sicht der Schülerinnen. In: HILDESCHMIDT, Anne/SCHNELL, Irmtraud (Hrsg.): Integrationspädagogik. Auf dem Weg zu einer Schule für alle. Weinheim; München: Juventa 1998, S. 193–206

OERTEL, Birgid: Integratives Lernen in Kanada. In: Die neue Sonderschule 43 (1998) 3, 228–230

PORTER, Gordon L./RUTTE, Volker: Schulorganisation: Zugang und Qualität durch Integration. In: Behindertenpädagogik 34 (1995) 4, S. 295–407 *[Integration in Kanada]*

Literaturempfehlungen

Integration aus Elternsicht

LAU, Gisela/LAU, Wolf-Dieter (Hrsg.): Jenny darf nicht in die Oberschule, Berlin 1991 (2. erw. Aufl.)

ROEBKE, Christa u. a. (Hrsg.): Leben ohne Aussonderung. Eltern kämpfen für Kinder mit Beeinträchtigungen. Neuwied; Kriftel; Berlin: Luchterhand 2000

ROSENBERGER, Manfred: Nichtaussondernde Förderung in der Bundesrepublik Deutschland – ein Überblick über die bisherige Entwicklung aus Elternsicht. In: Die neue Sonderschule 41 (1996) 1, S. 61–66

SCHÖLER, Jutta: Integrative Schule – Integrativer Unterricht. Ratgeber für Eltern und Lehrer. Neuwied; Kriftel; Berlin: Luchterhand 1999

Unterrichtspraxis

BEWS, Susanna: Integrativer Unterricht in der Praxis. Erfahrungen – Probleme – Analysen. Innsbruck; Wien: Studienverlag 1992 (2. aktualisierte Aufl.)

HASEMANN, Klaus/Podlesch, Wolfgang (Hrsg.): Gemeinsam leben, lernen und arbeiten. Perspektiven gemeinsamer Erziehung, Baltmannsweiler: Schneider-Verl. Hohengehren 1998

HEIMLICH, Ulrich: Gemeinsam lernen in Projekten. Bausteine für eine integrationsfähige Schule. Bad Heilbrunn/Obb.: Klinkhardt 1999

Heyer, Peter u. a. (Hrsg.): Zehn Jahre wohnortnahe Integration. Behinderte und nichtbehinderte Kinder gemeinsam an ihrer Grundschule. Hrsg. Arbeitskreis Grundschule – Der Grundschulverband e. V. Frankfurt/M., 1993

KRAWITZ, Rudi (Hrsg.): Die Integration behinderter Kinder in die Schule. Ein Schulversuch von der Grundschule zur Sekundarstufe I. Bad Heilbrunn/Obb.: Klinkhardt, 1995

PREUSS-LAUSITZ, Ulf/MAIKOWSKI, Rainer (Hrsg.): Integrationspädagogik in der Sekundarstufe. Gemeinsame Erziehung behinderter und nichtbehinderter Jugendlicher. Weinheim; Basel: Beltz 1998

Literaturempfehlungen

SCHÖLER, **Jutta:** Leitfaden zur Kooperation von Lehrerinnen und Lehrern – nicht nur in Integrationsklassen. Heinsberg: Agentur Dieck 1997

SCHWARZ, **Hermann:** Lebens- und Lernort Grundschule. Prinzipien und Formen der Grundschularbeit – Praxisbeispiele – Weiterentwicklungen. Frankfurt/M.: Cornelsen Scriptor 1994

WALLRABENSTEIN, **Wulf:** Offene Schule – Offener Unterricht. Ratgeber für Eltern und Lehrer. (aktualisierte Aufl.) Reinbeck: Rowohlt, 1995

Diagnostische Fragestellungen

SUHRWEIER, **Horst**/HETZNER, **Renate:** Förderdiagnostik für Kinder mit Behinderungen, Neuwied; Kriftel; Berlin: Luchterhand 1993

SCHWÄGERL, **Dieter:** Inhalte und organisatorische Aspekte bei der Diagnostik von Schülern mit besonderem Förderbedarf am Beispiel Sachsen. In: MUTZECK, Wolfgang (Hrsg.): Förderdiagnostik bei Lern- und Verhaltensstörungen. Weinheim: Dt. Studienverlag 1998, S. 39–42

Theorieorientierte Konzeptionen

DRAWE, **Wolfgang u. a. (Hrsg.):** Empfehlungen zur sonderpädagogischen Förderung. Allgemeine Grundlagen und Förderschwerpunkte (KMK) mit Kommentaren. Ed. Bentheim: Würzburg 2000

ELLGER-RÜTTGARDT, **Sieglind**/WACHTEL, **Grit (Hrsg.):** Zehn Jahre Sonderpädagogik und Rehabilitation im vereinten Deutschland. Neuwied; Kriftel; Berlin: Luchterhand 2000

EBERWEIN, **Hans:** Integrationspädagogik. Kinder mit und ohne Behinderung lernen gemeinsam, Weinheim; Basel: Beltz 1999 (5. Aufl.) *(6. Aufl. als vollständige Neubearbeitung in Vorbereitung)*

FAUST-SIEHL, **Gabriele u. a.:** Die Zukunft beginnt in der Grundschule. Empfehlungen zur Neugestaltung der Primarstufe. Hrsg. Arbeitskreis Grundschule – Der Grundschulverband e. V. Frankfurt/M., 1996

FEUSER, **Georg:** Behinderte Kinder und Jugendliche: Zwischen Integration und Aussonderung. Darmstadt: Wiss. Buchgesellschaft, 1995

Literaturempfehlungen

HANS, Maren/GINNOLD, Antje (Hrsg.): Integration von Menschen mit Behinderung – Entwicklung in Europa, Neuwied; Kriftel; Berlin: Luchterhand 2000

HEIDEN, Hans-Günter (Hrsg.): „Niemand darf wegen seiner Behinderung benachteiligt werden!" Grundrecht und Alltag – eine Bestandsaufnahme. Rowohlt: Reinbeck 1996

HINZ, Andreas: Stand und Perspektiven der Auseinandersetzung um den Gemeinsamen Unterricht vor dem Hintergrund leerer Kassen. In: Die neue Sonderschule 44 (1999) 2, S. 101–115

HEIMLICH, Ulrich (Hrsg.): Sonderpädagogische Fördersysteme. Auf dem Weg zur Integration. Stuttgart; Berlin; Köln: Kohlhammer 1999

HEIMLICH, Ulrich: 10 Jahre Integrationsentwicklung in Ostdeutschland – ein Rückblick nach vorn. In: Gemeinsam Leben 8 (2000) 4, S. 156–159

HETZNER, Renate/HINZ, Andreas: Nichtaussonderung in der Schulpraxis. In: Die neue Sonderschule 41 (1996) 6, S. 410–432

HILDESCHMIDT, Anne/SCHNELL, Irmtraud (Hrsg.): Integrationspädagogik. Auf dem Weg zu einer Schule für alle. Weinheim; München: Juventa 1998

JANTZEN, Wolfgang: Möglichkeiten und Chancen des gemeinsamen Unterrichts von behinderten und nichtbehinderten Kindern: Didaktische Grundfragen. In: Zeitschrift für Heilpädagogik 51 (2000) 2, S. 46–55

(KMK 1994) SEKRETARIAT DER STÄNDIGEN KONFERENZ DER KULTUSMINISTER DER LÄNDER IN DER BUNDESREPUBLIK DEUTSCHLAND: Empfehlung zur sonderpädagogischen Förderung in den Schulen in der Bundesrepublik Deutschland. Bonn 1994

MARKOWETZ, Reinhard: Integration von Menschen mit Behinderungen. In: Cloerkes, Günter: Soziologie der Behinderten. Eine Einführung. (unter Mitwirkung von Reinhard MARKOWETZ) Heidelberg: Winter, Prog. Ed. Schindele 1997, S. 187–237

REISER, Helmut: Die Weiterentwicklung der sonderpädagogischen Förderung in der Bundesrepublik Deutschland – Möglichkeiten und Grenzen. In: Behindertenpädagogik 34 (1995) 1, S. 11–24

Literaturempfehlungen

ROSENBERGER, **Manfred (Hrsg.):** Schule ohne Aussonderung – Idee, Konzepte, Zukunftschancen. Neuwied; Kriftel; Berlin: Luchterhand 1998

SANDER, **Alfred:** Neue Formen der sonderpädagogischen Förderung in deutschen Schulen. In: Recht der Jugend und des Bildungswesens 44 (1996) 2, S. 174–187

Integrationsforschung

HEIMLICH, **Ulrich/**JACOBS, **Sven (Hrsg.):** Integrative Schulentwicklung im Sekundarbereich. Das Beispiel der Integrativen Gesamtschule Halle/Saale. Bad Heilbrunn/Obb.: Klinkhardt 2001

HEYER, **Peter u. a.:** „Behinderte sind doch Kinder wie wir!" Gemeinsame Erziehung in einem neuen Bundesland. Berlin: Wissenschaft und Technik, 1997

KÖBBERLING, **Almut/**SCHLEY, **Wilfried:** Sozialisation und Entwicklung in Integrationsklassen. Untersuchungen zur Evaluation eines Schulversuchs in der Sekundarstufe. Weinheim; München: Juventa 2000

PREUSS-LAUSITZ, **Ulf:** Gesamtbetrachtung sonderpädagogischer Kosten im Gemeinsamen Unterricht und im Sonderschulsystem. In: Zeitschrift für Heilpädagogik 51 (2000) 3, 95–101

Weitere Informationsquellen

Elterninitiativen

http://www.glgl-sachsen.de

Landesarbeitsgemeinschaft Gemeinsam leben – Gemeinsam lernen e. V.: Infos zur Integration in Sachsen aus Elternsicht

http://home.t-online.de/home/downkindmittelsachsen/downkind.htm

Verein „Down-Kind Mittelsachsen und Freunde e. V."

http://www.integration-bayern.de

Integration in Bayern. Landesarbeitsgemeinschaft Gemeinsam leben – Gemeinsam lernen e. V.

http://www.gemeinsamleben-gemeinsamlernen.de

Bundesarbeitsgemeinschaft Gemeinsam leben – Gemeinsam lernen e. V. – eine Elternorganisation, die sich für ein gemeinsames Leben und Lernen von Kindern und Jugendlichen mit und ohne Beeinträchtigung einsetzt. Ein Zusammenschluss von Landesarbeitsgemeinschaften in den einzelnen Bundesländern (LAGs). Informationen zu allen Bereichen der Integration (von der Vorschule bis zur Freizeit), Links zu LAGs, aktuelle Literaturtipps und Termine.

http://www.down-syndrom.org

Arbeitskreis Down-Syndrom e. V.: Hilfe für Menschen mit Down-Syndrom, für ihre Eltern und Geschwister in Deutschland.

http://bidok.uibk.ac.at/ioe/index.html

Initiative INTEGRATION:ÖSTERREICH, Elterninitiativen für gemeinsames Leben behinderter und nichtbehinderter Menschen in Österreich.

Weitere Informationsquellen

Verbände

http://www.vds-sachsen.de

Homepage des vds-Sachsen, Fachverband für Behindertenpädagogik: verschiedene Stellungnahmen zur schulischen Integration in Sachsen.

http://www.grundschulverband.de

Informationen zu aktuellen Fragen der Grundschulpädagogik.

http://www.bagh.de

Bundesarbeitsgemeinschaft Hilfe für Behinderte e. V.: Informationen zum Gleichstellungsgesetz u. a.

Literatur/Video

http://www.erzwiss.uni-hamburg.de/soda

Sonderpädagogische Datenbanken (herausgegeben von Prof. Hans Wocken, Universität Hamburg): Literatur (SoLi), Lexikon (SoLex), Hausarbeiten (SoHaus), Tests (SoTest) und Texte (SoText).

http://bidok.uibk.ac.at

Volltextbibliothek des Instituts für Erziehungswissenschaften der Universität Innsbruck zur Integration Behinderter im deutschsprachigen Raum (BRD, Schweiz, Österreich). Hinweise auf Zeitschriften und Videolisten zur Integration.

http://bidok.uibk.ac.at/texte/beh-index.html

Internet-Ausgabe der (österreichischen) Zeitschrift „Behinderte in Familie, Schule und Gesellschaft".

http://www.uni-koblenz.de/~proeder/bhp.htm

Beiträge der Zeitschrift Behindertenpädagogik im Volltext.

http://bidok.uibk.ac.at/texte/gl-index.html

Ausgewählte Beiträge der Zeitschrift „Gemeinsam Leben" (Zeitschrift für integrative Erziehung) als Volltext.

http://abm-medien.de

Arbeitsgemeinschaft Behinderung und Medien e. V.: Regelmäßige Fernsehproduktionen zu allen Bereichen der Behindertenszene im Privatfernsehen (Deutsches Sport Fernsehen, 3sat, Kabel 1). Umfangreicher Bestand an Videofilmen zum Kauf und zur Ausleihe.

Weitere Informationsquellen

Hilfsmittel/Kommunikation

http://www.beh-verband.de

Zusammenschluss von Anbietern und Herstellern elektronischer Hilfsmittel für Behinderte in Deutschland.

http://www.igel.com

Hersteller und Anbieter elektronischer Kommunikationshilfen für behinderte Menschen in Bremen.

http://www.paritaet.org/bvkm/isaac

Homepage der Internationalen Gesellschaft für ergänzende und alternative Kommunikation (ISAAC). ISAAC hat es sich zur Aufgabe gemacht, Kommunikationsmöglichkeiten für Kinder, Jugendliche und Erwachsene zu fördern, die sich nicht oder nicht zufriedenstellend über die Lautsprache mitteilen können.

Verwaltung/Recht

http://www.sn.schule.de

Sächsischer Bildungsserver. Enthält u. a. Schulgesetze und Rechtsverordnungen zum Herunterladen, Schulverzeichnisse u. a.

http://kmk.org

Beschlüsse der Kultusministerkonferenz zum Herunterladen: u. a. Empfehlungen zur sonderpädagogischen Förderung in den Schulen in der Bundesrepublik Deutschland (1994), Empfehlungen zu einzelnen Förderschwerpunkten.

http://home.t-online.de/home/05808697/sos.htm

Gewerkschaft Erziehung und Wissenschaft – Bundesfachgruppenausschuss Sonderpädagogische Berufe. Informationen zur Integration von behinderten und nicht behinderten Schülerinnen und Schülern: Stand der Integration in den Bundesländern, Gerichtsurteile, Statements u. a.

Weitere Informationsquellen

Lehrerbildung

<u>http://www.pa-linz.ac.at/international/integer</u>

Europäisches Projekt zur Entwicklung eines internationalen Curriculums für eine integrative Lehrerausbildung, das aus einzelnen Bausteinen besteht.

Autorenspiegel

Adlung, Gudrun, Mutter einer hörbehinderten Tochter, Am Krönerstolln 1, 09599 Freiberg

Ajhar, Kathrin, Schülerin, Leipzig

Beetz, Barbara, Dr. Studienrätin, Integrierte Gesamtschule Halle, Adam-Kuckhoff-Str. 37, 06108 Halle/Saale

Busse, Brigitte, Lehrerin, Leon-Foucault-Gymnasium, Straße des Friedens 25/26, 02977 Hoyerswerda

Düsterhöft, Heidrun, Mutter eines behinderten Sohnes, Ring 22, 04416 Markkleeberg

Ebert, Elke, Lehrerin, Integrierte Gesamtschule Halle, Adam-Kuckhoff-Str. 37, 06108 Halle/Saale

Erler, Kerstin, Lehrerin, Förderschulzentrum „Oberes Osterzgebirge", Dorfstr. 12 A/B, 01744 Dippoldiswalde, OT Ulberndorf

Finsterbusch, Christa, Lehrerin, Sprachheilschule Dresden, Außenstelle 139. Grundschule, Omsewitzer Ring 4, 01169 Dresden

Jacobi, Jörg, Schulleiter, Förderschulzentrum „Oberes Osterzgebirge", Dorfstr. 12 A/B, 01744 Dippoldiswalde, OT Ulberndorf

Jacobs, Sven, wiss. Mitarbeiter, Martin-Luther-Universität Halle-Wittenberg, Institut für Rehabilitationspädagogik, 06099 Halle/S., Selkestr. 9, Haus F

Keller, Kerstin, Geschäftsführerin, Elterninitiative Hilfe für Behinderte und ihre Angehörigen e. V. Leiterin Familienentlastender Dienst, Pfeffinger Str. 17, 04277 Leipzig

Klengel, Jacqueline, staatl. anerk. Heilerziehungspflegerin, Fkt. Kita-Leiterin, Fachberaterin für integrative Kindertagesstätten, Integrationskindertagesstätte Märchenland Volkssolidarität Bautzen e. V., Stolpener Str. 3–4, 01877 Bischofswerda

Kühlborn, Silke, Mutter einer Tochter mit Körperbehinderung, Dudweiler Str. 1a, 04318 Leipzig

Mahnke, Ursula, Dr. wiss. Mitarbeiterin, Universität Leipzig, Institut für Förderpädagogik, 04109 Leipzig, Marschnerstr. 29–31

Meeder, Gesche, paed. stud., Arndtstr. 16, 04275 Leipzig

Autorenspiegel

Mehnert, Gisela, Referentin, Regionalschulamt Dresden, Referat 22, Großenhainer Str. 92, 01127 Dresden

Morgenstern, Renate, Schulleiterin, 39. Grundschule, Gustav-Kühn-Str. 1, 04159 Leipzig

Nenne, Sylvio, (ehem.) Zivildienstleistender, Breisgaustr. 41, 04209 Leipzig

Pahlke, Kathleen, Heilerziehungspflegerin, Gartenweg 3, 04683 Belgershain

Pelzl, Kathrin, Lehrerin, Montessori-Schule Chemnitz, Ernst-Enge-Str. 21, 09127 Chemnitz

Plaul, Jacqueline, Förderschulzentrum „Oberes Osterzgebirge", Sprachteil Grundschule Dippoldiswalde, 01744 Reichstädt, Ruppendorfer Str. 12a

Risch, Andrea, Mutter einer Tochter mit Down-Syndrom, Walter-Rathenau-Str. 5, 04288 Leipzig

Rosenberger, Christina, staatl. anerk. Heilpädagogin, Schlachthofstr. 11, 08371 Glauchau/S.

Schölla, Heike, Diplompsychologin, Landesarbeitsgemeinschaft Gemeinsam Leben – Gemeinsam Lernen Sachsen e. V., Reinhardtstr. 11, 09130 Chemnitz

Schwägerl, Dieter, Referatsleiter, Sächsisches Staatsministerium für Kultus, Referat 3/33, Postfach 100910, 01076 Dresden

Skibba, Carola, Lehrerin, Konrad-Zuse-Gymnasium, Zusestr. 7, 02977 Hoyerswerda

Stein, Bärbel, Mutter eines Mädchens mit Down-Syndrom, Gartenstr. 10, 04769 Mügeln

Stodolka, Elke, Dr., Heilpädagogin, Diplom-Lehrerin, Schulleiterin, Sozialpsychologisches Institut, Fachschule für Heilerziehungspflege und Heilpädagogik, Schulstr. 2, 09366 Beutha

Störmer, Norbert, Prof. Dr., Hochschullehrer, Hochschule Zittau/Görlitz, FB: Sozialwesen, Brückenstr. 1–3, 02826 Görlitz